图斯库兰论辩集

[古罗马] 西塞罗 著 李蜀人 译

中国社会科学出版社

图书在版编目(CIP)数据

图斯库兰论辩集/(古罗马)西塞罗著；李蜀人译. —北京：中国社会科学出版社，2021.10
ISBN 978-7-5203-8852-8

Ⅰ.①图… Ⅱ.①西…②李… Ⅲ.①西塞罗(Cicero Marcus Tullius 前106—前43年)—哲学思想—研究 Ⅳ.①B502.42

中国版本图书馆 CIP 数据核字（2021）第 157475 号

出 版 人	赵剑英	
责任编辑	刘亚楠	
责任校对	张爱华	
责任印制	张雪娇	

出　　版	中国社会科学出版社	
社　　址	北京鼓楼西大街甲158号	
邮　　编	100720	
网　　址	http://www.csspw.cn	
发 行 部	010-84083685	
门 市 部	010-84029450	
经　　销	新华书店及其他书店	
印　　刷	北京君升印刷有限公司	
装　　订	廊坊市广阳区广增装订厂	
版　　次	2021年10月第1版	
印　　次	2021年10月第1次印刷	
开　　本	710×1000　1/16	
印　　张	17.25	
插　　页	2	
字　　数	281千字	
定　　价	99.00元	

凡购买中国社会科学出版社图书，如有质量问题请与本社营销中心联系调换
电话：010-84083683
版权所有　侵权必究

中文译者序

《图斯库兰论辩集》的版本情况：达维森（Davies）于1790编辑出版的是第一个版本；其后是奥瑞里（Orelli）于1834年编辑的版本；阿诺尔德（T. K. Arnold）翻译了由提色赫（Tischer）和索洛夫（Sorof）编辑的版本；1905年和1934年剑桥出版了道甘（T. W. Dougan）和赫瑞（R. M. Henry）编辑的版本；在布德（Bude）系列丛书中，福伦（G. Fohlen）和胡蒙博特（J. Humbert）编辑了一卷，作为一个版本。奥瑞里（Orell）的版本不仅包含有本特勒（Bentley）的修订，而且还包含了沃尔夫（F. A. Wolf）和其他评论家关于《图斯库兰论辩集》的文章。我们现在使用的是德瑞克斯勒（H. Drexler）的版本，该版本是1964年在米兰出版的。克劳茨（Klotz）、拜特（Baiter）和克伊色尔（Kayser）主要也是用的这个版本。库勒（Kühner，汉诺威，1874年）对该书的意义进行了说明。

《图斯库兰论辩集》各章内容简介如下。

第一章　论鄙视死亡

用拉丁文写作哲学问题的原因。希腊文和拉丁文的比较（第1—6节）。

命题"死亡是恶"。如果死和必然要死的生活都是恶和痛苦的话，那么，所有人都总是痛苦的（第9节）。但是，死亡对于生死都不是恶，对地狱的恐惧都是人们想象出来的（第10节）；如果死亡就是不存在了，人们就不会有痛苦（第11—14节）；如果死亡之后并没有恶，那么，生活之中也就没有了痛苦（第15—16节）；死亡并不是恶而是善。什么是死亡？死亡是消失还是不消失？什么是灵魂？它是死亡后的残留还是不是残留？（第 18—24 节）。

灵魂永恒的观念是先人们通过实践在历史过程中确立的（第 28—29 节）；人类普遍的困惑（第 30 节）；最好的人对后代的关心（第 31—35 节）；按照哲学家们在理论上的观点，如锡罗斯岛的费雷西底（Pherecydes）、毕达哥拉斯、柏拉图，灵魂的本性就是要同肉体分离的，它是要奔向天上的（第 36—52 节）。灵魂是自己运动的，是永恒的（第 53—55 节）；它是单一的，但又是看不见的（第 56 节和第 71 节）；它是最高的存在，先天具有超凡的能力（第 57—70 节）；苏格拉底和卡图的观念（第 72—74 节）；然而，很多哲学家拒绝永恒的主张（第 75—81 节）。

甚至灵魂是有死的，死亡也不是恶，如果灵魂消失了，在死亡之中也就没有恶了（第 82 节）；死亡过程中的痛苦是短暂的，死亡让我们是同恶而不是同善相分离（第 83—84 节）；梅特路斯、普里阿摩斯、庞培（第 85—86 节）；如果死亡夺取了善，那么，死亡就不是恶，因为在死亡中没有任何损失的感觉（第 87—88 节）；没有悲伤，也没有任何仇恨（第 89—90 节）；智慧之人不会阻止后来人的思想（第 91 节）；死亡就是睡觉（第 92 节）；塞拉门尼斯（Theramenes，伯罗奔尼撒战争的将军）（第 96 节）；苏格拉底（第 97—100 节）；日常实例（第 101—102 节）；丧葬仪式（第 103—108 节）；智慧之人是平静的死亡（第 109—111 节）。

后记。永恒诸神的判断（第 112—116 节）。

结论。死亡就是一种离开或一种释放（第 117—119 节）。

第二章　论忍受痛苦

研究哲学的价值和罗马人写作的需要（第 1—9 节）。

命题。"痛苦是最大的恶"。修改后的"痛苦是一种恶"（第 10—14 节）；那些认为痛苦是主要恶的哲学家们的观点：亚里斯提卜（公元前 435？—前 356？古希腊哲学家，昔勒尼学派创始人）、伊壁鸠鲁（第 15—18 节）；菲罗克忒忒斯（Philoctetes，特洛伊战争中杀死特洛伊王子的英雄）、赫拉克勒斯（Hercules，大力神，完成了十二项不可能完成的任务）、普罗米修斯（Prometheus）（第 19—26 节）；诗人与伊壁鸠鲁论的羞愧（第 27—28 节）；斯多亚学派的含混（第 29 节）；漫步学派和本性或自然（第 30 节）；德性必须克服痛苦，并提出了四种主要德性的区别（第 31—32 节）。

痛苦应该被克服。痛苦可以被风俗习惯克服，例如，斯巴达的孩子、罗马士兵、欧律皮洛斯（Eurypylus，特洛伊战争中的人物）、猎人、拳击手和格斗士（第 33—41 节）；依靠理性，痛苦就是可以忍受的（第 42 节）；德性是从"Vir"这个前缀演化来的；伊壁鸠鲁的不满意；信念应该到那些认为道德权利就是主要善的哲学家的思想中去寻找（第 44—45 节）；控制自己，控制自己低级本性（第 46—48 节）；以爱利亚的芝诺、阿拉克萨图斯、卡拉鲁斯和马里乌斯为例（第 52—53 节）；要支持解决问题（第 53—54 节）；关于羞耻的恸哭（第 55—57 节）；平静忍受痛苦是如何高贵的？（第 58 节）；战场上的英雄们（第 59 节）；狄俄尼索斯的背叛（第 60 节）；波西多尼（Posidonius）（第 61 节）；荣誉的艰辛（第 62—63 节）；良心的判决（第 64 节）；根据理性指导的痛苦忍耐应该是一致而没有变化的（第 65 节）。

结论。如果痛苦是一种恶，它就没有什么价值。德性认为死亡并不重要，死亡不过是准备好的一个避难处而已（第 66—67 节）。

第三章 论减轻悲伤

对哲学治疗灵魂的赞美（第 1—7 节）。

命题"智慧之人对悲伤是敏感的"。但是，悲伤就是灵魂的无序状态，因此也是心灵的不健康状态。拉丁与希腊文术语的比较（第 7—11 节）。

在我们本性中存在着需要治疗的软弱性（第 12—13 节）；斯多亚学派的观点是：刚毅和悲伤是对立的（第 14—15 节）；悲伤是灵魂的无序状态，智慧之人是不会处于这样的状态的（第 15 节）；智慧之人的希腊文是"σώφων"，表示"头脑清醒、神志清楚、克制"，而拉丁文是"Frugi"，表示成熟等意思（第 16—18 节）。愤怒是悲伤（第 19 节）；怜悯和嫉妒是悲伤，所有这些，智慧之人都是没有的（第 20—21 节）。

一般的治疗，漫步学派关于"中道"的主张。"忧伤"的希腊文是"πάθος"（帕诺斯）和忧伤的拉丁文是"Aegritudo"（第 20—23 节）；悲伤和所有无序的原因是意见和判断。有四种无序或混乱（第24—25节）：高兴、欲望、悲伤和恐惧。最坏的是悲伤（第26—27节）；意外的构成要素（第28—31节）；伊壁鸠鲁学派认为改变注意力可以减轻悲伤（第34—51节）；其辩护的理由（第34—51节）；居勒里学派认为悲伤来源于意外（第52—54节）；时间会改变一切。但是，反思才是真正的帮助（第55—59节）；理性下的确定性经验。卡尔尼亚德斯否认反思对人们有信念的作用。他提出的论证理由（第59—60节）。

意见和判断中产生悲伤的原因（第61节）；人们认为人能够感受到悲伤是对的（第62—65节）；摆脱悲伤（第66节）；悲伤是无用的，越是能够忍受悲伤的人，越是能够容易摆脱悲伤（第67节）；智慧之人的缺点是他们没有悲伤（第68—69节）；悲伤不应该是由自然本性产生的（第70—74节）；斯多亚学派的定义（第75节）。

摆脱或有悲伤教训的那些愉快之人的义务（第76节）；列举出不同的方法（第77—80节）。

结论。悲伤不是自然的，而是由于错误观念引发的自愿情感（第81—84节）。

第四章 论灵魂持久的纷扰

赞美罗马的进步和罗马的哲学历史（第1—7节）。

命题"智慧之人并不像是没有灵魂的纷扰"。他只是摆脱了这些纷扰，为什么其他人不能够摆脱灵魂的纷扰呢？（第8节）。

从斯多亚学派的定义开始。纷扰者（πάθος，文帕诺斯）是由很多判断形成的。这些判断偏离了理性指导，反对自然，对灵魂起到了干扰作用。与此相反的是灵魂的平静（εὐπάθεια）。纷扰者要么是渴望，要么是厌恶，他的对象都是当下或将来的。有四种纷扰：激动、贪婪、悲伤和畏惧（第9—15节）；悲伤和畏惧的细分（第16节）；细分的定义（第17—19节）；高兴和贪婪（第20—21节）；放纵这一切的根源（第22节）。

身体和灵魂中悲伤的比较。灵魂的疾病和软弱是一种渴望，与身体的厌恶疾病是相反的，例如身体上厌恶女人，它就是一种反感（第23—27节）；一些人可能有这样的疾病，另外一些人可能有那样疾病（第27—28

节）；灵魂里的疾病、软弱和缺陷（第29—30节）；在善的事物中，身体和灵魂的分类（第31节）；灵魂的疾病和软弱是由于轻视了理性的作用，灵魂的缺陷是很容易消除的（第32节）。

智慧之人是没有灵魂纷扰的。德性来自理性，纷扰来源于恶性（第34—38节）；漫步学派认为纷扰是自然的，也是有用的，在一切事物中"中道"才是最好的（第39—46节）；斯多亚学派是不同意漫步学派这个观点（第47节）；消除纷扰与愤怒，（第48节）；刚毅是必需的吗？（第49—53节）；对私人生活来说？（第54节）对演讲者来说？（第55节）；贪婪、敌意、嫉妒和怜悯（第55—56节）；所有的纷扰都应该被清除（第57节）。

纷扰的治疗。表明引起纷扰的对象并不是像它们看起来是善的或是恶的，或者要说明所有的纷扰本身既不是自然的也不是必需的（第58—61节）；如何处理不同的纷扰（第62—63节）；悲伤、畏惧、高兴和贪婪（第64—67节）；爱（第68—76节）；愤怒（第77—79节）；纷扰来源于错误，平静来源于知识，正如苏格拉底说的那样，灵魂是可以治疗的（第80—81节）。

第五章 论德性对于幸福生活是自足的

该主题是最重要的。哲学的赞美，哲学的古老，毕达哥拉斯和苏格拉底的贡献（第1—11节）。

命题"德性好像对于幸福生活并不是必需的"。好生活和幸福生活之间的一个区别（第12节）；幸福生活应该是同德性相关的（第13—14节）；先前的讨论已经说明纷扰会毁灭幸福生活，德性可以给人带来平静，因此，德性是同幸福生活相关的（第15—20节）。

检查哲学家们的观点。除了德性外，还有什么善是可以同幸福生活相关？（第21节）这样的认识是有矛盾的（第22—23节）；泰奥弗拉斯托斯（Theophrastus）（第24—25节）；伊壁鸠鲁（第26节）；如果幸福不单单同德性相关，那么，好人就总是不能够幸福（第28—30节）；伊壁鸠鲁的矛盾（第31节）；斯多亚学派的矛盾比漫步学派更多（第32—33节）；芝诺又回到了柏拉图（第34—36节）。

自然能够使得任何事情在各个方面都完善。人的完善在于德性，所有幸福的人都要有德性，没有三种善（第40—42节）；德性仅仅是善（第43—46节）；外在的善是完善的或必需的吗？苏格拉底的结论（第47节）；智慧之人是摆脱了纷扰之人，因此也是幸福之人（第48节）；幸福生活是最好的，其他事情只能是较好的，只有道德的善才能够是最好的（第49—50节）；恶性只能带来悲伤，德性才能带来幸福，用实例来说明（第51—67节）；智慧之人的实例（第68—72节）。

在痛苦之下智慧之人能够幸福吗？伊壁鸠鲁学派，漫步学派，老学院学派和斯多亚学派（第72—79节）；西塞罗赞同斯多亚学派的观点（第80—82节）。

关于至善的不同观点（第83—84节）；各种观点的说明（第84—87节）；特别是伊壁鸠鲁学派的观点（第88—89节）；实例说明（第90—92节）；在欲望、本性和必需等方面，伊壁鸠鲁学派的看法（第83节）；快乐（第94—96节）；饮食（第97—101节）；财富（第102节）；荣誉（第103—105节）；激动（第106—109节）；身体的虚弱（第110—117节）。

结论。伊壁鸠鲁学派认为智慧之人总是幸福的。越来越多的返回到柏拉图那里的哲学家们都认可这个观点（第119—120节）。

英文译者序

——西塞罗哲学思想概述

约翰·爱得伍德·金[*]

《图斯库兰论辩集》写于公元前 45 年。这一时间是西塞罗已经完成《反腓利比克之辩》（*De Finibus*）之后，开始写作《论占卜》（*De Natura Deorum*）之前。在那年的十月，凯撒拜访西塞罗。但是他们没有交流过任何对政治的看法，谈话主要是涉及文学方面的问题。因此，凯撒与西塞罗在图斯库兰的相处还是很好的。西塞罗几乎所有的哲学著作都是在那个时期以及从那以后写出的。"现在我的写作"，西塞罗曾经告诉安提库斯，"已经是不分昼夜了"。[①] 首先他写出了《自我安慰》（*Consolatio*）[②]，然后

---

[*] 约翰·爱得伍德·金（John Edward King, 1858－1939）毕业于牛津林肯学院，曾经担任过 Bedford 和 Colifton 两个学院的主任。他是当代研究西塞罗的著名专家。西塞罗的《图斯库兰论辩集》是他于 1927 年翻译出版的，迄今都是"洛布古典丛书"西塞罗《图斯库兰论辩集》的标准版本。

[①]《与安提库斯书信集》，ⅹⅱ，20。1945 年版的《西塞罗全集》共计 29 卷，分四个部分：第一部分是关于修辞学的论文，共 5 卷；第二部分是西塞罗的演讲稿，共 10 卷；第三部分是哲学著作，共 6 卷；第四部分是他的书信集，共 8 卷。其中《图斯库兰论辩集》为该全集的第 18 卷。《与安提库斯通信集》，ⅹⅱ，20 是指西塞罗与安提库斯（Atticus）书信第 12 封第 20 节。见《西塞罗全集》第 22 卷。

[②] Ⅰ.§65. 注释中的全部罗马数字Ⅰ、Ⅱ、Ⅲ、Ⅳ、Ⅴ分别指西塞罗的《图斯库兰论辩集》中的第 1 册、第 2 册、第 3 册、第 4 册和第 5 册（在本书中以"章"代"册"）；所有的 § 符号是指《图斯库兰论辩集》中各部分中的小节。例如，Ⅰ.§65 指第 1 章第 65 节。全书均是如此。

写出了《哲学劝勉》(Hortensius)①,接着是《学院派怀疑论》(Academica)②,最后是《反腓利比克之辩》(De Finibus)③。

大约在这一年的七月,西塞罗开始写《图斯库兰论辩集》(Tusculan Disputations)。图斯库兰是一个地方,西塞罗在那里有一栋别墅。该书采用的是对话形式,但是并不是我们所熟悉的柏拉图那样戏剧式的对话形式。柏拉图的对话形式很少有问答,它更多的是不停地论述。为了说明西塞罗这样的哲学写作方式形成的原因,我们不得不记住这些谈话并非正式的著作。对于自己能够如此快地写作,他在给安提库斯的一封信中是这样说的:"写作并不是一种艰辛的劳动,而是很多思想的流动。"④这就是说,他要对某些希腊权威的著作进行研究。他不仅仅是要将这样的希腊著作翻译成拉丁文,还要根据自己的判断和选择借用其中适合罗马情况的思想。⑤他不仅负责详尽介绍写作的一些创作规则,而且还要负责从罗马历史和文学中找出一些经历和实例来说明这些规则。因此,他形成了自己的写作风格。从词源学上,他找出了与希腊哲学相当的拉丁词汇。他经常引用希腊和罗马诗歌,特别是在他的《图斯库兰论辩集》第二册中更是如此。虽然说这样的引用并不总是十分准确的,但是这样的引用不仅显示出他具有本国文学知识的深厚底蕴,而且也显示出了他在希腊文与拉丁文翻译中所表现出来的出色技巧。显然,他自己对此是感到自豪的。其实,普鲁塔克就告诉过我们,在某个时期,西塞罗已经准备回到诗歌写作中去,他把诗歌写作当作他的娱乐活动。因为仅一个晚上,他就可以写出五百行诗。

在本书后文的附录中列出了西塞罗在《图斯库兰论辩集》中所采用的希腊作家们著作的主要段落。据此,读者们自己就能够判断出西塞罗在对希腊文和对他认可的希腊诗歌上的翻译工作做得很成功。

在给朋友的信中以及他的多本书的介绍部分中,西塞罗都说过他写作

---

① Ⅱ.§4.
② Ⅱ.§4.
③ Ⅴ.§32.
④ 《与安提库斯书信集》,xⅱ,52.3.
⑤ 参见《论义务》,Ⅰ.§6,载《西塞罗全集》第21卷第1章第6节。参见[古罗马]西塞罗《论老年 论友谊 论责任》,徐奕春译,商务印书馆2013年版,第97—98页。

的目的。他认为哲学研究是他在痛苦中唯一的安慰。在家庭生活中遭遇了很多不幸，他一直在同妻子特瑞提娅（Terentia）争吵，最后离婚了；他的第二次婚姻也失败了；公元前45年，他可爱的女儿图尼娅（Tullia）也去世了；他一直渴望参与的公共生活也已经不再对坚持西塞罗信念的人开放了。那段岁月，对西塞罗来说是很恶劣的。他感到在议事会或法庭上，他没有任何事情可做。自从公元前63年担任执政官获得巨大声誉之后，他的政治生涯一直是令人沮丧的。尽管他有可能参与，但是他仍然拒绝了参加"前三巨头统治"之中去。为此，他受到了其敌人克拉苏（Clodius）的残酷惩罚。不过后来，克拉苏宽恕了他，只是将西塞罗驱除出罗马。当他从流放地返回之后，他不得不假装很平静，但仍然不能同他们和解。当内战爆发时，经过一番犹豫，他还是决定站到庞培（Pompey）一边。从法尔萨利阿（Pharsalia）战役之后的一年多的时间之中，他与凯撒（Caesar）的相处还很平静，同凯撒的私人关系也很友好。在公元前54年，在他给他的兄弟奎恩图斯（Quitus）的信中①，他写道："我已经将凯撒当作自己的知心朋友了，今后将绝不冒犯他。"凯撒总是会想方设法地让西塞罗站到自己这一边来。但是，西塞罗对于共和国的忠诚使得他始终要防止凯撒会对共和国造成伤害。到了公元前46年，当马尔库斯（Marcus Marcellus）希望议事会提名凯撒作为这个国家的领导人时，西塞罗也认可了凯撒为这个国家的领导人，他确实愉快地对这个独裁者的能力发表了很多优美的颂词。但是，这个希望还是破灭了，因为凯撒专制的统治意图越来越明显了。

由于他的这些意图，他已经被驱逐出公共生活了。但是，西塞罗还很担心罗马文学将会代替哲学，因为已经被忽视的哲学还在受到指责，尽管他始终希望为他的同胞服务。在他精彩而自由的演讲中，还表示了他希望从议事会和法庭上退下来之后要做的一种新研究。他使用了一些比较牵强的论证来表明哲学已经在意大利和罗马历史中具有了自己的特点。②他不承认希腊文对于哲学具有的优越性，③也不想听到罗马人的智力是不能够

---

① 《与安提库斯书信集》，Q. F. Ⅱ.11.1. 西塞罗与昆图斯和布鲁图斯书信残篇参见《西塞罗全集》第28卷第2封信第11节第1段。

② Ⅳ. §2.

③ Ⅱ. §35.

从事哲学研究之类的话。①

按照传统的说法,哲学最先传入罗马是在公元前155年。雅典人派了一个由三位著名的哲学家组成的代表团来到了罗马。②但是,当时的执政官加图,由于担心希腊哲学家会对罗马传统产生不好的影响,因此遣返了这些哲学家。他的这种态度是同普鲁士国王弗里德里希·威廉姆相似的,因为哈勒的神学家们都指责说哲学家沃尔夫的思想是异端。这位国王感到很困惑,他想知道为什么。他的一位将军告诉他,沃尔夫关于忠诚和义务的想法就是说一个士兵即便没有罪,也有可能被抛弃。听完之后,这位国王就命令沃尔夫不要再说话了,以便让国家能够安静四十八个小时。后来当他读过沃尔夫的著作后,正如加图在老年时学习希腊文一样,他才意识到他确实错了。由于罗马地位已经树立起来,财富和奢侈已经开始增长,罗马旧的宗教信仰开始衰落。此时,罗马主流意识认为需要有某种强劲的力量来阻止这些道德的沦丧。这时很多希腊哲学开始传入罗马并得到罗马四分之一显赫家族的认可。例如,小西庇阿就认同斯多亚学派的哲学家帕奈提乌斯的思想。这样,罗马人慢慢认识到哲学也是人文教育的一个部分。

像特洛伊战争中普陀勒姆斯③那样的英雄一样,罗马人认为"有点哲学"是一件好事,虽然哲学并不喜欢罗马人放弃了法律、好战、专制和不愿意把整个生活贡献给哲学。罗马人一般的态度是塔西佗式的（Tacitus）的。塔西佗对阿格里科拉（Agricola）说,在年轻时研究哲学不要太投入了,"而要去做一个罗马人,去做一名议事会的议员",而塔西佗这一想法是受到他母亲智慧影响的。④

西塞罗自己提出了一套使希腊哲学适应罗马形式的方式。确实,还有很多罗马作家也注意过这个问题。西塞罗告诉我们,阿玛菲尼乌

---

① Ⅳ. §5.
② Ⅳ. §5.
③ 《与安提库斯书信集》,Q. F. Ⅱ.11.1. 西塞罗与昆图斯和布鲁图斯书信残篇参见《西塞罗全集》第28卷第2封信第2节第1段。
④ 《安格利可拉传》（*Agric*）,第4节。参见［古罗马］塔西佗《阿古利可拉传 日耳曼尼亚志》,马雍、傅正元译,商务印书馆2018年版,第3页。

(Amafinius)①和他的模仿者们受到欢迎的思想都是来源于伊壁鸠鲁。他认可他们的流行思想，但是反对他们的写作方式。不过，对于卢克瑞蒂乌斯（Lucretius）——他们之中的一名天才作者，西塞罗并没有涉及。除开他希望让希腊哲学适应于罗马形式之外，他还是伊壁鸠鲁学派的一名敌人。他认为伊壁鸠鲁学派会导致奢侈、冷漠和懒惰。② 这些即便在他显赫的那些岁月中，都令他感到十分痛恨。像卢库勒斯（Lucullus）一样，他也想构建一条实现帝国的道路。他不仅希望安抚自己在困境中的灵魂，而且还希望在精神方面更多地鼓励和强化同时代的人们。

为此，西塞罗进行过长时间且全面的考虑。他告诉我们，从年轻的时候，就充满热情地开始了哲学研究。③在他二十岁之前的第一个老师是伊壁鸠鲁学派的费德鲁斯（Phaedrus）。他也听过斯多亚学派狄欧多图斯（Diodotus）的课。④ 过后他又受到学院派斐罗⑤的深刻影响。从公元前79年到公元前77年的整两年间，他都在接受希腊哲学家们和修辞学家们的演讲训练。他学习最多的还是新学院派阿西卡隆的安提奥库斯（Antiochus）⑥ 思想。在罗德岛时，他同斯多亚学派的泼色多尼乌斯（Posidonius）⑦ 结下了深厚的友谊。在公元前77年之后，也就是他担任辩护人的职业生涯开始之后，通过阅读和对话使他的知识大增。当他从执政官退下来之后，空闲时间增多了，他又重新回到了学生时代。公元前51年，他访问了雅典。在雅典，他同安提奥库斯的兄弟阿瑞斯图斯（Aristus）⑧ 接触，在米蒂利尼（Mytilene）会见漫步学派的卡拉提普斯（Cratippus）。为了完成在六十岁时他给自己制定的目标，不仅同那些不同哲学流派的领袖们接触，而且还在思考和研究相关的一些问题。

在《图斯库兰论辩集》第五册的前面，西塞罗概括了他之前的那段哲学史，其中有一节可能来源于波希多尼（Posidonius）的一本书。哲学

---

① Ⅳ. §6.
② Ⅴ. §78.
③ Ⅴ. §5.
④ Ⅴ. §113.
⑤ Ⅱ. §26.
⑥ Ⅲ. §59.
⑦ Ⅱ. §61.
⑧ Ⅴ. §21.

是从古代开始的，它研究自然的现象。早期的伊奥尼亚哲学家们试图去发现万事万物原初的根基或原理。对于泰勒斯来说，那就是水；对于阿那克西米尼来说，那就是空气。第一位使用"哲学"这个词的哲学家是毕达哥拉斯。对于毕达哥拉斯学派而言，数才是万物的本质。在早期哲学家中，西塞罗提到了爱利亚的芝诺①，认为他是辩证法的创始人。西西里的恩培多克勒②是第一位教授"四因说"的哲学家。赫拉克利特③将世界看作一团永恒的火（an ever–living fire）。阿布德拉的德谟克利特④提出了原子理论，早期最后一位哲学家是阿那克萨戈拉⑤，他认为心灵才是万物终极的原理。

苏格拉底开始了哲学史上的第二个阶段。因为西塞罗认为正是苏格拉底将哲学从天上带到了人间，让哲学进入了人们的城邦和家庭生活。在他去世之后，三个哲学学派都宣称它们都同苏格拉底有关，犬儒学派的奠基人是安提斯泰尼（Antisthenes）。⑥ 该学派认为理性的德性完全是同欲望无关的。人们对锡诺帕的第欧根尼⑦（Diogenes of Sinope）不重视知识，轻视礼节的思想进行了漫画式的讽刺。居勒里学派是由居勒里的亚里斯提卜⑧（Aristippus）创立的。他认为行为快乐就是最高的善。麦加拉的欧几里德（Euclid of Megara）是麦加拉学派的领袖。他认为只有理性和知识才是目的。这三个学派从不同方面发展了苏格拉底传授的思想。苏格拉底真正的继承者是柏拉图和亚里士多德。在所有哲学家中，西塞罗最尊敬的是柏拉图。柏拉图是老学院派的创建人。西塞罗对亚里士多德的著作并不是非常熟悉。亚里士多德是漫步学派的奠基人。这些学派在它们的奠基人过世后一直都存在，但是，无论是学院派还是漫步派，在影响和声誉上，它们都不能同它们的奠基人相提并论。

亚里士多德去世后，世界发生了很大的改变。与此相应，哲学的精神

---

① Ⅱ. §52.
② Ⅰ. §19.
③ Ⅴ. §105.
④ Ⅰ. §22.
⑤ Ⅰ. §104.
⑥ Ⅴ. §26.
⑦ Ⅰ. §104.
⑧ Ⅱ. §15.

和目标也发生了相应的巨大改变。早期的哲学家们都是旧城邦的公民。他们都具有人文理想和独立性。占领者亚历山大一世将希腊的文明和文化传播到了一个比以前希腊更为广阔的地区，并将希腊文明和文化同东方文明和文化相接触，让它们相互影响。新的人口中心产生了，如亚历山大里亚城。

然而，在马其顿和后来的罗马人统治下，旧式的政治形式自然就终结了，人们的思想回到了人的内心。他们想为自己找到已经在外在世界中不能找到的平静和幸福。现在哲学的目标是要建立一套道德标准，而不是再去寻找认识论问题。正因如此，哲学开始普及。哲学家们成为"牧师"，他们给那些希望通过教学来满足他们需要的人们教授如何正确生活的技艺。

在后亚里士多德学派中，斯多亚学派是由塞浦路斯的芝诺创立的。刚开始时，他还是一位犬儒学派者。他是克里安西斯（Cleanthes）和克利西波斯（Chrysippus）的学生。在晚期斯多亚学派中，帕奈提乌（Panaetius）和波希多尼（Posidonius）修改了斯多亚学派的一些主张，以便满足罗马人的需要。在《图斯库兰论辩集》的五章*中对这两人都有涉及。由于这些斯多亚学派的哲学家们都只有残篇留下来，因此，对于他们深入的认识，我们只能依靠西塞罗及其他一些作家的作品。

同画廊式的斯多亚学派同时期的还有一个由伊壁鸠鲁创立的学派。除了斯多亚学派和伊壁鸠鲁学派外，同时期还有从前一个时期流传下来的学院派和漫步学派以及怀疑派。对于怀疑派，西塞罗提到了皮浪（Pyrrho）。此外还有新学院派，西塞罗本人是属于这个学派的，它是由阿尔凯色拉斯（Arcesilas）创立的。他是卡尔尼德斯（Carneades）的学生②，也是斯多亚学派的主要对手。而芝诺（Philo）③ 主要是针对画廊式的斯多亚学派，也涉及了学院派的一些观点。阿细卡隆的安提奥库斯（Antiochus）④ 是皮浪的学生，他试图调和芝诺、柏拉图和亚里士多德的思想。

在西塞罗时期以及以后时期，哲学的后继者们主要是在斯多亚学派和

---

* 原书中的"five books"，均译为"五章"。——译者注
② Ⅲ. §54.
③ Ⅱ. §26.
④ Ⅲ. §59.

伊壁鸠鲁学派之中建立他们的思想。这里只能概括地介绍一下他们的主张。当时任何一个哲学学派都同伊壁鸠鲁学派的奠基人伊壁鸠鲁有着密切联系。而斯多亚学派在其发展的漫长历史中，它的一些主张是发生了改变的，因为要满足实践性很强的罗马人的心灵需要，避免卡尔尼德斯的攻击，尽管这样限制了斯多亚学派创立者们的思想发展。值得注意的是，早期斯多亚学派的学者并不是希腊的正式公民。芝诺是"腓尼基人"；克里安西斯和克利西波斯来自小亚细亚，他们将闪米特人的精神引入了希腊哲学。"一种浓厚而坚定的诚挚，完全反对科学和人文，用情感和想象去理解宗教和道德里的抽象观念。"① 对斯多亚学派来说，哲学就是培养德性的学校，也是一门关于在德性生活中发现生活原则的学科。在古代哲学的三个部分中，辩证法的作用是具有决定性的，因为它是衡量真理的标准；自然学是揭示宇宙的本质和自然法则的学科；伦理学是指导人们实践生活的学科。斯多亚学派接受亚里士多德的逻辑学，并稍微有些艰难地发展了它的形式。按照他们的认识论观点，所有的知觉都来源于感觉，知觉引起回忆，回忆不过是对经验的重复而已。从经验中可以形成概念，概念连接起来就是知识。知觉本身会引起我们的注意，但是只有那些能够让我们做出正确判断的知觉才是真正的知觉。当斯多亚学派的阿乌鲁斯·格里乌斯② （XIX.1）说大海上的风暴变得苍白时，他是想解释风暴虽然是突然出现让人感到畏惧的，但是，人们也可以对它进行预想。这样，人们便会感到风暴中是不存在任何畏惧的，因为这种判断已经不认为风暴是一种令人畏惧的警示。

在他们的自然学中，斯多亚学派认为除了肉体之外什么都不存在，因为只有身体能够行动和判断根据什么来行动。万物最终的根基立即就成了精神和质料——"以太"（Ether）被认为是像火一样可以呼吸的，它可以转换为万物形成的那四种元素。万物中都充满了神圣的"以太"，"以太"构成了唯一的宇宙。在神与这个"以太"实体之间是没有区别的。在原初状态下，神和世界是同一的。世界不过是神创造出来的一个有生命

---

① 格兰特：《论古典斯多亚学派》，载《亚里士多德伦理学》第 1 卷。
② 阿乌鲁斯·格里乌斯（Aulus Gellius, flourished 2nd century AD）是一位拉丁作家和语法家。因为写过唯一的著作，即《阁楼的夜晚》（the attic nights）而知名。在该书中，他对语法、哲学、历史等诸多问题给出了总结和说明。——译者注

的东西。而这里的神是指一种理性灵魂,在它之中存在着一种内在的必然性,它就是万物不可改变的法则。世界上的万物,在一系列永无休止的循环之中,由这个神圣的法则所产生,然后又回归于这个法则。在很多自然学家之中,只有斯多亚学派的自然思想是从亚里士多德[①]的自然学起源的。

不过,斯多亚学派的自然思想更多的是从老伊奥利亚哲学家拉克利特思想中发展起来的,他们认为万物存在的统一原理和神的观念都是"以太"。"以太"就如同赫拉克利特提出"火"的作用一样,因为赫拉克利特认为火是能够发热的。因此,火就是世界的本原。而斯多亚学派却认为被称为"精神性呼吸""创造性的火""以太"才是世界的本原。"以太"也是世界的灵魂、心灵或理性,同时还是法则、自然、命运和天道。

人的灵魂同宇宙的灵魂是一样的。它是人的一个部分,也具有火一样的呼吸。[②] 人的血液给予营养,使得它依附于肉体而成长。灵魂是一个整体,充满在身体的各个部分,最终在心中同统治人的理性法则相联系。人的灵魂是不能够永恒的。[③] 因为灵魂只能存在于自然循环结束时,即自然大灾难发生之前。自然大灾难发生后,灵魂就不存在了。

斯多亚学派的伦理学是以他们的自然学为基础的。每一个存在物的原初冲动就是自我保护。人的至善或努力的目的就是要让自己去适应这条普遍的法则,去适应他们设想出来的自然。他们将这条法则总结为:"按照自然生活。"这条法则是整个理性存在物的一条理性法则。作为理性的存在物,德性是人特有的目的、特有的幸福或特有的善。[④] 只有同自然一致的行为,才能够使得人感到幸福。

快乐不是善,因为快乐还要同德性相关才能够幸福。因此,幸福也是行为的结果。快乐也不是人追求的目的,健康和财富等都是外在的善,它们之间是没有区别的。一些善,由于它们同自然一致,因此它们就会比另外一些善更加完善[⑤]。但是,它们还不是积极的善。只要不是从行为的结

---

① Ⅰ.§40.
② Ⅰ.§19.
③ Ⅰ.§78.
④ Ⅱ.§29.
⑤ Ⅴ.§47.

果去考虑德性，那么便会认为德性就是善本身，它们是不能够分割开来的一个整体。我们要么可以完全拥有它们，要么我们完全不能够拥有它们。[①] 整体都好的人才能称之为好人。无论什么原因，只有不理性之人或犯过错误的人才是坏人。如同真理与虚假一样，在善恶之间也没有中间地带。而且所有善的行为都是完全正确的，所有恶的行为都是根本错误的。

德性完全是由判断形成的。这时灵魂完全控制痛苦，成为欲望和贪婪的主人，所做出的判断完全都是正义的判断。情感不能够调节；相反，它还会压制德性。[②] 因为灵魂绝对是理性的，情感会形成多种判断。因此，情感是人不能够控制的。[③] 斯多亚学派认为这些思想可以在"智慧之人"身上体现出来。因为在斯多亚学派看来，智慧之人就是那些只有自由和幸福之人。这样的人从来不会出错，也不会滥用情感。他们是真正富有和美丽之人，几乎同宙斯相似。

由于后期的斯多亚学派思想不够严格，因此，他们的思想便引起了很多问题。例如，如果不能够找到实际的"智慧之人"实例的话，那么，这是不是这就意味着所有人都是愚蠢的呢？好人和坏人之间有程度的区分吗？如果自我保护是人的原始冲动的话，那么，健康怎么能是一件无意义的事情呢？如果诸善都没有程度上区别的话，那么，理性选择又如何可能呢？如果万物都被一条不变的法则完全决定的话，那么，选择自由又是如何可能呢？非理性的冲动是怎样进入理性灵魂之中的呢？在世界中，恶怎么能够成为神圣的呢？

西塞罗否定了斯多亚学派宿命论和泛神论的思想。按照斯多亚学派这样的学究式方式，他们也不会承认西塞罗是一位斯多亚学派的人。西塞罗厌恶他们粗暴的态度，也不喜欢他们对情感的敌视。敌视情感是斯多亚学派从犬儒学派那里继承的。西塞罗还拒绝接受他们一些含混不清的命题。比如，所有的坏人都是相当的坏，所有的德性都是重要的。但是，随着年纪越来越大，后来他还是接受了斯多亚学派的思想。因为在斯多亚学派关于德道的论述中，在西塞罗看来，存在着某种尊贵的东西。他们在具体的

---

① Ⅱ. §32.
② Ⅳ. §57.
③ Ⅳ. §83.

行为中体现他们的主张,他们将人认为是独立于外在环境的,他们始终认为只有道德的善对人来说才是有益的。事实上,虽然西塞罗在情感上还是比较犹豫,但是,他还是认为这些人都是一群真正的哲学家。①

伊壁鸠鲁拒绝了辩证法,提出了对于平静之人来说日常感觉的重要性问题。他将逻辑学称为准则学(Canonic)②,认为它是一门研究真理的试验性学科。在自然学研究人如何摆脱迷信问题的问题上,伊壁鸠鲁接受了德谟克利特的原子理论。③ 这些原子在无数虚空中流动,在能量的作用下,偏离了它们的垂直运动。原子之间就会产生猛烈的碰撞,形成无数的事物。由此形成了我们的世界。灵魂是总有一死的,也是具有质料的,只不过灵魂的质料比其他事物更加精细而已。所有的知识都来源于感觉,身体时刻都会散发出寄存在灵魂中的记忆或印象,从而形成概念。理性依赖于感觉,但是不能够修改感觉的印象,不能用一种感觉来修改另外一种感觉。例如,太阳并不比在地面看起来的大。④ 这说明伊壁鸠鲁不重视精确学科,比如数学和几何学。

在伦理学中,快乐成了判断行为的唯一标准。⑤ 正如斯多亚学派所说:"快乐的就是善的。"伊壁鸠鲁学派则说道:"善的就是快乐的。"虽然德性本身是没有价值的,但是德性还是可以给我们带来一些益处。这样理解的快乐并不是某种刺激的行动,而是一种持久的行动,一种灵魂平静的满足。很多快乐都必须拒绝带来痛苦的东西。但是,带来更大快乐的一些痛苦,人们也是可以接受的。智慧之人可以为整个生活找到最高的善,这是不同于居勒里学派的地方。自然欲望是很容易满足的⑥:人为欲望,比如说野心,是不能够完全给人带来快乐的。因为野心是在其他人意见的刺激下产生的。追求德性不是将它本身作为目的而追求,德性始终是作为实现幸福的手段而被人们追求的。由于幸福是处于精神中的平静的沉思之

---

① Ⅳ. §53.
② 希腊文的"准则学"(τὸ κανονικόν)被认为是附属于自然学的一门学科。
③ Ⅰ. §22.
④ 《物性论》(*De Rerum Natura*),V.564。参见[古罗马]卢克莱修《物性论》,方书春译,商务印书馆2012年版,第324页。
⑤ Ⅲ. §41.
⑥ Ⅴ. §93.

中，是一种内在价值情感，超越了命运的打击，因此，对于伊壁鸠鲁学派来说，他们坚持的快乐和幸福与德性不相分离便成了可能。他们认为智慧之人即便在痛苦之中也是幸福的。①

据说在西塞罗的时代，斯多亚学派和伊壁鸠鲁学派共同存在于罗马城中。斯多亚学派影响很大，但是，它还能够同其他学派共存。斯多亚主义同国家精神具有很多内在的联系。据说罗马早期的知名人士们还不了解斯多亚学派思想的重要性——由提卡（Utica）的加图到死也不情愿顺从凯撒。因此，他便成了罗马后期不服从罗马德性的一个典型。

斯多亚学派的宗教观念将神话理性化了。该学派解释了多神教的神圣性，多神教认为人们是可以看到多个超越的存在者，即多神。这样的宗教观，一方面，说明罗马政治家们所坚持的一般信念和宗教仪式在实践中都是必要的；另一方面，伊壁鸠鲁的诸神，在斯多亚学派看来，则是无用的，因为他们不能够将诸神同世界的管理联系起来，而且他们的诸神还有可能破坏他们的幸福。罗马的法学家们也在使用斯多亚主义的思想。"The Ius Gentiun"（宇宙法则）这个词②，最早提出来是指在同异国人的交往中指丧失了本性的尺度。这一尺度是自然理性为整个人类而提出的尺度，那些执政者们所颁布法律都将这些尺度引入了罗马法学体系之中去了。

漫步学派思想几乎没有什么影响，因为创立者亚里士多德的著作被忽视了。直到中世纪学派的出现，亚里士多德的重要性才被人们深入地了解。事实上，柏拉图和亚里士多德创立的理论知识在他们死后几乎没有产生过什么影响，甚至在所有哲学学派都一致认为知识是来源于感觉的那些岁月中，学院派自己也忘记了柏拉图关于理念的基本思想。西塞罗自己认为他是属于新学院派的③，因为他同阿尔凯西拉斯和卡尔尼亚德斯是有关系的。至于怀疑派，他们的研究中没有任何确定性的东西，他们提出的是一种可能性的主张④。然而，不可能性并没有包含在他们的可

---

① Ⅱ. §17.
② The Ius Gentium（Universal Law）. 参见查尔顿·T、刘易斯编，高峰枫导读《拉英词典》（初级本），北京大学出版社2015年版，第45页。
③ Ⅱ. §9；Ⅳ. §47.
④ Ⅰ. §22；Ⅴ. §30.

能性信念之中。① 他们的这些主张非常适合演讲。西塞罗甚至说过，雄辩就是学院派生出来的"孩子"②，他们在本性和训练方面吸引了西塞罗。他讨厌傲慢的看法，作为一名法律人，他习惯于重视证据。他认为在任何问题上都要考虑赞成的一方，也要考虑反对的另一方，这样才能够找到一个平衡点。他还认为只有从每个学派中吸取一点优点③，才能够使得他自己和其他人摆脱错误的迷津。因此，有人认为西塞罗在《图斯库兰论辩集》第五章的第38节中坚持的观点与他的第四本书《论至善和至恶》写出来的整个观点是有所不同的。

但是，在西塞罗自己看来，这两本书中的观点是一致的。然而，当谈到道德问题时，西塞罗采用了自由的观点，正如他自己宣称的那样，在道德领域，他完全是同卡尔尼亚德斯对立的。对于卡尔尼亚德斯的道德观，他是持否定态度的。作为卡尔尼亚德斯和后来的安太阿卡斯（Antiochus）的支持者，在《图斯库兰论辩集》和《论至善和至恶》两本书中，西塞罗分析了斯多亚学派的基本思想。他请求他以前的朋友们不要制造混乱，停止说一些含混的话④，认可智慧之人的幸福是从来不会受到伤害的观点。

同《论至善和至恶》一样，《图斯库兰论辩集》一书主要也是为一般读者写的启蒙性读物。该书的第一章是关于对死亡的恐惧（"论鄙视死亡"）；第二章是关于痛苦的忍耐（"论忍受痛苦"）；第三章是关于减轻悲伤（"论减轻悲伤"）；第四章是关于灵魂的无纷扰（"论灵魂持久的纷扰"）；第五章是关于只有德性才能过上幸福生活（"论德性对于幸福生活是自足的"）。这五章有可能把人的道德修养提升到一定的高度，加强人的灵魂构建，激励人们更好地生活，特别是对受到不同本能影响的年轻人，这种作用则更为明显。

在《图斯库兰论辩集》中，西塞罗采取的是他自己独特的语言形式，那是一种朋友聚会时讨论所使用的，而不是一个哲学家研究哲学时所采用

---

① 参见这样一个观点："可能性可能会产生一种内在的信念，尽管它不是研究确定性逻辑的对象。"（《申辩篇》）
② Ⅱ. §17.
③ Ⅴ. §82.
④ Ⅴ. §75.

的语言形式。虽然主要是一个人在说，但是，在这样的对话形式中，西塞罗时常没有严格地遵守语法规则。一个句子开始在谈论一个问题，但是，西塞罗又使用了一个插入语，打断了这个句子，然后，他又开始谈论另一个不同的问题或者是将原来这个句子隐藏下来，又开始一个新句子。① 这并不是说西塞罗写作该书是很仓促和粗心的，反而正是说明了这样的形式是他精心设计的，因为他想保持该书的对话式特点。

有时他受过训练的推论是很难理解的。② 偶尔这些过渡性的小词也会涉及某些思想，或者说与先前段落中涉及的思想不同。事实上，西塞罗始终在使用对话式的逻辑和语法。他希望让对话更生动、更精彩，就像有某种夸张的东西在滑冰那样。

我们不知道在图斯库兰别墅中到底有哪些人，也不知道谁是谈话者 M 和 A。M 有可能指马尔库斯，即他自己，或马吉斯特；A 有可能指阿多勒斯克恩斯（Adolescens）或奥迪托（Auditor），或者指西塞罗的朋友阿提图斯。但是，好像又不是阿提图斯，因为当时他已经六十多岁了。在公元前46年的那封一封信中，西塞罗暗示他指的是在图斯库兰别墅中凯撒的朋友们。普鲁塔克告诉我们，在那节时间，一有空闲，西塞罗总是同那些渴望哲学指导的世家子弟待在一起。在那一年的七月，他自己在图斯库鲁姆（Tusculum）的房间里见到了他放荡不羁的养子多拉贝拉和希尔提乌斯。其中一个养子便是凯撒的首席副官。在那节时间的一封信里，他说道："可以说，多拉贝拉和希尔提乌斯是我的学生，他们却在宴饮方面是我们的老师。"③ 西塞罗给他们讲修辞学，而在吃饭时，他的养子会委婉地给予他一些指导，他们想让他与凯撒和平相处。

而在图斯库兰斯（Tusculans）的房间里，新的一天先是从演讲开始，展现修辞技巧，然后大家一起来健身房或锻炼身体的地方，在午饭之前进行哲学讨论。在经过修辞学的训练之后④，有可能西塞罗会给多拉贝拉和希尔提乌斯以及其他在那里的朋友教授一些哲学知识，因为他们忙于生活而没有时间学习哲学。然而，人们希望作为一个受过教育的罗马人，因此

---

① Ⅰ.§30；Ⅱ.§§3,17；Ⅲ.§16；Ⅴ.§§54,63.ⅹⅹⅵ.
② 例如，Ⅰ.§30；Ⅳ.§29.
③ 这段拉丁文是请四川大学哲学系曾怡博士翻译的，在此向她表示感谢。
④ Ⅱ.§9.

应该具有一些哲学的素质。确实，第五章主要是同严肃的布鲁图斯进行讨论。不过，在这部分的第一个实例中，他们有可能是想满足帕萨、多拉贝拉和希尔提乌斯的需要，因为他们希望拓展这些人的知识，他们反对对于某些问题仅仅提出技术式的解决方案。因此，西塞罗的目标与其说是要让他的听众深入理解哲学，还不如说是让听众跟随他的思想而思想。他不是想通过演讲形式、利用这些人对哲学的兴趣，让这些人为他自己的利益服务。他是一位传道者，一位在腐败社会中的传道者而已。他论述了那些受到他尊重的杰出演讲者们的思想，但是，他认为这些演讲者都没有可能找到哲学真理。他的整个思想体系都是同寻找哲学真理相关的，有时他嘲讽芝诺或伊壁鸠鲁，有时他又使用富有感染力的语言来赞美他们。在一些小段落之中，他的语言流利而生动。在解释哲学思想时，他努力做到精确而没有一点含糊之处。他能够快速地概括出一些哲学的定义以及其中的区别。当他在考虑宇宙秩序时，或者是尊贵的道德法则时，就会形成他特殊的语言表达形式。在他那些雄辩的口才展现之中，这些问题都是被他详细阐述过的。

综上所述，西塞罗通常会对他以前的某个希腊学术权威做研究。这就是说，他会选择跟随或接受一个希腊学术权威的观点。例如，《论义务》一书就是一本关于帕奈提乌（Panaetius，第欧根尼的学生）思想的著作。但是，要想确定西塞罗在图斯库兰跟随哪位哲学家的思想，他属于哪个哲学学派是很困难的。在《图斯库兰论辩集》的第一章里，他引用了不同哲学家们对于灵魂本性的思想。他翻译了柏拉图相关书籍中的一些段落。他将克利西波斯（Chrysippus，斯多亚学派）对葬礼仪式的思考当作权威。在另一个地方，他又采用了克兰托尔或卡纳托（Crantor，老学院派的创始人）著作中的一些思想。[①] 这些文字都是西塞罗自己在他阅读那些权威著作中发现的结果。如果学术权威是斯多亚学派的话，那么西塞罗肯定不会接受斯多亚学派的结论。他愿意相信柏拉图的观点，认为灵魂是先天存在的，也是永恒的；却拒绝斯多亚学派人死后灵魂的存在是有所限制的观点。对于新学院派的思想，他抛弃了他们灵魂的处所和本性是被决定的

---

① I. § 92, ff..

思想。① 关于灵魂的思想，他最确切的主张就是灵魂的存在是确定无疑的。②

在第二章中，即关于痛苦的忍耐中，他不仅否定了居勒里和伊壁鸠鲁学派的观点，而且还否定了斯多亚学派的观点。他的这些关于斯多亚学派的推论方法和关于芝诺思想的看法并不是一种斯多亚学派的方式。③ 他的立场是新学派式的立场，他发现了斯多亚学派的错误。并不是因为它们认为痛苦不是恶的观点，而是认为它们的错误在于它们对实践道德问题不感兴趣。④ 他接受同斯多亚学派主张相反的对于灵魂划分的观点。在他看来，灵魂是分为理性和非理性两个部分的。⑤ 他宣称他对实践道德是有兴趣的。不过，他不同意灵魂的这两个部分是紧密联系的观点。

在第三章中，西塞罗的观点是同新学院派的观点一致的。但是，他又很倾向于斯多亚学派，因为他接受他们关于悲伤的定义⑥；他也不否认他们关于非理性对灵魂的作用。他想在斯多亚学派和漫步学派关于恶的观点之间选择一条道路来⑦。他赞美斯多亚学派主张中的刚毅和勇敢⑧，也许这些思想是在现实中不可能实现的，但是，这对于提高人们的道德要求是非常重要的，甚至是他追求的。

第四章涉及了灵魂的其他无序状态，西塞罗采用了斯多亚学派的辩证法，对该问题进行了全面的阐述。他接受他们的定义，但是又采用了柏拉图的心理学。他不同意克里西波斯对卡尔尼亚德斯的批评，也批判了漫步学派提出的用情感法则理论，试图彻底消除这些理论的影响。正如在第三册，他对独断论的喜好不是因为它们是一些理论性真理，而是因为它们考虑到了实践的功利性。

在第五章里，西塞罗又表现出了对于实践的兴趣要远远高于对理论的

---

① Ⅰ. §§60, 67.
② Ⅰ. §53.
③ Ⅱ. §29.
④ Ⅱ. §42.
⑤ Ⅱ. §47.
⑥ Ⅲ. §75. 指老斯多亚学派。因为在这个问题上，波西多尼乌斯（Posidonius）的观点与克里西乌斯的观点是不同的。
⑦ Ⅲ. §77, ff..
⑧ Ⅲ. §22.

兴趣。他希望表达的就是德性对于幸福来说是自足的思想。这一册的内容是非常丰富的,既涉及斯多亚学派,也涉及漫步学派,还涉及伊壁鸠鲁学派的一些主张。一些评论家认为西塞罗的思想来源于三种不同,有时甚至是矛盾的思想体系,其原因就在于他的目标是想证明德性可以满足幸福,这一结论的真理性是同所有不同学派的伦理理论和著作是一致的。

如果说当西塞罗在写《图斯库兰论辩集》时是跟随斯多亚学派的克利西波斯、帕奈提乌、很有可能还有波希多尼著作的话,那么,很明显,尽管他接受了斯多亚学派的很多观点,但是,他自己仍然认为他的思想是独立的。作为一名新学院派的追随者,他可以自由地使用他的材料。根据不同哲学学派的观点,接受或拒绝他自己的选择。另外,如果说西塞罗之前写的著作属于新学院派的话,那么,安太阿卡斯(Antiochus)就不可能是西塞罗认可的权威。因为在第五册中①,他表达了一些矛盾性的观点。拉瑞萨的菲洛的理论很有可能也是西塞罗思想的来源之一。因为西塞罗对菲洛的责备在很大程度上表明他是倾向于斯多亚学派的,尽管他还是卡尔尼亚德斯的学生。

由于西塞罗研究的问题都是很迫切的,他的思想来源又非常广泛,因此,人们认为他的哲学著作具有永恒的价值。蒙森(Mommsen)在他的《罗马史》一书中认为,西塞罗仅仅是一位"词语创造者"或"一名旅游者"而已,但是,蒙森所属于的普鲁士人却认为西塞罗是一名政治家,一位在革命时期对共和国有良心、有忠诚的政治家。为此,他们深入了对西塞罗的研究,将他看作一名作家。

蒙田(Montaigne)在他的一篇随笔②中温和但是还是很残酷地指出:"显然西塞罗的真理是含混的。在我看来,西塞罗的写作方式是令人讨厌的。他的著作中,主要的内容都是一些他的序言、定义、分类以及词源学等的说明。……我发现西塞罗在那个时代最伟大的写作仅仅是刮过的一阵风而已。因为他没有能够说明他的目的到底是什么。……我只是希望成为智慧之人而不是要从他的著作中学到更多的知识和技能。我完全可以理解死亡是什么,也完全可以理解快乐又是什么。因为我知道这不是从解剖

---

① V. §22.
② Ⅱ.17.

学上说的。因为对死亡的解剖是没有快乐的。我想寻找善,尽我的努力想找到这个善。因为有很多理由都让我这样做。……我要说出我一直存在的一个巨大怀疑:在寻找善的这片领域中,他的反驳都是软弱无力的。"蒙田有可能会同意麦考利(Macaulay)的观点。麦考利说道:"词语、更多词语以及那些专门的词语都是那些古代著名贤哲们辛勤劳动的成果。"[1]

另外,我们还说到圣·奥古斯丁。在他的《忏悔录》[2]一书中[3],他谈到了他十九岁时候的一件事情。他说那时他真的把西塞罗的《霍尔登修或哲学规劝》(Hortensius)而不是《图斯库兰论辩集》搞丢了。他写道:"在日常学习中,我都是从西塞罗的某本著作开始的。他的演讲都是特别优美的,尽管并不是他特别用心写成的。那本书中包含着哲学式的规劝,因此,它也被称为'哲学规劝'。该书改变了我的信念,让我把自己的祈祷献给了您,我的上帝!让我产生了新的目的和渴望。对我来说,原来那些无用的希望立即变成了有意义的希望。我非常强烈地渴望获得永恒的智慧,我开始将自己的目光转向您。……我用的那本书中没有尖锐的言语,也没有让我只是注意那本书的风格,而是让我关注那本书的实质。"

还有伊拉斯莫斯(Erasmus,1466－1536,荷兰启蒙运动人文学者)在写给他朋友的一封信中还提到了《图斯库兰论辩集》一书,他说道:"当我还是一个孩子时,我是喜欢塞涅卡而不是西塞罗,因为在我二十岁之前,我都没有花时间去读西塞罗的著作。……我不知道是不是随着年龄的增大,我的判断也在发生改变。但是,我知道当我喜欢我那些年轻时的研究时,西塞罗肯定是不能够给我很多快乐的。现在我的年纪已经很大了,我开始阅读他的著作了。我发现西塞罗的著作不仅风格优美,用词恰当,而且我还能够感受他那颗高贵的心灵和神圣的道德感。简单地说,他的著作震撼了我的灵魂,使得我自己感到我要努力成为一名好人。"

作为词源的创造者,能够给人以影响的作家——西塞罗是不会被人们忘记的。例如,圣·奥古斯丁、伊拉斯莫斯等人都记住了他。西塞罗并不是一位原创性思想家,但是,他的伟大是因为他在哲学史上还是占有一个重要的位置。他的重要性只是同这样一件事情相关:在对于人的事务研究

---

[1] 《论培根》。
[2] 参见《忏悔录》,周士良译,商务印书馆2019年版,第4页。
[3] Ⅲ. 4.

上,他并不是一名简单的学生,而是有他自己深入的研究。他是罗马政治界中的一名领袖,在他执政以及他生命的晚年,作为安东尼的对手,他指导了罗马政策的制定。在西西里亚,他显示了他那无与伦比的管理能力,他的聪明才智和经验让他对很多真正的问题都感兴趣。例如,他对哲学就很感兴趣。他提出的如何获得生活意义的思想产生过很深远的影响,因为他让人们知道了生活中具有永恒的意义。因此,他的哲学思想并不是关于生活中一些技巧性能力的论述和介绍。即便从历史发展上看,西塞罗也是最重要的思想家之一,因为他让我们知道了很多希腊哲学家,这些希腊哲学家们在他们那个时代促进了文明世界的进步。他对基督教的拉丁教父们、文艺复兴和18世纪的启蒙运动都产生过重大影响,更不要说后来的那些年轻一代的学者。因为这些年轻一代的学者,在刚开始研究道德哲学时,都是受到西塞罗启蒙的。

对我们而言,西塞罗写作中提到的问题都是一些普遍知识。其实,它们确实就是普遍的。因为西塞罗是在"吸收了很多文明社会的营养的"[①]基础上开始写作的。其实,正如斯特拉坎·戴维森(Strachan Davidson)在《西塞罗传》一书中说的那样:"如果我们想要决定古代时期谁的写作对现代世界具有最直接影响的话,那么,这个荣誉只有可能授予普鲁塔克的名人传[②]和西塞罗的哲学著作。"

参考文献

R. D. 黑克斯主编:《罗马哲学》,载《拉丁研究丛书》《希腊研究丛书》,剑桥出版社。

策勒(Zeller):《斯多亚学派、伊壁鸠鲁学派和怀疑派》,瑞切尔(Beichel)译。

格兰特:《论古代斯多亚学派》,参见格兰特《亚里士多德伦理学》第1卷。

里德:《学院派》导论。

泽林斯基(Zielinski):《西塞罗研究的百年变化》,1912年。

[①] 约翰·威廉姆·麦克尔(John William Mackail, 1859-1945),苏格兰学者,社会学家,知名的维吉尔专家。

[②] 指民族英雄们。

出版说明

该书的英文翻译者为 I. E. 金教授，他对该书进行了部分修改，但是完整的修改是在他过世以后由其他编辑们完成的。

本书增加的附录二是西塞罗在《图斯库兰论辩集》这部著作中引用的早期拉丁作家的著作清单。这些早期拉丁作家的著作是根据《旧拉丁残篇》(*Remains of Old latin*) 一书翻译而完成的。翻译者是 E. H. 沃名顿 (E. H. Warmington) 教授。《旧拉丁残篇》由"洛布古典丛书收录"，该书共有四卷。

目　　录

第一章　论鄙视死亡 …………………………………………（ 1 ）

第二章　论忍受痛苦 …………………………………………（ 63 ）

第三章　论减轻悲伤 …………………………………………（ 97 ）

第四章　论灵魂持久的纷扰 …………………………………（141）

第五章　论德性对于幸福生活是自足的 ……………………（180）

附录一　本书引用过的早期拉丁作家著作 …………………（230）

附录二　《西塞罗全集》表 …………………………………（233）

附录三　西塞罗翻译过的希腊文献 …………………………（235）

中文版后记 ……………………………………………………（242）

第一章　论鄙视死亡

1. 终于完成了我的辩护工作。不管怎样，我都已经从艰难的辩护①和元老院的职责中彻底解放出来了。我又一次回到先前做过的那些研究中来，这主要是受到你的鼓励，布鲁图斯。虽然我自己一直也没有忘记这些研究，但是，由于环境等因素，在很长一段时间中，我都忽视了这些研究。在我看来，要讲授一切技艺中的体系和方法肯定是同智慧研究相关的。而智慧又必须同人们称之为"哲学"的学科相关联。因此，我有义务用拉丁文来进行这样的研究工作。这并不是说研究哲学不要去学习希腊作家和老师们。但是，我已经具有这样一种强烈的信念：我们的同胞已经在各个方面都表现出了比希腊人更多的智慧。无论在他们自己的发现上，还是在改进他们从希腊人那里学习到的方面，都是如此——至少在这些问题上，我们的同胞们已经做出了他们独特而有价值的贡献。② 在道德、生活的规则、家庭和家庭经济等方面，我们确实要坚持我们自己的创建。因为在这些领域，我们使用的方法更好、更有价值。毋庸置疑，我们的祖先已经认识到我们在制定政府政策方面可以采用比其他国家更好的规则和法律。我能够说一点战争技艺吗？在这方面，我们的同胞们不仅证明了他们的纪律非常严密，而且也证明了他们英勇无比。同希腊人或其他国家人进行上述内容的比较，我们就不会考虑书本知识，而只是要考虑我们

---

① 在辩护时，他喜欢捍卫而不是去谴责。事实上，他将对韦雷斯（on Verres）的辩护看作一次反击，他把粉碎咯提林阴谋（Catiline）看作对共和国的一次捍卫。该注释是西塞罗原书中的注释，以后用数字表示的注释都是原书的注释。本书中所有的"＊"符号都是中文译者自己增加的注释。

② 西塞罗希望激励他的国民，正如在他的《致布鲁图斯》信中说的那样："我曾经做过很多事情，就是为了要鼓励拉丁人对罗马的热爱。罗马人在精确学科和抽象研究方面还差得远，他们需要向希腊人学习，包括在医学和几何方面都是如此。但是，工程、法律或军事等方面除外。"

的自然本性了。为了要证明同我们祖先进行这样的比较是合理的，我们就要说明在人类中的什么地方，我们国家的人民具有如此的渴望、坚定、灵魂的伟大、诚实、忠诚等如此卓越的优点？在知识和文学等方面，希腊人是超过我们的，他们在这方面的胜利也是没有争议的。诗人是希腊人中最古老的人文阶层，在荷马和赫西俄德（古希腊语：Ἡσίοδος，英语：Hesiod，系一位古希腊诗人）生活的年代，罗马还没有建立。阿尔齐洛科斯（Archilochus，古希腊抒情诗人）① 生活的时代是罗马建国初期罗慕洛斯统治的时代，我们接受诗歌是比较晚的。大约在罗马建国510年，李维鲁斯②在凯库斯的儿子克劳迪斯执政时期创作了一部剧。那一年，图狄塔鲁斯（Tuditanus）出生了。他比恩里乌斯早一年，也比普劳提斯（Plautis）和纳伊维乌斯（Naevius）年长。

2. 后来我们国家的人们既认可了诗人的声誉，也喜欢诗人了。尽管据说在《罗马史》（Origines）③ 一书中说到罗马人在宴请时，客人们已经习惯用唱歌和笛子演奏来纪念那些优秀之人的德性。但是，在加图演讲中，诗歌还是不值得人们尊敬的。因为在演讲中加图批评了劳比里俄（M. Nobilier）。加图认为，他不应该将他认可的诗歌带到他的省里来。其实，我们知道，只是在劳比里俄当执政官时，他才将恩里乌斯（Ennius）带到埃托利亚（Aetolia）④ 的。那时，对诗歌尊重的人都被认为是一些轻浮之人。因此，几乎没有人愿意从事诗歌创作工作。然而，有一些作家，凭借着他们天生的才能证明了诗歌的重要价值。他们的诗歌是能够同希腊人诗歌的荣耀相匹配的。我们会认为如果显赫家庭出生的法比乌斯·皮克托（Fabius Pictor）因为他的绘画而获得名声的话⑤，那么，波利克里托

---

① 阿尔齐洛科斯是古希腊抒情诗人，生活于公元前720—前676年。
② 安德罗尼库斯·李维鲁斯，公元前240年，最早的罗马诗人。
③ 一本已经遗失的历史著作，只有残篇。作者是加图（公元前149年的监督官）。参见Ⅳ.§3，即参见第四部分的第3段，以下注释相同。拉丁数字表述第几部分，符号"§"表述其中的第几段。只有"§"的注释表明在该书的第几部分是同上一个注释的第几部分相同的。——译者注
④ 罗马诗人，出生于公元前239年。他出生在希腊，是老西庇阿的朋友，与老西庇阿埋葬在一起，参见§13。他从劳比里俄儿子手中获得了罗马公民身份，因为劳比里俄当时是执政官。
⑤ 法比乌斯·皮克托，公元前302年，在萨鲁斯神庙的墙上绘画。他属于一个古老的贵族家庭，他的孙子是最早的罗马历史学家。

斯（Polyclitus）和帕拉休斯（Parrhasius）①难道不能够获得更大的名声吗？公众的评价是，他们都是这些技艺的卫士。所有渴望自己获得声誉的便有了声誉，而那些追求与大众评价不同的人则被忽视了。希腊人认为，只有音乐教授以及教授有声的音乐才是最好的教育方式。因此，我认为伊巴密浓达（Epaminondas，公元前418—前362年，希腊底比斯政治家、将军）在希腊历史上是一位非常重要的人物。人们告诉我们，他也是一位多才多艺的歌唱家，他经常在竖琴的伴奏下唱歌。而如果让我们回到更早的年代，那么，特米斯托克力（Themistocles，公元前525—前460年，古希腊杰出的政治家、军事家、雅典人）则表现出了缺少一些文化，因为他拒绝在宴请时使用古琴。因此，可以认为在希腊有很多音乐家，每一个希腊人都认为应该学习音乐，如果一个人不熟悉音乐，那么，他就会被认为没有受到过完整的教育。不过，希腊人最尊重的是几何学，数学家在希腊具有最高的荣誉，而我们罗马人则将数学限制在了计算和测量的实际目的方面。

3. 另外，我们很喜欢演讲——刚开始时我们没有培养过演讲的人，只是让发言人有一个准备时间而已——后来我们才开始专门培养演讲人。根据传言，伽尔巴（Servius Sulpicius Galba，罗马帝国皇帝）、阿弗里卡纳斯·小西庇阿（Africanus）和拉埃柳斯（Laelius，西塞罗对话中的朋友）都是在发言时准备很充分的人。而在他们之前的加图，也是一名在这方面十分勤奋的学生，后来的雷比达（Lepidus，军事首领）、卡波（Carbo）和格拉古兄弟（the Gracchi）也是如此。②从他们之后到我们这个时代，演讲者都认为只有以希腊人的演讲术为基础，他们的演讲才能够成为有力的演讲。然而到了今天，哲学却被忽视了。拉丁文学几乎与演讲没有什么关系。③我们应该去研究和赞美哲学，这样，如果在我的生命历程中，我对哲学的研究和赞美能够为我的同胞们服务的话，如果我能够这样做的

---

① 波利克里托斯（Polyclitus）是希腊著名的雕塑家；帕拉休斯（Parrhasius）是希腊著名的画家。

② 加图是一位著名的监察官，他生活的年代是公元前234—前149年。伽尔巴、小西庇阿和拉埃柳斯都是年轻的一代。雷比达（Lepidus，军事首领）、卡波（Carbo）和格拉古兄弟（the Gracchi）都是下一代的演说家。

③ 参见IV. §6。

话，那么，我就有可能在我的空闲时间中也能够为我的同胞们服务了。现在，我要让自己更加努力、更加主动地去做这些事情。据说很多以拉丁文写成的著作都没有受到作家的重视，因为这些作家还没有能力去发现这些著作中的全部优点。还有一种可能的情况是，一位作家具有一些正确的观点，但是，他不能够用一种流利的方式将这些观点表达出来，这样就浪费了他的空闲时间和笔墨。如果一位作家不能够用某些迷人的风格向读者们清楚地表达或概括自己所写的内容，那么，我们就会认为这样写作是一个人不可原谅的错误，因为他浪费了自己的空闲时间和笔墨，其结果就是这些作家只能根据自己的思路来阅读他们自己的著作，他们之中没有人能够被公众广泛接受，他们只是希望能够扩大他们自己可以乱写的特权。而我由于刻苦努力，我的演讲在我的同胞中还是赢得了一些声誉。为此，我现在将更加热情地去阐述哲学精神，因为哲学精神也是我早期努力的动力之一。

4. 正如亚里士多德那样①，他是一位出类拔萃的天才。在修辞学家伊索克拉底（Isocrates）名声的激励之下②，他开始将演讲的知识性和生动性传授给年轻人，让年轻人学习演讲和能够将智慧研究的一些技巧联系起来。同样地对我而言，早年我就对演讲艺术进行过研究。不过，现在我使用的演讲术更加庄严和丰富，因为我已经深信完善的哲学形式应该具有多种生动的处理重大问题的方式。为了努力达到这样的目标，我自己花费了很多精力。实际上，现在我已经可以大胆地用希腊人的方式来做学术演讲了。例如，在你离开之后，最近有一些亲密朋友同我在一起，我打算看看在我的图斯库兰的房间中进行演讲术的训练时我可以做些什么。正如我年轻时那样，我经常在法庭上发表演讲——那时没有人会感到我的演讲太长

---

① 亚里士多德，公元前384年出生在马其顿的斯塔吉亚。在公元前365年，他便成了柏拉图的学生。在公元前342年，他成了亚历山大国王的家庭老师。公元前335年，他又回到了雅典，在吕克昂（Lyceum）教学。他的学生们围绕着吕克昂的墙边同他散步，因此，人们将亚里士多德学派称为"漫步学派"。

② 伊索克拉底，"一位晚期的雄辩家"。他于喀罗尼亚战役之后的公元前338年被谋杀了。亚里士多德一直反对他，据说他常用的句子是："伊索克拉底和他的团队都是一些讲德性之人。"参见西塞罗《论演讲》第3卷，第35节，第141节。

第一章 论鄙视死亡

——现在是我进入老年时的雄辩演讲了。① 我要求朋友们提出任何他们希望提出并进行讨论的问题，我坐着或走着同他们谈论。我把这些天的谈论总结成五个部分，像希腊人那样给了这本书一个书名。谈论的方式是这样的：在一个自愿听者表明了他的观点后，我就来反对他的观点。你知道的，这种方式是老苏格拉底学派用来反对你对手立场的方式，因为苏格拉底认为只有通过这样的方式才有可能很快找到真理。考虑到你能够更容易地跟上我们讨论的过程，在你面前，我将这些内容改变成了一种论辩形式，而不是一种叙述形式。因此，这是一种开放的形式。

5. A②：在我的思想中死亡就是恶。

M：你是说死亡还是说那些不得不死去的人？

A：两者都是。

M：因为死亡是恶，因此，死亡就是痛苦的。

A：是的。

M：那些具有痛苦的人就是已经死去的人；那些死去的人就是痛苦之人。

A：我想是这样的。

M：那么，所有人都是痛苦的。

A：绝对是的。

M：不过，事实上，如果你希望你的观念中没有矛盾话，那么，这就是说不仅已经出生的人和将要出生的人都是痛苦的，而且他们还是终身痛苦。因为如果你的意思仅仅是那些不得不死的人都是痛苦的话，那么，任何活着的人都是痛苦的，没有例外。因为所有人都不得不死。而且只有经过死亡，痛苦才会完结。假如死亡本身也是痛苦的，那么，我们一出生就朝向了永恒的痛苦。因此，与其说那些在数千年死亡的人是痛苦的，还不如说每一个已经出生的人才是痛苦的。

---

① 预演（Declamitare）是指经常在发表演讲之前的提前预先练习；Declamatio 是对演讲者的一个称谓，指修辞学学校中的一个学生要对一个给定题目发表一演讲时的实践训练。西塞罗自己反复说到在老年他还是想去上课，接受这样的训练。参见Ⅱ．§26。

② 不能够确定字母 A 和 M 所代表的含义。A 有可能指阿东勒斯勒斯（Adolescens）或者是一个旁观者（Auditor），不可能是西塞罗的朋友阿提库斯（Atticus），因为阿提库斯那时已经65岁了；M 有可能代表西塞罗自己的名字马库斯（Marcus），或者是代表一位行政官（Magister）。

A：这确实是我的观点。

M：请告诉我，你对地狱中三头神克耳波洛斯（Cerberus）的故事、冥河分支科塞图斯河（Cocytus）的咆哮、过黄泉（Acheron）的航程、"坦塔鲁斯（Tantalus）由于口渴又喝不到他下巴下的水而搞得精疲力竭（Lucret）"等故事不感到害怕吗？你对传说中的西西弗斯感到恐惧吗？他艰辛地不停地滚动着那块石头，可那块石头一点都没有向前移动。或者你对冥王世界中的那两个无情的审判官弥洛斯（Minos）和剌达曼托斯（Rhadamanthus）感到恐惧吗？在那些公开辩护时，甚至是克拉苏和安提尼乌斯也不能保护你，你也不能鼓动德莫斯特涅斯（Demosthenes）来保护你，因为你的案件已经在希腊审判官前审判了。所以，你将不得不在很多观众面前为自己辩护。据此，你感到了害怕，所以你才提出"死亡就是一种永恒恶"的观点。

6. A：你认为我有如此疯狂能够相信这些传说吗？

M：你真不相信那些故事和传说是真的吗？

A：我肯定不相信。

M：哎呀！可那都是一些悲惨的故事。

A：为什么是悲惨的故事呢？

M：因为我将在谈话中用我的雄辩论证来反对这些传说。

A：有谁在这个问题上不反驳呢？或者说要证明诗人和画家提出的那些妖魔鬼怪是虚假的，会存在着什么样的困难呢？

M：有一些哲学家们在他们那些庄严的书籍中提出过对于这些相同寓言的反驳。

A：他们应该没有起到什么作用。因为受到这些传说影响的人都是一些笨拙之人。他们很难受到哲学家的影响。

M：如果在地狱里不存在痛苦的话，那么，地狱中就不可能有任何存在之物。

A：我很赞同这个观点。

M：不过，你描述过的那些痛苦又在何处呢？或者说那些痛苦待会在什么地方呢？因为如果痛苦存在的话，那么，它们应该待在某一个地方。

A：但是，我认为它们不待在任何地方。

M：因此，你认为它们是不存在的。

A：你说的完全正确。我还认为痛苦之为痛苦，一个简单的原因就在于痛苦是不存在的。

M：现在，我应该说我宁愿喜欢你对三头神的畏惧而不喜欢你如此草率地得出的论断。

A：是吗？那么，请告诉我原因吧。

M：因为你确认了你先前否认过的不存在之物，现在又认为它们是存在的了。你的才智跑到什么地方去了呢？一旦你说一个存在之物不存在就是痛苦的，那么，你又确认了这个不存在是存在的。①

A：我还没有愚笨到这种程度吧。

M：那你是什么意思呢？

A：例如，我说克拉苏是痛苦的，因为他丧失了一个宝贵的刺杀机会。我说庞璞是痛苦的，因为他被剥夺了很多荣誉或名声。一句话，如果所有人每天都丧失阳光的照耀，那么，他们都是痛苦的。

M：你又回到了你先前的立场上去了。因为如果他们是痛苦的，那么，他们应该是存在的。然而，你现在却又说死亡就是说人不存在了。如果人都不存在了，人就什么都不是了，那么，人就不可能是痛苦的。

A：也许我并没有表达出我的意思。我想说的是，如果有某种东西已经存在，那么，从事实上说，唯有不存在就是最大的痛苦。

M：什么？任何不存在的东西还会有痛苦？这就是说现在还没有出生的人也有痛苦了。因为他们是不存在的。这也就是说，如果在死亡以后我们有痛苦，那么，在出生之前我们也已经遭受痛苦了。然而，我先前对于出生的记忆并没有告诉我，在没有出生之前，我是痛苦的。如果你的记忆也很好的话，那我很想知道你的记忆会告诉你，在没有出生之前，你是什么状况。

7. A：你在跟我开玩笑吧。好像我是用还没有出生的人也是痛苦的观点取代了已经死亡的人是痛苦的观点。

M：因为你说过他们都是存在的。

---

① A 更可能是说"is"不过就是一个连接词而已，没有"存在"含义。这样暗示了没有存在这样的术语。因为在命题"他是一个无足轻重的人"中很清楚地说明了这个问题。因为"无足轻重"就是说"不存在"，它们都是用"is"连接的。

Ａ：不是这样的。我是说，在他们已经存在之后他们就不存在了，所以，他们才是痛苦的。

Ｍ：你没有看到你的论述中有自相矛盾之处吗？当你说一个存在之物的不存在时，不仅是在说这个存在之物是痛苦的，而且还说它还可以是任何一种存在之物，这其中不是有很多矛盾吗？当你从珀塔·卡佩纳（Porta Capena）出来，看见卡纳提纽斯（Calatinus）、西庇阿（the Scipios）、瑟尔维里（the Servelli）、美特里（the Metelli）的墓地时，你认为他们痛苦吗？①

Ａ：你在词语上挑我的毛病。所以，我不像先前那样说他们是痛苦的，而说成是这样的：他们痛苦。原因很简单，他们确实不存在了。

Ｍ：你不是说"克拉苏是痛苦的"，而是说"痛苦的克拉苏"。

Ａ：我确实是这样说。

Ｍ：好像命题陈述中的任何事物没有必要涉及"存在"还是"不存在"的问题。但是，你没有一个逻辑起点吗？这是最基本的。每个命题本身都是有其意义的。价值（ἀξίωμα）。当然，如果我能找到更好的术语，那么，以后我会用另外一个更好的术语来替代这个希腊术语。任何命题都是一种真假陈述。因此，当你说"痛苦的马库斯·克拉苏"就相当于说"马库斯·克拉苏是痛苦的"。只有这样，我们才能够判断真假，否则，你就什么都没有说了。②

Ａ：好。现在我假定死亡不是痛苦，如果你强迫我承认那些完全不存在的人是没有痛苦的，那么，会出现什么情况呢？如果我们不得不去死，我们活着不是痛苦吗？如果我们想到我们会在日日夜夜的这个时刻或那个时刻必须去死，那么，在生活中，还有什么可以让我们满足呢？

8. Ｍ：现在你还没有完全认识到你已经启发了很多人是吗？因为你已经说过每一个人都要承受痛苦这种负担。

Ａ：你是什么意思呢？

Ｍ：是这样的，如果死亡始终是痛苦的，甚至死者也是痛苦的，那

---

① 在阿皮亚路边的家族墓地。只有通过卡佩那门进入城市后才能够看到。

② 对于逻辑来说，每一个正式的命题都会有主词、系词和谓词这三个元素。例如，燃烧的火是燃烧。

第一章　论鄙视死亡　　　　　　　　　　　9

么，在生活中我们就会时时刻刻面临着恶，这样在我看来，恶就成为生活的目的。当我们实现恶这个目的时，我们只会感到恐惧而不能够感到其他别的什么。但是，我记得好像你是同意爱皮卡慕斯（Epicharmus）这一句格言的。① 爱皮卡慕斯是西西里亚岛上的一位行家，也是一位格调高尚、充满睿智的人。

A：什么格言？我还没有听说过。

M：如果我能够用拉丁文，我就会给出这个格言。但是，你知道的，我习惯于在说拉丁文时说希腊文，在说希腊文时又说拉丁文。

A：是的。但是还请告诉我，爱皮卡慕斯的格言是什么呢？

M：不用说死亡；因为死亡就是什么都没有了。②

A：现在我认识了这个希腊人。因为你已经强迫我承认死亡中并没有痛苦，那么，你就应该继续让我思考，在事实上人不得不死亡也不会让人感到痛苦。

M：可以肯定地说，死亡并不是一件正经的事情。在我的观点中还有更重要的事情。

A：怎么能不是正经的事情呢？你所说的更重要的事情又是什么呢？

M：因为，在死亡之后没有恶，那么，死亡本身也就不是恶。因为从时间上说，死亡都是立即死亡的。在这个"立即"之中，你也承认是没有恶的。这样，人的死亡就不是恶了。这就表示了在死亡时，我们是可以处于我们认为不是恶的状况之中的。

A：请再详细解释一下。因为你最后的那些观点是很难理解的，总不能强迫我同意你的观点吧。而且你的观点中那个重要是事情又是什么呢？

M：我能够给你说明，死亡不仅不是恶，而且显然它还是善。

A：不要多说了。除此之外，我只想听到你对那些说法的解释。虽然没有像你希望的那样说服了我，但是，你还是成功地说明了死亡不是恶的这个观点。我不会再打断你了。我希望继续听到你的解释。

M：是吗？如果我给你提问，你也会不回答吗？

---

① 爱皮卡慕斯（Epicharmus）是喜剧故事的创始人，出生于公元前 540 年。
② 邵普（H. Sauppe）猜测那个格言的希腊文应该是："死亡是一件愉快的事情，树立的墓碑上香味萦绕。"

A：不回答当然是不礼貌的。但是，我喜欢控制自己对问题的回答，除非是非常必要的问题。

9. M：我将满足你的愿望，向你解释你最希望我解释的。然而，我不是要像帕提亚的阿波罗那样做出一个确定而不可改变的神谕①，我仅仅是做了对那些还不清楚认识死亡具有什么意义的人给出一些可能具有的意义一点引导罢了。而对进一步讨论的可能性②，我自己都还不知道。对于那些宣称已经知道这种意义的人和宣称他们对此事具有智慧的人，这并不是什么难事。

A：你这样想是最好的。因为我们已经准备好来听听这些看法了。

M：首先我们应该考虑一下死亡本身是什么。不过，好像每一个人对死亡都了解得非常清楚。一些人认为，死亡就是灵魂同肉体的分离；一些人认为没有什么分离，而是灵魂和肉体一起消失、一起毁灭。在那些认为灵魂是有分离的人中，一些人认为灵魂分离后马上就是在空中消失了；另一些人认为分离后灵魂还会残存一节时间；还有一些人则认为分离后灵魂是永存的。至于说到灵魂本身是什么、它在我们身上待在何处、它是如何形成的等，则有很多的争论。一些人认为灵魂就是我们身上实际具有的心。于是，我们就有了一些同人心相关的词语——"无心""缺心眼""心中"，它们分别对应于"无感觉""笨拙"和"思考"。两次当过执政官、聪明的政治家纳色卡（Nasica）③提出了"好心"或"有心"这个名称，所以就有了这一说法：

有心的人、精明的阿伊里乌斯·色克斯图斯（Aelius Sextus）。④

恩培多克勒斯（Empedocles）⑤认为灵魂是心里弥漫的血；另一些

---

① 像一个神谕："加倍努力！"
② 西塞罗赞同卡尔尼德斯提出的新学院派的教育方式。卡尔尼德斯认为，尽管确定性是不可能获得的，但是，我们要尽可能地接近确定性。
③ 共和国的执政官西庇阿纳塞卡·科尔卡鲁孟，大约生活在公元前162年，人们称赞他的宗教和民法知识。
④ 阿伊里乌斯·色克斯图斯·帕伊图斯·加图是公元前198年的执政官。见附录二。
⑤ 恩培多克勒斯（Empedocles）是西西里岛上阿格瑞根图人，大约生活在公元前490年。

人认为它是人脑的一个特殊部分，也是人脑中最卓越的部分；还有一些人并不认为灵魂就是心或人脑的一个特殊部分，他们说心不过是灵魂居住的一个住处，它还要在人脑里居住。然而，其他人又确认灵魂就是一种气息。我们罗马人在实际中使用的一些词语便可以说明这一点，因为我们会说"抛弃鬼神"和"终止鬼神"，我们也说"精神的人"和"精神好的人"以及"信心对人是最重要的"①，等等。而且"灵魂"这个词的拉丁文意思就是"气息"。斯多亚学派的芝诺②认为灵魂就是火。

10. 现在我已经提到过灵魂是心、是人脑、是生命或者是火等观点。一般人都认可这些观点。对个别思想家而言，流行的观点是灵魂是某种法则。老一代③的哲学家们在很早时期也是坚持这一观点的。但是，到了我们这个时代，最近的是阿瑞斯西鲁斯（Aristoxenus）。④ 他不但是一位哲学家，还是一位音乐家。他认为灵魂是对自然身体的特殊调整，犹如声乐与配乐之间形成的和谐一样。灵魂的调节既能满足人的本性需要，也能保持人身体之间的和谐。在声乐中，和谐的声乐都是在不同震动的声乐下形成的。这位思想家仅仅用他熟悉的音乐原理就轻松地提出了"灵魂是对身体的调节"这一很有价值的思想。其实，这一思想在很早之前柏拉图⑤就清楚地论证过。西罗诺克拉提斯（Xenocratus）⑥ 否认灵魂有形式，也否认灵魂是任何实体，却不否认说灵魂是数。因为数的能力在自然中是最大的。其实，这也是以前毕达哥拉斯⑦曾经提出过的观点。一方面，西罗诺克拉提斯的老师柏拉图想象出灵魂有三个方面

---

① 认为灵魂与气息相同的观点好像会得到拉丁文短语的支持，例如，在使用 Animus（理性灵魂）和 Anima（气息）时，它们的意思是相同的。
② 芝诺是斯多亚哲学的奠基人，塞浦路斯人，定居雅典，据说一直生活到公元前 250 年。
③ 在苏格拉底之前的早期法学家们（Veteres）也都是哲学家。
④ 阿瑞斯西鲁斯（Aristoxenus）是塔恩图穆人，他是第一个用毕达哥拉斯思想来研究哲学的人，后来成为亚里士多德的学生。
⑤ 参见《斐多篇》89："灵魂与身体是紧密结合在一起的。"参见刘小枫编/译《柏拉图四书》，生活·读书·新知三联书店 2015 年版，第 481 页。
⑥ 西罗诺克拉提斯（Xenocratus）是卡尔色都人，柏拉图的学生。公元前 339—前 315 年学院派的领袖。
⑦ 关于毕达哥拉斯，参见 V. §§8, 9, 10。他宣称灵魂本身就是具有价值的。

的本性①，主宰的本性是理性，理性在人的头上，就像领袖要住在城堡上一样；其他两种本性，即愤怒和欲望，柏拉图希望它们能够服从于理性的统治。他固定了它们在人身上的位置，愤怒在胸膛里，而激情则处于横膈膜的下面。另一方面，蒂卡阿克鲁斯（Dicaearchus）②在柯林斯举行过讨论会，专门讨论了灵魂问题。在他的三本书里都有对灵魂的说明。在第一本书里，他介绍了很多学者都参加了这个讨论并发表了他们的看法。在其他两本书里，他向老菲西奥蒂斯人菲里卡特斯（Pherecrates）论述了这样的观点：整个灵魂都是不存在的。灵魂这个术语也是毫无意义的。拉丁文的"Animalia"，即动物，和"Animantes"即灵气，表示的就是具有灵魂的而不拥有理性的一些生物和植物。无论是在人还是在动物身上所具有的精神性或物质性的原理中都看不到灵魂的作用。我们所具有行动和感觉的全部能力都是完全分布在生命体身上的，同身体是无法分开的。因此，灵魂和肉体的分离是不存在的。单一生命体所形成的行动和感知的能力都是以这样的方式形成的，即都是由于它身上各个部分自然结合在一起形成的。比一切人都聪明很多的亚里士多德总是在反对柏拉图。在他提出了万物形成的著名四种元素说之后，他又进行了一些创造性的艰辛探索，最后他认为人的心中还应该有一种特殊的第五元素。因为心具有反映、预测、学习、传授、发现、记忆等很多功能，心中还有爱、恨、欲望、恐惧、感觉苦乐等的能力。所以，他认为在四种元素中，哪怕是在最高级的元素中，都不能找到这些感受和类似的活动。于是，他提出了第五种元素。但是，他没有给出名称，而是用了一个新的希腊文"ἐνδελέχεια"来表示这一类永恒而不间断的运

---

① 灵魂的三种本性是理性（Ratio）、愤怒（Ira）和激情（Cupiditas）。它们在人身上的位置可见柏拉图的《蒂迈欧篇》第69页。参见《柏拉图全集》（增订版）第3卷，王晓朝译，人民出版社2015年版，第322—323页；下引《柏拉图全集》均为此版本，只注书名、卷数和页码。拉丁文"Principatus"是最初或元老的含义，其对于希腊文"τοηγεμονικον"的含义都是"给予……指引"，参见§89。

② 他先是亚里士多德的学生，后来成为阿瑞斯托克鲁斯的学生。

动，这个希腊文实际就是指"灵魂"。①

11. 在我看来，这些关于灵魂的观点都有各自的道理。德谟克利特②确实是一位具有威望的人。但是，当他提出灵魂是由围绕在人身上某些平滑微粒在偶然碰撞作用下聚集在一起而形成的观点时，我们就会检查一下这一观点。因为在他那个学派的一些思想家看来，如果没有原子的大量存在，世界就不可能形成。在他们的观点中确实含有世界是被一个神圣存在者所决定的思想。这个问题极有可能是一个困难的问题。现在我们是表示赞同这些观点的其中一些呢？还是回到先前我们所提出的问题上去呢？③

A：如果能够安排的话，我希望这两个题目都要讨论。不过，这又是一件困难的事情。因此，还是让我们回到关于死亡的问题上来吧。因为如果我们不能摆脱对死亡的恐惧，那么，我们就不会进一步讨论其他问题。然而，先讨论死亡问题又是不可能的，因为除非我们先解决了灵魂的本性问题，之后我们才能够讨论死亡问题。因此，让我们先谈论灵魂问题，然后再来讨论其他问题。

M：我认为你提出这样的讨论过程还是很方便的。因为理性研究将表明我论证的观点中这样一种观点是真的：死亡既不是恶，当然也不是主动的善。因为如果灵魂是心、血液或大脑的话，那么，由于它是这些质料，灵魂无疑会随同身体部分的消失而消失；如果灵魂是气息，那么，它也可能在空间中消散；如果灵魂是火，那么，它也会熄灭；如果灵魂是阿瑞斯西鲁斯（Aristoxenus）所说的"和谐"的话，那么，它也将消失。为什么思想家蒂卡阿克鲁斯（Dicaearchus）会说灵魂什么都不是呢？按照前面所说那些观点的意思，人死之后什么都不是了。因为死亡的人已经失去了在

---

① 好像西塞罗曾经混淆了这样两个不同含义的词："ἐνδελέχεια"和"ἐντελέχεια"。在亚里士多德这里，他使用了后一个词，拉丁文是"Actus"或"Pertectio"，用来表示事物的一种完善状态。另外，前一个希腊文"ἐνδελέχεια"表示持续不断的意思，正如同日常所见的滴水穿石那样的持续不断，这也是一种运动。但是，在亚里士多德看来，所有的运动都是同灵魂无关的。因此，如果西塞罗使用的是后一个希腊文，那么，他给出的意思就是错误的；如果他使用的是前一个希腊文，那么，他使用的这个词就与亚里士多德使用这个词的意思是不同的。关于这两个希腊词的问题是一个古老的问题，因为卢塞亚在他的"真实的故事"中的就提到过，他认为这两个词的差异就在于后一个词非法窃取了前一个词的"记忆"。

② 德谟克利特是阿博德拉人，生活在大约公元前460年，是原子理论的奠基人。

③ 见第9节，即关于死亡问题。

生活中的感觉能力。而没有感觉能力了，人就不会区别于任何存在者了。这个学派中也有一些人提出了这样一种希望：他们认为从身体上分离出来的灵魂可以到天堂去找到它们的居所。这样的说法也许能够让你高兴。

A：这确实让我感到高兴。首先我愿意相信它是真的；就算不能证明它是真的，我也愿意劝人们相信它是真的。

M：那么，你需要我们什么帮助呢？我们能不能够在论辩上超过柏拉图呢？还是让我们去看看他在书里关于灵魂是怎么说的吧①。只有有了书，你才可以不需要任何帮助了。

A：我一直在这样做，我保证还做了很多次。但是，我很抱歉，不知道怎么回事，当我在读柏拉图的书时，我是会同意他的观点的，然而，丢开了他的书，自己在心中反思灵魂的永恒性时，先前我所有同意②的感觉就消失了。

M：你这是什么意思呢？你是假定人死后灵魂还存在呢？还是假定死亡后灵魂就消失了呢？

A：好吧，让我来假定吧。

M：好，先假定人死之后灵魂还存在，好吗？

A：我承认这样的灵魂是幸福的。

M：我们现在又假定同意人死之后灵魂消失的理论，那又会怎样呢？

A：我承认这样的灵魂是没有痛苦的，因为已经假定灵魂在人死后就不存在了。这种承认多多少少是在你的论证强迫之下而承认的。

M：那么，你感觉有什么理由认为死亡是恶的呢？人死之后灵魂要么存在要么消失的两种情况都说明死亡不是恶的。因为如果人死之后我们的灵魂还存在，这就会让我们承认这时的灵魂是幸福的；如果当我们没有了感觉时，这就使得我们承认灵魂摆脱了痛苦。

12. A：显然，首先，如果人死之后灵魂的存在不是一个困难的问题的话，那么，你能够证明这一点；其次，如果这是一个困难的问题，你不能够证明这一点的话，那么，你就要去证明死亡并不是恶的这个观点。因

---

① 西塞罗提到的是柏拉图的《美诺篇》。

② 由于拉丁文"同意或准许"（Adsensi）同斯多亚学派使用的希腊文"$\sigma\upsilon\gamma\kappa\alpha\tau\acute{\alpha}\theta\varepsilon\sigma\iota\varsigma$"意思相近，因此，这个词的哲学含义就是"心灵知觉上的同意"。

第一章　论鄙视死亡　　　　　　　　　　　　15

为我认为死亡是恶的这个观点是非常严格的，我并不是想说死亡之后的人是没有感觉的，而是想说没有感觉后我们必须面对的希望是什么。

　　M：你希望看到对于你认可的那个观点有权威的论证，我们可以使用最权威的文献，这种权威文献在任何时候都应该是具有权威性的，就像在一般情况下我们做过的那样。首先，我们会引证所有古代文献。这些古代文献中有古代人是如何提出这个问题，以及哪些神圣的祖先思考过这个问题。或许在这些文献中还可以找到有关这个问题明晰而正确的论述。据此，我们在恩尼乌斯称为"古人"①之中发现了这样一种坚定的信念：在死亡状态时，人还是有感觉的。在人的生命停止过程中，人的感觉并不是完全消失得无影无踪了。人的死亡可能是根据神圣法则的某种聚集。因此，死亡是需要一套丧葬仪式的。这样的聚集是同很多其他聚集的实例一样的，那些具有非凡能力的人都非常重视这些仪式，在这些仪式上，他们是不敢亵渎神的。因为如果他们亵渎神，不认可赎罪的话，那么，他们就一定会受到惩罚。因为在他们心中具有这样一种坚定的信念：死亡并不是消亡或消失和对一切事物的摧毁，而是人生的一种变换或是生命的一种改变。因此，死亡对于优秀的男人和女人来说，都是通向天堂的指引；对于其他人来说，死亡后将进入地狱，在地狱之中他们仍然将过着魔鬼般的生活。然而，所有这一切都是残留下来的思想。②

　　因此，当恩尼乌斯③按照传统写作时，我们的同胞们是相信"在天堂里，罗慕洛斯是同诸神生活在一起的"这样的信念。希腊人相信赫尔库勒斯（Hercules）④是一位对人有帮助的伟大的神。通过他们，这样的信

---

　　①　在谈到萨宾的起源时，万罗（Varro）说拉丁词"Cascus"的意思是"古老的"。恩尼乌斯说道："多么古老的拉丁民族呀！"见附录二。

　　②　一般罗马人的信念是，如果人被安葬得合适，那么，人的灵魂或形态便可以通过地下世界并依附在地下世界中的马勒斯（Manes）神身上，在某个固定时间也会轮回回来。如果人被安葬得不合适或不好的话，那么，人的灵魂就不能依附到马勒斯身上，而只能在地下世界漫游，这是很危险的。参见《仲夏之夜》（Mids. Night's Dream, Act. 3, Sc. 2）第三部第二节。同死亡相关的罗马节日是二月（Parentalia）和五月（Lemuria）。正义和卓越之人死后的灵魂将立即通向天堂，正如西塞罗在小庇西阿梦里用了很长的篇幅来论述的那样（《论共和国》，第六本书）。参见§106。

　　③　参见附录二。

　　④　在意大利建国之前，汉尼拔（Hannibal）在伽德斯曾经对赫尔库勒斯许下过一个诺言。见李维 XXI. 21。

念传给了我们以及传递到了更远的海洋。根据这个信念，人们也认为瑟米勒（Semele）的儿子里伯（Liber）是一位神。① 同样也传说滕达瑞乌斯（Tyndareus）② 的儿子们也是同他们一样的神。这些儿子不仅帮助罗马在战争中取得胜利，而且，他们还跑到瑞德（The rede）去把胜利告诉人们，因此，他们还是胜利的信使。那么，我们的同胞为什么不信仰马图塔（Matuta）③ 而要去信仰被希腊人称为（Λευκοθέα）爱洛（Ino）的神呢？她是卡德穆斯的女儿。还有，为了避免去寻找另外的起源，难道还不能相信在整个天堂中是充满了诸神永恒的起源吗？

13. 事实上，如果我研究了那些古老的记录，寻找出希腊作家所写的那些事例中的诸神的话，那么，我们就可以找到在他们神圣信仰之路上那些他们最初认可的实际存在的诸神。④ 对希腊墓碑的研究可以证明这些神的存在。记住，当你受到启发时，那些传授给你的知识都具有一些神秘性，现在你需要认识的就是这种信仰到底有多深，事实是人仅仅只能相信自然的帮助，因为他们还没有受到过自然哲学的熏陶。自然哲学是在很多年后才开始对自然进行研究的，他们没有建立理性的因果体系。因此，他们会受到他们平常所见到的怪异现象的影响，特别是受到他们在夜间看到的怪异现象的影响，从而会认为一些同生活已经分离的死亡之人还仍然活着。

好像这就是我们相信诸神存在提出来的可靠根据。据说世界上没有一个民族会如此不开化，没有一个人会如此野蛮，以至于他们根本不相信诸神的存在，好像这就是我们相信诸神存在最可靠的基础。由于人的本性被

---

① 里伯（Liber）是意大利古代农业神的名字，他是宙斯和特波斯的瑟米勒的儿子。在罗马，描述希腊的巴克库斯（Bacchus）和酒神狄俄尼索斯的诗歌中提到过里伯。

② 瑞乌斯（Tyndareus）的儿子们指的是：狄欧斯库瑞（Dioscuri）、卡斯特（Castor）、泊卢克斯（Pollux）。他们的声誉是从瑞吉卢斯湖（Lake Regillus）战役之后传入罗马的，他们给罗马带来了新变化。

③ 马图塔（Matuta）是早期意大利的黎明之神。这表明随着希腊神爱洛把自己丢进海里之后，人们开始信仰海神勒乌寇提（Leucothea）。

④ 罗慕洛斯所确定的100个元老被称为卓越之人。"元老"这个术语同恩尼卢斯的12个神是相吻合的。它们是爱鲁诺（Iuno）、维斯塔（Vsta）、米勒瓦（Minerva）、色瑞斯（Ceres）、狄安纳（Diana）、维鲁斯（Venus）、马尔斯（Mars）、莫库瑞乌斯（Mercurius）、爱欧维斯（Iovis）、勒普图努斯（Neptunus）、沃尔卡鲁斯（Volcanus）以及阿波罗（Apollo）。

第一章 论鄙视死亡

败坏了,因此,在诸神的观念中确实存在着很多错误的观点。如果人的本性没有被败坏的话,那么,所有人都会认为神圣权力和神圣本性都是存在的。① 相信诸神存在或相信神圣权力和本性的存在并不是人类商议或协议的结果②,也不是通过人为的规则或成文法创立出来的。因为所有研究都可以证明世界所有民族都一致地相信神圣权力和神圣本性的存在。这一现象应该看作自然法的表现。有这样一些人吗? 如果他首先认为过世就是失去了舒适的生活,那么,他就会对他亲人们的过世感到悲痛。③如果废除这样的信念,马上你就会感到自己对死去的人是不会有悲伤的。人的悲伤不是为了他自己而难过,或许人是有悲伤和痛苦的,但是,我们会习惯性地认为,悲伤就会痛哭流涕。这样的悲伤来自我们这样的认识:我们热爱的人过世了,他失去了舒适的生活,我们感到了他的这种丧失。我们这样的情感是自然的,而不是通过推理过程或教授产生的,这种情感是自然激发出来的。

14. 主要的证据就是自然本身确切无疑地证明了灵魂是永恒的,但是,所有人都会对死亡之后的事情感到焦虑,甚至是深深的焦虑。正如斯塔提乌斯在他的《塞勒菲比》中所说的那样:"他种植的树就是为了将要来临的时代。"因此,除了关注连续的时代观念外,他还能关心什么观念呢? 一位勤劳的农夫如果没有看到树木上的浆果,他还能去植树吗? 一个伟大的人会不去种植法律、规则和公共政策的种子吗? 孩子的出生、获得名声、接纳儿子、意愿的认真准备、隆重的葬礼仪式、墓志铭等——这一切除了让我们想到现在和将来的事情外,它们还能有什么意思呢? 这一看法是什么意思呢? 难道你能够怀疑我们根据精致的自然而合理形成的人类本性的理想不能够满足我们的需要吗? 因此,我们还能够在人类存在而不是人的存在中找到更好的本性形式吗? 因为人出生来到这个世界就有责任帮助、守卫和保护他的同胞,从而形成人类。赫尔克鲁斯去世后就同诸神

---

① 见§36。

② 协议是同自然相反的。希腊文中"自然"一词是"φύσις"。

③ 这段文字很难理解。西塞罗似乎是认为人类中的普遍一致就证明了诸神的存在,因而灵魂就是永恒的。见§35。因此,我们也可以希望"因为我们相信诸神存在的可靠依据是人类的一致性,所以,相信永恒的可靠依据就是这样的一种一致性;每一个人对于死者都会感到痛苦。因为死亡被认为是被剥夺了人的舒适生活。而且我们还能够感到人们的这种损失"。

生活在一起了：他从来就没有过世。因为在他的尘世生活过程中，他并没有只为他自己构建了一条通向天国的旅行之路，这样的事例现在已经不新鲜了。不过，故事的神圣性也可以看作这个世界具有的宗教情感的一种证明。

15. 另外，在我们自己的国家中有一支由优秀之人组成的军队。当他们为了国家而贡献出他们的生命时，他们的心里在想什么呢？这样短暂的生命会给他们带来声誉吗？如果没有对于永恒善的希望，即便是为了国家，又有谁愿意将自己的生命贡献出来呢？因此，蒂米斯托克利（Themistocles）① 本来应该去过一种平静的生活，伊巴来浓达（Epaminondas）② 也应该如此。如果我没有从国外历史中引出一些古代事例的话，我也应该如此生活的。但是，不知道怎么回事，在人的心中还会产生出某种对于未来时代强烈而合理的预感，这种情感在那些天才和高贵之人身上特别强烈，也特别明显。没有这样的情感，人就可能像疯子一样，不停地在动荡和危险中结束自己的生命。到目前为止，我谈的都是政治家，那么诗人如何呢？在死亡之后，他们不希望留名吗？下面这节话是什么意思呢？

> 看看我的同胞、老年恩尼乌斯那张像雕刻般的脸吧。
> 他讲述了你们父辈那些部落强大中那个光荣故事。③

从父辈们创造的这些故事中，恩尼乌斯要求应该用声誉或名声来回报父辈们那些杰出的贡献。同样地，在他的诗中，他也写道：

> 不要给我任何荣誉，只给我泪水和空虚的叹息。
> 为了什么呢？在人们口口相传中，我是死去了还是继续活着呢？④

---

① 蒂米斯托克利（Themistocles），雅典人，著名政治家，公元前418—前362年。帮助雅典建立了强大的海军。——译者注
② 伊巴来浓达（Epaminondas），雅典著名政治家，领导过著名战役。
③ 参见附录二。
④ 参见附录二。

然而，为什么要停留在诗文中呢？艺术家们也希望在死亡之后能够有些声誉。为什么菲狄亚斯（Phidias）①要把他的肖像刻在米勒尔瓦（Minerva）的盾牌上呢？虽然不允许他在那个盾牌上书写他的名字。我们的哲学家又是怎么样的呢？他们也不能在他们关于耻辱名声的书上写下他们的名字吗？不过，如果普遍一致性是自然的一种表达的话，如果这个世界上所有人对于从生活中死去的人都具有一致看法的话，那么，我们就一定能够具有一些完全一致的看法；如果我们认为优秀能力中的精神或道德价值可以最清楚地表述为自然含义的话——这样的精神和道德价值是自然的最高赞美或祝福的表达，同时由于所有最优秀之人所做的最大贡献都是为了后代，那么，就有这样一种可能性：在死亡之后，这些死去的人是能够有某种感知能力的。

16. 然而，正如因为依靠自然的本能，我们相信诸神存在；依靠理性的运用，我们就想知道诸神的本性是什么。所以，在灵魂问题上，人类的所有民族都共同相信：灵魂是有一种永恒生活的。依靠理性，我们就应该知道灵魂生活在什么地方以及它们的本性是什么。无知就是不知道地狱是被创造出来的，也不知道恐惧是由于轻视理性而形成的。身体坠入地下，弥漫在地下世界之中，这就是我们"葬礼"那个词的起源。②所以，人们便把死亡后的生活安排在了在地下。一些有关灵魂的信念使得诗歌里有一些过分夸张的成分，这对我们产生了严重的欺骗。在剧院中的大厅里挤满了人，有傻傻的妇女和孩子们，等等。当人们听到戏剧中旋律的改变和下面的剧词时，大厅里就会激发出一阵阵尖叫的声音：

走过崎岖之路，我来就到了那条笔直的忧愁之河（Acherom）旁边，

虽然旁边的山洞里零乱的岩石堆积得很高，好像有掉下来的危险，

山洞里地狱般黑暗使得那里成为一块厚厚的幽暗之地，真让人

---

① 菲狄亚斯（Phidias）是古希腊著名的雕塑家，公元前418—前362年。
② Humare，即埋葬，意思是从 Humus 分离出来了，即灵魂。

吃惊。①

这完全是一种欺骗。现在我想来消除这样的欺骗。虽然人们知道尸体会被火烧掉，但是他们认为，如果没有了身体的话，那么，地狱中就根本没有什么事情可以发生。否则的话，这些发生在地狱的事情便不能够被人所理解，其原因就在于这些人不理解灵魂是可以脱离生命而独自存在的观念。在他们看来，如果灵魂是存在的，他们就要试图去寻找灵魂的表现及其形态。这就是荷马的《奥德赛》中招魂地 "νέκυια" 的起源。② 也是我朋友阿皮乌斯（Appius）实践 "νεκυομαντεῖα" 招魂地的起源。③ 该招魂地在离我们驻地不远的阿维鲁斯湖附近。④

灵魂在人体之外的阴森之地能够被提升。人们杜撰出在忧愁之河深处，人血能够复活这些死者的幽灵。⑤

没有人会希望幽灵讲话，因为人们知道如果没有能够有效工作的舌头和硬腭，或者没有完整的喉咙、胸腔和肺，讲话是不可能的。正是因为幽灵只有形体而没有精神的洞察力，所以，它所做的每一个事物都需要用人的视觉来测试，人们才会相信其存在。确实，这就需要一种强大的智力来概括人们感觉后在心里的想法，并将习惯力量中的思想分离出来。我相信在经历过很多个世纪之后的漫长过程中，有一些思想家应该考虑这个问题。但是到目前为止，只有文学告诉了我们。塞罗斯（Syros）的菲瑞色德斯（Pherecydes）⑥ 是第一个提出灵魂是永恒的人。他是一位非常受人

---

① 这些句子引自一本不知名的悲剧。或许是 Trojan 王子的鬼魂在说话，如赫库巴（Hecubal）那样。

② 参见《奥德赛》第 11 章，那里是乌吕色斯说的将死亡后的鬼魂召集起来的地方。参见[古希腊] 荷马《荷马史诗——奥德赛》，陈中梅译，中国戏剧出版社 2005 年版，第 183 页。

③ 能够将死亡后精神召集起来的地方，或者是把死亡后精神召集起来咨询的仪式。阿皮乌斯（Appius Claudius Pulcher，执政官，公元前 54 年，同西塞罗一样，也是一名占卜官）好像经常去那个地方，或者是参见一些必要的仪式。参见 §115。

④ 在坎帕尼亚的库迈。意大利南部大区，古希腊第一个殖民地。

⑤ 死者的阴暗之处完全是需要人血才能够将他们复活。但是，根据熟悉人们具有相似的信念这个原理，有些地方也可以用动物来替代。参见附录二。

⑥ 菲瑞色德斯（Pherecydes）生活在公元前 6 世纪，据说他曾经是毕达哥拉斯的老师。

尊敬的人，因为当我的同族①在位时，他就生活在那里。这样的信念受到了他的学生毕达哥拉斯的大力支持。在高傲的塔克文统治时期来到了意大利之后，毕达哥拉斯名声在大希腊地区就非常有名了。因为他的教授方式幽默生动，他个人的人格影响也是非常大的。即便是几个世纪过去之后，毕达哥拉斯学派的声誉仍然是很高的。在这个地区以外，还没有一个哲学学派能够在思想上超过毕达哥拉斯学派。

17. 现在我来说说老毕达哥拉斯主义，一般他们对于自己的观点从来不给出理性的证明②，他们的解释都是用数字和几何图形来说明的。据说柏拉图曾经来到过意大利学习毕达哥拉斯主义。在全部了解毕达哥拉斯学说之后，他仅仅不同意他们对灵魂永恒性的思想，并且他还是第一个使用理性来论证的人。在柏拉图看来，只有使用理性的论证，永恒希望的问题才能够得到说明。

A：当我对你具有很大的期待之后，你为什么却让我陷入了一种困境中呢？我发誓，我宁愿误解柏拉图思想。我知道，你对柏拉图是崇敬的。从你的话语中，我已经知道了你对他的赞誉。坦率地说，你从来没把柏拉图当作论辩的对手来看。

M：是的呀。我自己是很不愿意误解这样的思想家。确实，在很多相关问题的研究方面，我们都不能怀疑，是吗？③ 无论如何，我们都不能怀疑像数学这样的学科是具有确定性的。我的意思是说，我们也不能怀疑地球是在宇宙的中心。④ 但是，与天空的范围相比较，在某种程度上说，地球占有的空间不过就是一个点而已。所以，数学家在希腊文中被称为"测定中心之人"（κέντρον）。而且我们也不能怀疑形成万物四种元素的本性，虽然它们构成万物的法则既有共同作用又有特殊作用。那些土和水的元素，由于它们的本性都趋向于重量，它们就垂直地落入大地和海洋；而另外两种元素是火元素和气元素。严格地说，刚才最先提到的那两种元

---

① 指色维乌斯·图里乌斯，西塞罗诙谐地将他称为"西塞罗家族的创始人"。其族名就是图里亚。
② 当人们要求毕达哥拉斯的学生对于他们在哲学辩论中所提出的观点给出理由时，这些学生通常的回答是："师傅是这样说的。"参见 V. §§8—10。
③ 作为卡尔尼德斯的学生，他们仅仅寻找可能性而不研究确定性。参见§17。
④ ［古希腊］柏拉图：《斐多篇》108E。数学包括天文学、几何学以及音乐。

素土和水,由于它们自己的沉重和重量,它们会落入宇宙的中心。现在提到的这两种元素火和气,相反会垂直地飞向上天的区域,无论是因为这些元素根据它们的本性而形成向上的趋势,还是因为这些元素自然就是比较轻的,它们都会从宇宙中分离出来。情况就是如此。① 因为引用的这些事实都非常清楚地说明了在肉体死亡之后,人的灵魂,无论说灵魂是气还是火,都是会升天的。因为如果说灵魂是呼吸的,呼吸又是气的本性,那么,灵魂就是气,气就会升天。然而,如果灵魂是数,是一种不仅精致而且清楚的数,或者如亚里士多德认为的那样是第五自然,这样的灵魂即不能理解也不能被命名②,那么,灵魂就是一种没有包含很多事物在内的纯粹实体。只要有可能,它们就会自己运动离开地球。这样,灵魂就只能被认为是事物中的某种或者另一种事物。这样,无论使用什么行动,心灵都不可能被认为是藏在人心或人脑之中的,甚至也不会存在于恩培多克勒理论基础之中。

18. 至于狄卡阿库斯(Dicaearchus)以及他现在的学生阿瑞斯托克鲁斯(Aristoxenus),尽管他们确实很有学问,但是,还是让我们忽略他们吧。一个人,如果没有去关注他的灵魂的话,那么,他似乎也就从来不会感到很多巨大的痛苦。还有的人试图将他自己在和谐旋律或音乐中感到的快乐带入哲学之中。但是,我们能够认识美的音乐首先是由于声音之间形成了不同的音调;这些不同音调又进一步混合,就产生了美的音乐。然而我不明白,如果在人的四肢上和人的身体状态中没有灵魂存在的话,它们如何能够产生这些美的音乐呢?不过,让我们来说说这位音乐家,尽管他还活着,以前他确实非常博学,只不过在他的老师亚里士多德的影响下,他离开了哲学。因为他自己还要继续从事他的歌唱事业。这个事业的一条优秀法则就隐藏在希腊这首著名的歌词中:

> 每个人都知道这门艺术,在这种艺术中可以让人自己完成

---

① 斯多亚的这些观点与亚里士多德的观点是不同的。
② 参见§22。

自己。①

让我们进一步拒绝这样的灵魂观念：一方面，灵魂是由围绕在身体上那些不可分离的平滑原子，通过它们的偶然碰撞产生的，虽然事实上德谟克利特②认为灵魂是由火和气构成的，灵魂的本性就是呼吸；另一方面，正如我们认为的那样，如果灵魂是属于产生万物的那四种元素的种类的话，那么，灵魂就是由燃烧着的火构成的。③ 正如我看到过的观点一样，这个观点最受帕拉提乌斯（Panaetius）推崇的④：灵魂必然会努力达到向上的地区，因为火和气这两类元素没有向下的趋向，而且它总是向上的。结果是如果灵魂分布在空间之中，那么，灵魂就会距离地球有一节距离。如果灵魂要持续地存在下去并维持它们的性质，人们都会有理由认为灵魂只能是被带到天上，弥漫在离地球最近的厚重而密集的空气中。在这样的空气中，灵魂会改变它们的运行方式并相互分离。因为灵魂是热的，更确切地说，它比我描述的厚重而密集的空气要炽热很多。这就是人们所认识的灵魂从身体分离后的事实，这也是元素土⑤形成灵魂的事实，也是灵魂炽热形成热的事实。

19. 另外，还要想到整个灵魂将会从我常说的"气"中急促地脱离出来并改变自己的运动轨迹。因为没有任何东西的改变比灵魂的改变快；没有任何一种速度能够同灵魂的速度相匹配。如果灵魂纯粹要一直存在并在实体中没有任何变化的话，那么，灵魂就必须尽快突破我们的大气层并彻底地从"大气层"中分离出来。因为在大气层中所聚集的云、暴雨和风等都是由地球中潮湿和湿度的蒸发所形成的。当灵魂已经通过大气层并到

---

① 《黄蜂》第1431节："只有可能，人人都会在行动中使用诡计。"（Ar., Wasps 1431）参见［古希腊］阿里斯托芬《阿里斯托芬喜剧六种》，罗念生译，上海人民出版社2016年版，第311页。

② 德谟克利特说过灵魂是一类火和热：火和灵魂的原子都在进行圆周运动，这些原子就是形成万物的种子。参见阿里斯特《论动物》（Arist De Anima）

③ 根据斯多亚学派的观点，"灵魂"对应的是希腊文的"气息"（πνεῦμα）和"发热"（ἐνθερμον）。按照老伊奥利亚哲学家赫拉克利特派的观点，他们认为宇宙所有的部分都是以这样或那样的方式由火创造的。火就是神。

④ 帕拉提乌斯（Panaetius）是罗德岛人，斯多亚学派哲学家，也是小西庇阿的朋友。

⑤ 肉体和骨骼来自土；潮湿和湿气来自水；呼吸来自气；温暖来自火。

达具有同灵魂自身相似的实体中时，它就会停止运动而处于由空气变稀薄和太阳炙热的改变所形成的火之中，不再飞向更高处。因为当灵魂到达同自己本身相似的轻和热的状态中时，它就完全停止了运动，而处于静止状态了。这时好像灵魂处于同外界环境达到的一种平衡状态之中。这时而不是在这之前，灵魂就找到了自己的自然之家。当灵魂打破这种能够满足它所有需要，好像是它自己真实状态时，滋润和维持灵魂的质料与滋润和维持星体的质料是一样的。① 由于我们肉体中的火通常会激起我们所有的欲望，这些欲望又使得人产生忌妒。任何忌妒都会使得人身体中的火焰更加强烈。所以，只能在灵魂同我们的身体分离之后，只有在人完全摆脱了一切欲望和忌妒之后，我们才能够获得真实的幸福生活。正如现在出现的情况一样，当我们不太关注灵魂问题之后，我们只能寄希望于去研究那些我们观察和注意到的对象。但是，这些对象很多，其形成也很随意。即便如此，我们仍然将用我们的一生去研究和检查些对象。因为自然已经在我们的心中植入了对于追求真理不懈努力的精神。一旦我们重新恢复对天国的研究的话，那么，我们很容易便能够获得关于天国方面的知识。这样，我们对于天国方面的知识愈多，我们对于知识的渴望便会增加得愈快。甚至在地球上看到的"美"也就成为哲学世代研究的主题②，正如泰奥弗拉托斯（Theophrastus）所称为的那样。对知识的渴望第一次激起了对美的研究。对美的研究成为那些人依靠其精神洞察力的敏锐便能够洞察到美是人的基本快乐，哪怕他们的整个人生一直都处于在那些幽暗的环境之中的重要工作。

20. 当人们看到阿尔戈船（Argo）通过被称为"朋图斯"（Pontus）和那个著名的海峡时，现在人们认为这也是一种胜利：

    一旦挑选出来希腊的阿革乌（Argive）英雄们，
     他们就要乘坐阿尔戈（Argo）出海去寻找获得那只公羊身上明

---

  ① 在《论占卜》一书的Ⅱ.46.118中，西塞罗说星球具有火一样的本性，它们是由蒸汽滋养的。蒸汽是由来自温暖地区的太阳和地球上的水共同作用形成的。

  ② "祖先的就是祖传的"，即"πατρῶος καὶ παππῶος"，这是对于特欧菲拉斯图斯（Theophrastus）来说的，参见Ⅲ.§21。

亮的金色羊毛①,

这些见过大海中那个著名的直布罗陀海峡②的人，也见过从利比亚海岸线开始，凶猛的海浪就不停地侵蚀着欧洲。

请说清楚一些，通过我们对地球的状态、形状、周边以及适合居住和由于冷或热的残暴作用而不能够居住的地区的观察之后，当我们想接受地球整体全貌时，我们会认为整个地球全貌会像什么呢？我们甚至不能用我们的眼睛来区分我们所见到的这些事物，因为在我们身体上没有对它们的知觉。但是，不仅那些已经找到一些公开证据的自然哲学家，而且还有医学专家都教导说，来自灵魂位置的血管③是同人的眼睛、耳朵和鼻子相关的。因此，有些思想经常会被我们拒绝，或者我们的思想也受到一些疾病的攻击。虽然人人都有眼睛和耳朵，而且它们也是正常的，但是，我们仍然会既不能看到也听不到。这样，我们很容易理解，正是灵魂④而不是我们身体上作为灵魂窗口的其他部分使得我们能够看到和听到。除非是灵魂积极主动的活动，否则，即便是通过眼睛和耳朵，人的心灵也什么都不能感知。事实是什么呢？我们用相同的心灵能够感受完全不同的颜色、味道、热、香味或声音的事情，这个事实说明了什么呢？除非灵魂是一个独立的上诉法庭和对所有事物唯一的法官，否则，灵魂就绝不会利用那五个信息管理器来探明一切事物。而且，当心灵是自由并在到处都是自在状态时，心灵才能够发现那些特别纯粹而清晰的对象。至于在我们现在的状态下，正如已经论证过的那样，虽然已经揭示出从身体到灵魂是有一些差别的，但是，自然通过某种巧妙的技巧，还是弥合了我们现在身体上的这些差别。然而，这些说法在某种意义上讲，其实就是对灵魂是由地球离子构成的混合物说法的一种搪塞而已。然而，只有灵魂而不是其他任何事物能

---

① 参见附录二；也可参见欧里庇得斯的《美狄亚》第 5 节。《罗念生全集》（第 4 卷），即《欧里庇得斯悲剧五种》，上海人民出版社 2016 年版，第 102 页；外面是青黑色，房间是华丽的金黄色。阿尔戈船上的英雄们在伊阿宋的领导下航海黑海，想去寻找那些金色的羊毛。

② 直布罗陀海峡。

③ 古代人通过分析或猜想空气管道后认为动脉中是空的。

④ 普鲁塔克从恩皮克阿慕斯的喜剧诗中引用了一句："如果心灵不能够倾听，那么，人就会变聋、变瞎。"

够不受身体的限制，知觉到一切事物真实的本性。

21. 在任何情况下，人都可以说用那不可思议的视力看到事物的数量、变化和大小。但是，灵魂在知觉事物真实的本性时需要一个神圣的场合。确实，在反思这些问题的时候，我发现自己经常会对一些哲学家的那些过度赞赏感到惊讶。这些哲学家对自然学科无比羡慕，他们过分地吹捧了自然学科的那位发现者和奠基人，以便表达他们对那个人的崇敬。他们还把那个人尊称为了一个神。[①] 他们说，正是通过这个人，他们才能从专制的主人、不断的恐惧和日夜的害怕中解脱出来。但是，恐惧什么呢？害怕什么呢？如果没有研究过自然哲学的话[②]，那么，你们这些绅士们显然将会害怕那些妖魔鬼怪。可是，让你们如此害怕的那个老妖精在什么地方呢？"阿尔库斯那高贵的阿克鲁塞亚神庙[③]，是苍凉死亡的栖息地，这个地方始终是被黑暗所笼罩。"一些哲学家能吹嘘他们不害怕这些东西，或者认为这些东西都是虚假的吗？据此，我们能够认识到，正是没有受过教育，人的天生智力使得人们相信妖魔鬼怪的存在。是的，我们还知道他们获得了这样一项著名成就，那就是一旦人死了，那么，整个人就消失了。应当如此——对此我没有异议——不过，这种赞美或吹捧有什么根据呢？在我看来，这些看法是没有根据的。因为我们应该相信毕达哥拉斯和柏拉图[④]说的都是真的。尽管柏拉图并没有提出什么论证——我对柏拉图是相当尊敬的——但是，我还是认可他的崇高威望。相反，在他希望证明的其他问题上，他提出了很多证据。无疑，这些证据好像都是一些他让自己相信的证据而已。

---

① 伊壁鸠鲁说："因为如果必须给他提出一个名称，符合于现在已为我们所知的这些真理的庄严，那么，他就是一个神，——听我说，一个神，崇高的明米佑。因为是他首先发现那个生命的原则，它现在被称为智慧；借他的技巧把生命从那样汹涌的波涛中、从那样巨大的黑暗中，驾驶到如此清朗而风平浪静的港口里来停泊。"参见卢克莱修《物性论》，方书春译，商务印书馆2012年版，第287—288页。

② "但即便是恩尼乌斯，在他不朽的诗篇里，也宣言着亚基龙那些地窟的存在。虽然他说我们的灵魂和躯体不能到达那里，而只有那些奇异、焦脆的魅影。"参见卢克莱修《物性论》，方书春译，商务印书馆2012年版，第9页。

③ 阿尔库斯和阿克鲁塞亚是一个墓地的名称。滕普鲁猛（Templum）是用来表示占卜官在天空中所观察到的一块表示神圣的地方。这一段来自恩尼乌斯的阿多罗马卡，参见附录二。

④ 参见§39。

22. 不过还是有很多思想家不同意并反对这样的观念，认为死亡主要是对于灵魂惩罚的宣判。他们会去思考灵魂具有永恒性这个困难问题的原因，就在于他们能够接受人死后即便没有了身体，但灵魂的本性还存在着这样的观念。好像他们确实认为灵魂是具有本性、形状、大小以及位置的。也就是说，灵魂实际上是存在于身体之上的。不过，现在假定所有隐藏在活人中的东西都会被认识，那么，灵魂是不是可能被人的视觉所看见呢？更确定地说，人的眼睛能不能看到一种精致的实体呢？让那些离开了身体就不能理解灵魂的思想家们反思一下这些观念之后，他们就会发现，他们所理解的"真实灵魂是需要身体"的想法是同这些观念相差很大的。我的看法是，当我在研究灵魂本性的时候，我不理解，甚至怀疑灵魂在身体中存在的观念，我比较容易理解灵魂的本性就是要同身体分离并进入天堂那种观念。因为那些观念好像认为灵魂始终待在家里，但是这个家又不属于它一样。只有当我们能够认识到灵魂那种我们从来没有看到过的本性时，我们才能形成神自身和神圣灵魂是同身体分离的观念。确实。狄克阿库斯（Dicaearchus）和亚里斯托克鲁斯（Aristoxenus）[①] 曾经都说过，"根本就没有什么灵魂"这样的话。因为我们很难理解灵魂是什么或者灵魂的本性是什么。最重要的一点是要认识到，由于灵魂的独特性，灵魂是可以看见许多东西的。当然，这也是阿波罗箴言所蕴含的含义。阿波罗告诫人们，每一个人都能够自己认识自己。不过，由于我没有假定阿波罗这个箴言的含义就是说我们能够认识我们的四肢、我们的高矮、我们的外形——我们自身并不是身体。因此，当我对你说话时，我并不是同你的身体说话。当阿波罗说"认识你自己"[②] 时，他是在说"认识你的灵魂"。因为身体好像不过是一个装置灵魂的容器或一块庇护灵魂之地而已。因此，你的每一个行为都是你自己的灵魂所做出的行为。只有把灵魂看作神一样，那个表明灵魂具有深刻洞察力[③]的箴言才可能被说成神的旨意。但是，如果灵魂自己证明不需要去认识灵魂的本性，那么，请告诉我，如此

---

① 参见§41。
② "认识你自己"（γνῶθι σεαυτόν）是写在德尔菲的阿波罗神庙门口。帕萨尼亚斯（Pausanias）：《希腊志》，X. 24. 1。
③ 一般认为这一箴言是希腊七贤中的泰勒斯、克洛或梭伦提出来的。

就不需要有它存在或运动的知识了吗？这个思想引出了柏拉图在《斐多篇》① 中提出的那个著名的观点，而我在我的第六本书《国家篇》中也提出过这一思想。

23. 一方面，灵魂的运动总是永恒的。灵魂可以引起事物运动，它自己的运动又是由另外的原因引起的。如果灵魂停止了运动，那么，那时候的灵魂也就停止了生命。这就是说，灵魂的运动仅仅是它的自我运动。因为灵魂绝不会放弃自己，也绝不会停止运动，这就是源泉，这也是一切运动的开端。另一方面，有一种开端是没有开端的。因为所有事物的形成都有一个开端，但是，开端本身不能是任何事物。因为能够产生一切事物的事物肯定是没有开端的。因此，如果开端没有开端的话，那么，开端也绝不会消失，开端是存在的。如果一切事物都应该有自己的开端起源的话，那么，这个开端一旦毁灭了，任何事物既不能够让它自己再次复活，也不能够让它再创造其他任何事物。这就是说，运动的开端只能是运动本身的运动，而且这种开端既无生也不会死。如果整个天堂都会被毁灭的话，那么，所有的创造都会停止。这时，我们再也找不到在开端处促使运动开始的任何一种力量了。显然，开端的自我运动都是永恒的。还有谁能够说这样的性质不是灵魂所固有的呢？一方面，一切事物都会受到无灵魂外面世界的作用而产生运动；另一方面，灵魂却会因为自己内部原因促使它运动。如果灵魂不是万物中的任何一种，而只是一种自我运动，那么，灵魂没有起源，灵魂是永恒的这些特殊本质和特点就是确定的了。

这类问题对于所有那些反对柏拉图、苏格拉底以及他们学说的哲学家们都是合适的。尽管他们一起讨论过这些问题，但是，他们不仅没有合理地解答其中任何普遍问题，而且也没有对其中的个别问题给出准确解答。所以，灵魂就是一种意识的运动。当这样的意识能够意识到自己时，那么，灵魂就是依靠自己的力量而不是外部的力量所形成的自我运动。这就是灵魂永恒性的证据，除非你还能提出其他事物来代替灵魂。

A：我发现我很容易就完全同意你的观点。因此，我将支持你提出的

---

① 参见［古希腊］柏拉图《柏拉图对话集》，王太庆译，商务印书馆 2004 年版，第 218 页。

这一观点。

24. M：你能再想一想那些宣称在人的灵魂中神圣元素没有太大作用的那些观点吗？我能够说明这样的元素如何产生又如何消亡的吗？对我来说，我能够辨认血液、胆汁、痰①、骨骼、肌腱和静脉等。事实上，人的整个身体和人的这些四肢框架都是混合在一起而形成人体形态的。但灵魂则具有这样一个特点：只能在具有灵魂后，我们才能够生活。我可以认为人的生活是一个自然过程，就像树藤或树的生活一样，我们也说它们是有生活的。如果灵魂没有某种寻找或避免事物的性质，那么，动物身上也可能存在着灵魂了。

首先，灵魂是具有回忆能力的。这种记忆力可以记住不可计数和多种多样的事物，这也是柏拉图希望形成的对先前生活的回忆。② 在《美诺篇》中，苏格拉底问小孩一些空间测量方法的几何问题，对于这些问题，这个小孩按照一个小孩固有的方式回答了这些问题，尽管这些问题都非常简单。③ 但是，如果他曾经学习过几何学的话，他就会通过一步一步地推导，得到按照小孩固有方式思考而得出的相同结论。苏格拉底将此看作"学习就是回忆"的一个证明。在《美诺篇》的对话之中，苏格拉底用了很多心思来论证这个观点，他认为这时他不是按照一般的生活方式来理解学习的。因为在这里他教导人们，既然所有的外部表现或特征都完全可以忽视，那么，这就说明对于那些疑问的回答不是通过学习某种课程，而是通过回忆来重新认识那些事物的，除此之外别无他法。我们确实只有从同那个小孩相似的方法才有可能获得大量的重要观念。这些观念好像是固有的，也或许是灵魂上的蜡印④，希腊文称之为"观念"（ἔννοιαι）。⑤ 灵魂

---

① 血液、黑胆汁、黄胆汁和痰这四种很不好理解。
② 希腊文的"回忆"（ἀνάμνησις）：对先前存在状态中所见过的存在事物的回忆。参见[古希腊]柏拉图《柏拉图对话集》，王太庆译，商务印书馆 2004 年版，第 228—229 页。
③ 这说明在这个小孩的心中，先前没有学习过任何几何知识，但是，在别人的引导下，他可以一步一步地得出正确的结论。
④ 这是芝诺的一个隐喻，说明印象就是像蜡印一样。
⑤ "观念"（ἔννοιαι）是斯多亚学派提出的。柏拉图认为普遍概念是"理念"（ἀδέαι）。理念在人，出生之前就存在，出生后理念就被带入了现实生活之中。而斯多亚学派的普遍理念是普遍观念（κοιναὶ ἔννοιαι），他们认为普遍观念是通过身体对永恒对象的感觉而形成的知觉经验。

在进入肉体之前,它的活动就已经认识了这些观念。由于在感知对象上没有任何特征是真实存在的,正如柏拉图都经常认为的那样,如果有开始又有完结,那就不会有任何事物的存在了。存在的只能是那些永恒不变的事物本性,他称之为"Idea",我们称其为"理念"——囚禁在身体中的灵魂就是一个不好理解的理念。利用灵魂可以使人们产生认识。这样,我们就可以将知识领域中的奇怪感觉清除掉。当灵魂处在一个异常混乱的栖息地之时,灵魂就不能清楚地认识到理念。但是,当灵魂自己趋向于安静和复苏时,通过回忆,灵魂就可以理解这些理念。所以,根据柏拉图的思想,学习就是回忆。①

而在我看来,我不知道回忆的力量有多大。② 它能够使得我们回忆起什么? 回忆的本性是什么? 它是怎么产生的? 我没有研究过回忆这种能力。据说西蒙尼狄斯(Simonides)或狄奥迪克斯(Theodectes);* 都具有这种能力。皮洛斯(Pyrrhus)(318—272B.C.,伊皮鲁斯国王;公元前280年入侵意大利;公元前275年为罗马所击败)作为大使派到元老院的瑟利阿斯(Cineas)有这种能力,或者最近的卡尔米德斯、西瑟皮色斯(Scepsis),最近还活着的麦特娄多路斯(Metrodorus)、我们自己的霍滕色卢斯(Hortensius)** 都有这种能力。③

---

① 西塞罗总结了《斐多篇》的思想。绝对的正义、美、善等都是"理念",通过感觉是不能够认识它们的。这些"理念"都是不变的,它们总是存在而不允许有变化。在我们出生之前,我们就获得了对它们的知识。感知的对象总是要变化的,因而这些对象都没有同一性。理念属于灵魂。它是不可见的,也是不变的。身体是可见的,也是变化的。身体将灵魂拉入了可见而变化的领域中。这时的灵魂就处于盲目而混乱的状态中,我们努力要做到的就是要认识到尽可能地减少同身体的联系或接触。但是,如果灵魂同身体分离出来后没有生命,那么,灵魂就不能获得对于真正实在的认识,即不能认识到"理念"。

② 在这里,西塞罗保留了柏拉图关于灵魂知识是在进入身体之前就获得的思想,并认为在生活中我们所获得的关于事物的知识都是通过记忆力而获得的。西塞罗似乎认为记忆力比柏拉图所使用的希腊文"想到"($ἀνάμνησις$)更奇妙。

* 西蒙尼德斯(Simonides)古希腊柯林斯的抒情诗人之一;狄奥迪克斯(Theodectes),公元前380—前340年,希腊雄辩家和悲剧诗人。

** 霍滕色卢斯(Hortensius),据说西塞罗写过一本《论霍滕色卢斯》(Hortensius)的著作,但是现在已经遗失了。

③ 所有列举的这些人都具有非凡的记忆能力,其中最著名的是在抒情诗中提出的西蒙尼德斯(Simonides)、哲学家瑟利阿斯(Cineas)和西塞罗在罗马圈子中的对手霍滕色卢斯(Hortensius)。

我现在要讲的是人平均的记忆力和那些在高级学科研究和艺术中的记忆力，尽管他们的智力能力是很难评估的。正如很难评价他们的记忆力一样。

25. 那么，我现在说的到底是什么问题呢？我想我已经把记忆力如何作用以及它的来源问题说清楚了。记忆力肯定不是心、血液、大脑或原子的性质。我不知道它是不是呼吸或是某种火。对此，我并不感到羞愧，因为我承认自己有不知道的东西是不需要惭愧的。我是想说，如果我还能够对于这样困难的问题给出另外一些解释的话，那么，我发誓我自己都会接受。无论认为灵魂是呼吸还是火，总之，灵魂始终是神圣的。据此，我想问你，你真的认为记忆力来自地球吗？我们生活在地球中的环境有如此多的水和雾，它们能够产生或形成记忆那种巨大的能力吗？如果你找不到这个问题的正确答案，那么，你就会发现你又涉及了这样一个问题：如果你始终不能清楚地理解这个问题，那么，还能够确定地说你发现这个问题是很重要的吗？我们还可以这样去想吗？灵魂类似房子，我们那些回忆起来的事物就装在灵魂之中，就像有一些东西流入容器之中一样。但是，这种看法是可笑的。因为我们能够像认识房子那样去认识灵魂的根基或形状是什么吗？那些类似房子的灵魂究竟是一些什么样的房子呢？① 我们是不是认为像蜡一样，灵魂在其上标注了它所感受的印象，在心里记录下了那些组成回忆的事物的一些痕迹呢？语词会在灵魂中留下什么痕迹呢？实际对象又会在灵魂中留下什么痕迹呢？进一步说，灵魂中有多大的空间才能留下大量质料的表象痕迹呢？

再有，我想问，那种能够去寻找隐藏着秘密的能力是什么呢？它是一种发现还是一种发明的能力呢？你认为它不是由土那种既易变又易坏的实体形成的吗？或者是它的形成是人为的——早期的人类要给每一个事物一个相应的名称，这就是那种能力吗？毕达哥拉斯认为这也是一种卓越智慧。或者你认为这种能力是早期人类将在身体之中那些分散的东西联合起来构成一个聚合体，然后又将它们召集起来参与到社会生活中去的那种能力吗？或者正像书中提到的一些人那样，那种能力就是他们能够辨认出不同声调声音从而察觉其不同意义的那种能力吗？或者是指出了一些令人奇

---

① 按照博欧安尔都斯（Beroaldus）的说法，奥古斯丁提到过"记忆的洞穴"。

怪的行星历程的那些人，他们在其他人面前表现出来的情感或犹豫的能力吗①？所有能够做出这些的人都是伟大之人。还是在早期，人发现了地上的水果、衣服、住处、生活的固定方式，以便保护自己不会受到其他野生生物的攻击——我们就成了在文明严格指导下的一些人；我们就慢慢地从必需永远拥有的手工艺转变到了拥有精致的技艺上面去了。通过这些技艺，我们的耳朵就能够从我们发现的那些不同性质的音乐声音的混合中得到让我们强烈感到愉悦的声音。我们已经不仅能够看到那些在固定轨道上运行的星星，而且也能够看到那些奇怪命名的星星②，虽然看到的并不完全是真实的。人们认为那些看到过星星旋转和运动的人已经知道他的灵魂是同神相似的。在天上的神已经说过，人的灵魂就是这样形成的。因为当阿基米德将月亮、太阳和那五个令人好奇的行星运动固定在他那个太阳仪上时③，就像柏拉图在他的《蒂迈欧篇》(*Timaeus*)④中提到过的那个创造世界的神一样，阿基米德也在太阳系的范围内创造了通过快慢不同而可以完全控制的一种旋转。现在，如果在我们这个现象世界没有神的作用就什么都不会发生，那么，没有神一般的天才作用，阿基米德再现的在太阳仪上那种相同的运动也不会发生。

26. 我已经知道越来越多的劳动领域，好像越神圣的作用就越不能够从劳动中分离出来。这让我不得不想到诗人，如果没有某种灵感，诗人身上神圣而热切的冲动便会丧失。或者是如果没有某种高级的作用，雄辩的口才就会从思想丰富和语言生活的那条丰饶的河流中流逝——说到哲学，它是所有技艺之母，因而它不更是如此的吗？正如柏拉图所说的那样，那

---

① 指火星的显著运动中的事例。

② 在《论占卜》Ⅱ.2.51 中，西塞罗说有五个行星：土星、木星、火星、金星和水星。

③ 阿基米德的球形仪是一个太阳系仪或时钟模型。当这个仪器运行时，太阳、月亮和其他五个行星都可以展现出来。在第二次布诺战争中，马尔色卢斯从捕获的西那库斯将这个仪器拿走了。西塞罗在《论共和国》Ⅰ.14 节中提到过此事。

④ 在《蒂迈欧篇》的第 38 节中，柏拉图说道："神创造了太阳、月亮和其他五个星球。这些星球，他称之为行星。为了区别和保留时间的长短，神让它们在神设计的轨道上运行。"参见[古希腊]柏拉图《蒂迈欧篇》，谢文郁译，上海世纪出版集团、上海人民出版社 2005 年版，第 26 页。

是神给人的一份厚礼①，也正如我说的那样，哲学是神的发现。哲学首先教导我们对神的崇敬，然后再教导我们遵守人类一般的正义。因为这样的正义是从人组成种族、形成社会联合体中产生的。再者，哲学教导我们恪守节制，保持灵魂的高尚，这样，我们才能够消除因为我们心里有黑暗而使得我们的眼睛形成了黑暗。于是，我们就能够看清楚一切事物：崇高的、卑微的以及崇高与卑微之间的事物。由于我们心中存在着这样绝对的神圣性，我们才能够拥有能够引起如此多的重要结果的能力。话语和对事实回忆的能力是什么呢？进一步还能够发现什么呢？② 可以肯定地说，如果有超过神伟大价值的东西，那么，就没有什么东西是可以被理解的了。我认为诸神是喜欢美味佳肴和青春女神（Hebe）的。他们总是大口喝酒。荷马没有说过（至少我没有听说过）诸神将伽倪墨得斯（Ganymede）抢走去给宙斯当司酒人，是因为他的美丽；没有合理的理由可以解释在劳美顿（Laomendon）③ 上出现的如此残酷错误所带来巨大痛苦的原因。荷马想象了一些事情，他把人的情感归因于诸神——我宁愿他把那些神圣的情感归因于我们自己。但是，在这样神圣归因的作用下，我们能够理解什么呢？无论是行为、智慧、发现还是记忆。因此，正如我说的那样，灵魂是神圣的，也正如欧里皮德斯（Euripides）敢说灵魂就是神。④ 事实上，如果神是空气或者是火，那么，人的灵魂也是空气或者火。由于上天的本性是摆脱了土和潮湿，所以，人的灵魂中也是没有这两种元素的任何痕迹的。但是，如果有第五种本性——这种本性是亚里士多德第一次提出的⑤，那么，这就是诸神和灵魂共有的本性。

---

① 《蒂迈欧篇》，第47节："于是我们就开始有哲学。对于诸神能够给予我们人类东西而言，这是最大的福气了，过去没有，将来也不会有比这更大的。"参见［古希腊］柏拉图《蒂迈欧篇》，谢文郁译，上海世纪出版集团、上海人民出版社2005年版，第32页。西塞罗提问，有多少东西完全是给予而不是创造出来的呢？

② "Inventio"的一般意义见§61。它也是一个区分辩证法和一种技术性修辞学的术语。

③ 荷马的《伊里亚特》中的20，233节中说道，特柔斯有三个儿子：特卢斯、阿萨拉库斯和伽里米德。劳美顿（Laomendon）是特卢斯的儿子，而西塞罗好像认为劳美顿是伽里米德的父亲。为了平息因自己对诸神的失言而引起诸神的愤怒，劳美顿不得不牺牲了自己的女儿。当他又对荷拉克勒斯（Heracles）失言时，荷拉克勒斯便杀死了劳美顿所有的孩子，只留下了帕里阿孟（Priam）。

④ 欧里皮德斯（Euripides）残篇，1007，"游荡的灵魂离神最远"。

⑤ 参见§22。

我们支持这个看法并在《论自我安慰》中用了一些准确的文字表达了对此的某些感受。①

27. 在地球上不能够发现灵魂的开端。因为在灵魂中没有调和或混合的痕迹，也没有地球产生或形成的任何微粒，潮湿或空气或火都没有进入灵魂之中。因为在这些元素之中什么都没有，既没有记忆力、思想，也没有反思。这些元素既不能保留过去，也不能展望未来，还不能抓住现在。这些能力仅仅都是神圣的而已。在人身上也不能够完全找到这些能力的来源。只有从神那里才能够找到这些能力的来源。因此，灵魂具有一种特殊的本质性特征。这一特征同常见的那些知名元素的本质特征根本不同。这样，无论这个特征是什么，它总是有意识的，是智慧的、生动的。就永恒的理性来说，灵魂的行为应该是同上天的行为一样，也是神圣的。我们所理解的神，其本身也能够被当作自由的心一样来理解而不受约束。除此之外，别无他法。神是完全不同于所有易坏之物的。神不仅能够意识到所有事物，而且还能够意识到所有事物的变化。神自己则具有永恒的运动，具有同神相似的种类和一样的本性的就只能是人的灵魂或心灵。

那么，灵魂在何处，它又是什么呢？你的灵魂在何处，它又是什么呢？你能说出来吗？或者说，如果我没有拥有我想理解一切的能力，那么，你会让我使用我以前使用过的那种能力吗？灵魂没有能够看自己的能力，就像眼睛没有能够看自己的能力一样。虽然灵魂不能自己看自己，但是，灵魂还是具有辨认其他事物的能力。灵魂不能看到自己的形态，甚至看不到自己的任何运动。然而无论如何，灵魂也有可能看到自己的能力、智慧、记忆和运动的突然改变。这些改变就是实在的运动，它们都是神圣的，也是永恒的。而关于灵魂外部的特征或居住的地方，则不需要我们去探究。

28. 正如当首先是看到天空的美丽和光明，然后再看到那令人惊奇的旋转速度②，虽然我们还不认识这样的速度。接着我们又看到了白昼交替和季节的四季变化。这些交替和变化使得地球上的水果成熟、生物群落形成。太阳统治和指导着它们，而月亮在某种程度上通过自己光亮的月满和

---

① 西塞罗曾经写过的一本著作《论自我安慰》，这部著作现在已经失传。这是西塞罗在公元前45年他女儿图里亚过世时因悲痛而写成的。

② 太阳24小时都围绕地球固定地旋转。

月亏表示和指示出来日历上的时间。然而那五个行星沿着相同的拱形轨道运行,划分出了十二个区间①,它们的行程始终不会变化,尽管它们的运行是不同的。在夜晚,天空中的每个地方都布满星星,然后,地球这个球体就从海上升起②,固定在了宇宙的中心。地球上有两个地带适合居住和开垦,而我们居住的那个地带是:

> 地球的北极,面对着那七颗星星。③ 在那里,可怕的北风驱散着那些冰冻的雪。

而在我们不知道的另一极南极,希腊人称之为"南极"($\alpha\nu\tau\acute{\iota}\chi\theta\omega\nu$)④,它所有的部分都是不能耕耘的。因为我们推测它们要么是由于寒冷而成为冻土,要么是由于火而成了焦土。然而,我们生活的地方,一直有着适宜的季节:

> 天空晴朗,树上的树叶茂盛,
> 令人快乐的葡萄树树蔓将要发芽,
> 树枝上挂满了沉甸甸的浆果,
> 田野里的每一处都种满了丰富的庄稼、鲜花,
> 喷泉喷出水花,草地覆盖着青草。

这样,很多的家禽,一些用来作为我们的食物,一些用来帮助我们耕地,一些用来帮助我们搬运东西,还有一些可以用来制作我们的衣服。人

---

① 这就是拉丁文的"星座轨道"。希腊人称之为"十二黄道圈"。它们是:白羊座(Sunt Aries)、金牛座(Taurus)、双子座(Gemini)、巨蟹座(Cancer)、狮子座(Leo)、处女座(Virgo)、天秤座(Libraque)、天蝎座(Scorpius)、射手座(Arcitenens)、摩羯座(Caper)、水瓶座(Amphora)、双鱼座(Psces)。

② 亚里士多德、柏拉图和斯多亚学派都认为地球是球形的。西塞罗在这里的意思不是很清楚,大海和陆地都包括在这个球形体之中。地理学家斯特拉波(Strabo)说道,在这样一个庞大的球体之中,部分的上升并不影响这个球体的改变。参见 II.5。

③ 大熊座(The Bear),即北斗七星(Septentriones),表示七只耕地的公牛。

④ 即地球的两极。在阿卡迪地区,希腊语称之为"对立"($\dot{\alpha}\nu\tau\acute{\iota}\pi o\delta\epsilon\varsigma$)。见 II.39.123——南极的陆地,同我们的"南极名称"(Antipodes)无关。

却是通过观察天空，耕耘土地而形成。最后所有的田野和海洋都只能为人服务——当我们注意到所有这些事情和无数的那些事情时，我们还能够怀疑在事物之上有一个存在者吗？正如柏拉图认为的那样，如果它们已经存在了的话。也正如亚里士多德认为的那样，某个统治者构造出了具有这样惊人的作品。所以，虽然人没有能够看到这个存在者，虽然人没有看到过神，然而通过人心，人可以从神的作品中认识神，也可以通过记忆、发现的能力、运动的变化、一切美德的美好来认识神。这样，你也会认识到人心灵中那股神圣的能力。

29. 这股神圣的能力存在在什么地方呢？在我看来，我相信它存在于人的头脑里。对此，我能够给出理由来证明。而对于灵魂的地方，我将在下次再说。毫无疑问，你也是这样的。什么是实体或物质？我认为实体是特别的，也是个别的。我们假定实体是火，或者假定它是气——但是，我们的假定是同我们的目的无关的。现在要注意，虽然你不知道神居住的地方，也不知道神的形状，然而，正如你知道你是能够认识神一样，你也应该能够认识你的灵魂，甚至你都不知道灵魂的居住地和它的形态。但是，我们是不能怀疑对灵魂的研究的，除非我们对自然哲学一无所知。在灵魂中没有混合的成分，也没有混合、连接或胶合的成分，甚至都没有两种本性。① 它仅仅是存在着的。灵魂绝对不可能被分离或分开，或被拉扯开，或被撕破。因此，灵魂也不可能变质或死亡，因为变质或死亡就像分离和分开一样，也正如它在毁灭之前一直是一个统一的整体，现在突然分裂了一样。在这些原因的影响下，苏格拉底没有找到任何证据来说明灵魂是分离的。因此，当他的生活被审判审查的时候②，他并没谦卑地请求他的那些审判官，而是表现出了一种来自灵魂而不是来自他骄傲的高贵倔强。在他生活的最后一天，他还仍然在讨

---

① 柏拉图在《斐多篇》78C 中说道，混合或合成应该被认为是自然的能力。因为有混合就有分解。但是，有些东西是没有混合的，例如灵魂，如果有某种事物是不能够消散也不能够混合，那么，这样不能够混合的就应该被认为是同一而没有变化的东西。而混合物总是变化的，从来没有同一。据此可以比较§§20, 80。显然，灵魂的纯粹性就被混合思想玷污了，§72。参见[古希腊] 柏拉图《柏拉图对话集》，王太庆译，商务印书馆 2004 年版，第 237 页。

② 苏格拉底受到审判的时间是公元前 399 年。在《斐多篇》中，柏拉图描述了在喝进毒药之前，苏格拉底度过了最好的一段时间。那时，苏格拉底仍然在讨论灵魂的永恒性问题。

论着相关的主题。在他要去世的前几天，尽管他很容易地便能够逃离他所在的监狱，但是他拒绝了。当他的手拿着那个会使他致命的杯子时，他仍然在说话。在他的话语中完全体会不到，好像不是强迫他去死，而是让他上升到天堂一样。

30. 苏格拉底思想以及他提过的观点是这样的：从肉体上分离出来的灵魂有两重性，也有两种路径。一方面，对于那些灵魂完全被自己贪婪控制的人，在他看来，就是一些被罪玷污的人，他们身上带有原罪。在盲目的作用下，他们身上既有私人的罪恶或邪恶，也有公共的暴行。而公共暴行所犯下的罪恶是不能够获得救赎的，这样，也不能够找到通向上天的路，也不可能成为诸神的伴侣。另一方面，对于那些灵魂始终保持纯粹和纯洁之人，他们的身体上多少是有些痛苦的，因而他们总是想要从身体中分离出来，这样，他们的灵魂就能够像诸神一样地生活。在这些人面前，死亡是很轻松的。所以，他说道，正如天鹅那样——他们将阿波罗视为神圣的而不是偶然的。因为阿波罗给了他们一个预言般的礼物，让他们事先去赞美死亡——唱起赞美死亡之歌。死亡对于所有善良和有学识的人都是同样如此的。① 事实上，人是不喜欢这样来怀疑的，除非当我们在积极地思考灵魂的时候，我们就会遇到同样的经历，正如我们经常一心一意地去凝视太阳那样，我们会感到我们失去了整个视力。同样的道理，当我们的心灵有时仅仅注意自己如石蜡般灰暗的时候，我们就放松了沉思的作用。所以，当处于怀疑、凝视、犹豫、畏惧等这样一些不利的时机时，我们的观点就如同在无穷大海上的一只小船，总是飘忽不定的。②

然而，古代历史和希腊历史也是如此：例如，由于已经有了一个死亡

---

① 这是西塞罗取自柏拉图的《斐多篇》84E。参见［古希腊］柏拉图《柏拉图对话集》，王太庆译，商务印书馆2004年版，第246页。

② 参见柏拉图《斐多篇》85D。"这人必须做两件事中间的一件：要么千方百计求知这些问题的真相，要么认为这无法做到，就选择人类理智所能够提供的某种最好的、最可靠的说法，拿来当作木筏，乘着它渡过险象丛生的人生——如果我们不能乘坐一腰依靠神圣启示的安全航船，使旅程更加安全保险的话。"参见［古希腊］柏拉图《柏拉图对话集》，王太庆译，商务印书馆2004年版，第246—247页。在柏拉图那里，"逻格斯"或"理智"就像是一个载人航行的木筏。

的理由，所以，加图①在从生命中分离出来时就带着一种愉快的情感。但是，统治我们的神是禁止在没得到他许可的情况下，进行这种分离的。不过，就像神做过的那样，她曾经为苏格拉底给出过这样一个有效的生死分离理由。而在我们的时代，神对加图以及其他很多人做了很多这类事情。她保证只要是真正智慧之人，他们就能够很容易地从这里的黑暗进入上天的光明。尽管如此，加图仍然不能打破监牢对他的羁绊——法律禁止这样做——好像他是要服从一个法官或某种法律权威那样，只能根据神的召唤和释放②，才能够离去。因为这个哲学家的整个生活，正如一个智慧之人所说的那样，就是为死亡做准备③。

31. 快乐与灵魂无关，因为快乐都是从身体中获得的；灵魂也同私人财产无关，因为私人财产都是为身体服务的侍女和仆人；灵魂也同公共事业无关，同其他任何事业都无关。当灵魂处于这样一些状态时，我们能够做些什么呢？我们能做的只有从自己的身体中将灵魂召唤出来，让灵魂获得自由，让灵魂与灵魂交流。正是通过灵魂同肉体的分离这一事实，我们才能够理解死亡是什么。除此之外，我们是不能够认识如何死亡的。因此，要相信我，让我们自己相信从肉体上分离出来，就是在为我们的死亡做准备这个假定。这就是说，我们自己会习惯于死亡。这样，我们就有两种时间，一种是在地球上停留的时间；另一种就是在上天生活的时间。于是，当我们从羁绊中解脱出来时，灵魂的进步则不会被我们延迟得太多。至于那些在身体上总是一直戴着枷锁的人，即便将他们的枷锁解除，他们灵魂的进步还是很慢。就像一些很多年都被锁链锁住的人，一旦将他们的锁链解除，他们都不知道如何是好一样。当我们来到那边时，那边的生活与以前的生活是不同的。因为这样的生活就是死亡。如果我去过这样的生活，我会感到痛苦。

---

① 珀西乌斯·加图（M. Porcius Cato）不是被战胜者凯撒处死的。他是在公元前46年泰普休斯（Thapsus）战役之后自杀的。
② 他一直待在监牢里，只有一种力量才能把他从监牢里带走。
③ 《斐多篇》67D："那些真正的哲人，也只有这些人，是经常极度热衷于使灵魂得到解放的；他们所从事研究的正是使灵魂摆脱和脱离肉体。"参见［古希腊］柏拉图《柏拉图对话集》，王太庆译，商务印书馆2004年版，第220页。

第一章　论鄙视死亡

A：在你的《论自我安慰》① 一书中，你充分讲述了你非常痛苦的生活。当我在读它时，当时我想彻底放弃这个世界。后来却听说你曾经说过，你还是希望这个世界越来越好的。

M：时间过得真快呀。无论你的生活是缓慢的还是急促的，生活时间都如梭般地在流逝。在流行真理中有一种观点认为死亡是恶，正如不久前你所认为的那样，但是，我可能会认为，对于一个存在者来说，死亡了就什么都不存在了，恶也不会存在。② 而且还可以确定，如果我们是自己的诸神，或者是我们同诸神在一起，那么，对一个存在者来说，那些完善的善肯定也就不存在了。

A：恶不存在和善不存在之间有区别吗③？

M：哦，是这样的。这里有一些人是不赞同我们的观点的。然而，在我们的讨论中，我将不会让你有可能去思考"死亡是恶的根据"这个问题的。

A：假如我已经认可了你所说的是正确的了，那么，我怎么还会去思考那个根据呢？

M：你要问这是如何做到的吗？我们来看一些对手，不仅有伊壁鸠鲁学派的——在我的观点中，我并没有瞧不起他们，虽然在一定程度上我很抱歉地说，所有最优秀的哲学家都藐视他们——而且还有我喜欢的狄卡伊阿库斯（Dicaearchus）④，他是一个非常尖刻地反对灵魂永恒之人。他以莱斯博斯（"Lesbian"）为标题写过三本书，这些书都是在讨论灵魂必死性这个问题。他一直想证明灵魂是必死的，这个讨论是在麦提伦（Mytilene）进行的。另外，斯多亚学派给我们带来了很多新生的观点，好像我们都成了报晓的公鸡⑤，死了之后，又会获得新生。他们说，灵魂只能残存很长一节时间，但是不会永远存在。

32. 即使这个观点是真的，你也不要轻视你听说过的"死亡仍然不被认为是恶"的观点，对吗？

---

① 参见§65。
② 参见§23。
③ 不是恶与善之间有什么区别呢？
④ 参见Ⅰ.§22。
⑤ 参见霍尔登修（Hor.）的《颂词》Ⅲ.17.13，一群老公鸡（Annose cornix）。

A：同你一样，没有人能够强迫我放弃永恒的观点。

M：我是赞同你这个看法的。然而在任何问题上，你都不应该过分自信：我们经常会受到一些机智的结论影响，从而怀疑和改变我们的观点，甚至在一些非常清楚的问题上也是这样的。在这个问题上也会受到很多因素的影响，其中之一就是问题的含混性。因此，如果我们发现自己处于某种困境之中时，那么，我们就要准备行动，以便脱离这种困境。

A：确实应该这样。但是，我担心我们做不到。

M：那么，有没有理由让我们停止不要再送我们的朋友到斯多亚学派那里去从事研究呢？我的意思是指，那些认为灵魂从肉体分离出来后还可以存活一节时间，但不是永远存活的那些人。

A：噢，还是要送他们到那里去。如果他们坚持没有肉体，灵魂还是能够存活的话。这是整个问题最困难的一点。但是，如果人们相信他们的观点是正确的，那么，这样的说法不仅很容易让人相信，而且还可以得出这样一个逻辑的结论，那就是灵魂能够存活很长一节时间而它并不消失。

M：你的批评是公正的。这就是一个例子。我们能够相信帕纳伊提乌斯（Panaetius）吗？[①] 他是不同意他尊敬的柏拉图的观点的。因为当他把柏拉图称为有灵气、最智慧、最圣洁之人时，他认为柏拉图并没有能够证明他关于灵魂永恒性中的任何一个观点。因为帕纳伊提乌斯认为，没有人能够否认只要是出生的东西都是会消失的。他也认为灵魂是出生的，正如孩子同他们的父母关系所显示的那样，孩子们总会表现出父母的一些特点。灵魂也是这样的。它不仅具有一些肉体的特征，而且它还具有一些自己独有的鲜明特征。接着他又提出了他的第二个证据：没有对疾病的敏感，就没有痛苦的感觉。然而，所有遭受疾病痛苦的感觉都将会消失。由于灵魂是可以感受痛苦的，因此，灵魂也会消失。

33. 这些观点都会受到驳斥。因为他们认为具有这样观点的人对这样一个事实是无知的：当灵魂处于永恒状态时，心灵也处于一种无冲动的状态之中。这时候心灵中已经没有了由于悲痛、愤怒和贪婪的作用而

[①] 参见§42。

在我们身上所形成那种混乱的冲动了。柏拉图直接反对了这些观点,他认为那些外在的因素是同心灵无关的,心灵是要摆脱这些外在因素的。①这样,当我们在谈论永恒时,我们就会从永恒这个主题中形成我们的观点。

  34. M:我发现你有一个神圣的目的,希望自己能够成为一个朝向天堂的朝圣者。我希望这将是我们的命运。但是,假如灵魂在死亡以后不能够存活的话,正如一些思想家所认为的那样,那么,在这种情况下,我想我们对于幸福生活的希望就被剥夺了。然而,在这样的思想认识中蕴藏着什么恶呢?假如灵魂像肉体一样可以死亡,那么,在死亡之后,肉体上还能有确定的痛苦感受或感觉吗?没有一个人能够这样说,虽然伊壁鸠鲁在这个问题上指责了德谟克利特。但是,德谟克利特的学生们都否认了这一点。如果灵魂无处存在,所以,灵魂是没有任何感觉的。如果只有灵魂和肉体这两种东西,没有第三种东西的存在,那么,恶存在于灵魂之中还是存在于身体之中呢?灵魂从肉体中完全分离出来后,由于没有痛苦的感觉,恶还能够在灵魂中形成吗?虽然我愿意相信这样的看法。但是,这又是多么微不足道的看法呀!不过,我认为这种看法是错误的。事实上,没有感觉,灵魂的分离也会经常发生。有时这种分离还会带有一些愉快的情感。不过,这些都不重要,无论是不是真的。因为分离总是会发生的。使人痛苦,更确切地说,使人受到折磨的原因就在于生活中所有善的事物都从生活中分离出去了。不过,要小心这种说法,它并不是说生活中所有坏的事物也都从生活中分离出去了。为什么现在我会对人的生活感到悲哀呢?我这样的态度是根据真理和正义得出来的。我应该要避免这样的思想:死亡之后我们将会生活得很悲惨,由于忧伤,我们会使得我们现在的生活也很悲惨。这时,我们需要做些

---

  ① 参见§20。在《理想国》iv. 439 中,柏拉图区别了灵魂中理性的(λογιστικόν)和无理性的(ἄλογον)部分。最后他又把灵魂细分为"欲望"(-ἐπιθυμητικόν)和"情感"(θυμικόν)两个部分。(参见[古希腊]柏拉图《理想国》,郭斌和、张竹明译,商务印书馆 1994 年版,第 165—166 页)斯多亚学派拒绝承认灵魂中的非理性能力,他们认为灵魂是统一的:人的感觉、意志和认识都同整个灵魂相关的。而西塞罗是同意柏拉图观点的。但是在§56 中,西塞罗又同意柏拉图在《斐多篇》78 节中的观点,即灵魂是简单而不是复合的(ἀσύνθετος)。(《柏拉图对话集》,王太庆译,商务印书馆 2004 年版,第 237—238 页)在这里,西塞罗引用了另一个拉丁词——心灵(Mens),但是他没有定义该词同拉丁文理性灵魂(Animus)的关系。

什么呢？在本书中我们介绍了避免这种思想的方法。我在书中说明了安慰我们自己的最好方式。① 如果要说真实的，那么，我会认为死亡让我们摆脱了恶而不是摆脱了善是更真实的。确实，居勒尼学派的赫杰西亚斯（Hegesias）谈论过这种思想，他举了一个很有参考价值的事例。这个事例的故事是说，他在讲这个命题时，托勒密王国（Ptolemy）② 让他不要讲，因为他的很多听众后来都自杀了。卡里马库斯（Callimachus）③ 对于阿孟波拉西亚（Ambracia）的克拉欧孟波娄图斯（Cleombrotus）事件说过一句格言：最幸运的人就是在读了柏拉图的书之后直接就从城邦的墙上投海死去。我已经提到过赫杰西亚斯（Hegesias）的《禁食而死》（Ἀποκαρτερῶν）④ 一书，在该书中就出现过一个因为饥饿而死去的人，他的朋友又将他召唤回来。他对他的朋友提出了抗议，他详细述说了生活中的种种不舒服。我也是这样认为的，不过，我没有走得像他那样远，认为人的生活一点优点都没有。我还会对生活中的其他情况有一些犹豫：生活中就没有对我有益处的事吗？我已经没有了家庭生活的安慰⑤，也不能再得到公共事业的荣誉。确实，如果在这一切没有发生之前就死去的话，死亡就会让我们想到恶，而不是想到善。

35. 要承认在时运的作用下，人的生存是有区别的。一些人可能不会遇到恶，另一些人则可能会遭遇灾难。著名的梅特鲁斯（Metellus）⑥ 有四个后来成为高贵之人的儿子，而普里阿摩斯（Priam）有五十个孩子，其中有十七个是在他合法的婚姻生活中出生的。这两个事例说明了时运有同样的控制能力。他们两人都遭遇过一次时运。因为梅特鲁斯的葬礼是在

---

① 参见西塞罗《论安慰》，§65。
② 埃及的托勒密·菲兰德尔非卢斯王国（Ptolemy Philadelphus），统治时期为公元前283—前246年。
③ 卡里马库斯（Callimachus），菲兰德尔非卢斯统治时期亚历山大的语法家、诗人和文学家。
④ 希腊文的含义是"禁食而死"。
⑤ 在《家政篇》中提到了西塞罗女儿图里雅的死；在《福色西布斯》（Forcnsibus）中提到了在凯撒完全统治下西塞罗的休闲活动。
⑥ 卡埃基利乌斯·梅特鲁斯·马其顿尼库斯美特卢斯死于公元前115年。他担任过执政官、监察官和占卜官，获得过一场战役大胜利的荣誉。

他的儿子、女儿、孙子和孙女的陪伴下火葬的，而普里阿摩斯却在城市遭到洗劫时躲到了宙斯的神坛①中。于是，他的敌人则把他家洗劫一空，并把他的家人全部杀死了。如果他死以后，他的儿子们可以活下来，那么，他的王位则有可能得到保证：

> 到处都是残忍。满地都是天花板腐蚀过后落下来的碎片。②

那他是与恶还是与善分离开了呢？在那个时间节点之中，他完全是同善分离开了。当然，还可能有一个比较好的命运，以致不会唱出如此悲伤的歌曲：

> 靠着那种光芒，我看清了所有要的事物都是会消失的。
> 暴力缩短了普里阿摩斯的寿命，流出的鲜血已经将约维（Jove）的神坛污染。

好像在那个时刻，在这样暴力的场景中，对他而言，好一点的事情也有可能发生。如果他提前死了，他就可以完全避免现在这样的悲伤和结局：正是死亡使得他避免了使用恶的条件。我们亲爱的朋友庞贝（Pompey）在那不勒斯（Naples）偶然生了大病，现在已经好起来了。尼珀里坦斯人（Neapotitans）在他们的头上戴着花环。所以，我相信他们是普提欧里（Puteoli）的居民。在那里的一些城市中一直盛行着公共的祝福——无疑这是可笑的行为，不过，这也是希腊人的方式。而所有这一切都是为了一个目的，那就是将其看作他们获得好时运的一个证据。这样，如果这时普里阿摩斯能够结束了他的生命，那么，这时他是处于善的还是恶的处境之中呢？当然，他可能会逃脱这样悲惨的命运。如果他不发动同他岳父③的战争；如果在还没有准备好之前，他不去从事战争的话；如果他不

---

① 普里阿摩斯是特洛伊的国王。他是在亚该亚人围城十年的最后时间里，在宙斯神庙被尼奥普托列墨斯杀死的，那时整个城市都遭到了洗劫。尼奥普托列墨斯是阿齐斯的儿子。
② 参见附录二。
③ 盖乌斯·尤利乌斯·凯撒，他的女儿茱莉亚在公元前59年同庞培结婚。五年之后（公元前54年），茱莉亚过世。她的过世使得庞培与凯撒产生了巨大矛盾。

离开家的话；如果他不从意大利逃跑的话；如果他不失去他军队并毫无准备地落入武装奴隶手中的话，那么，他可怜的孩子、他的财产都不会被占领者强行霸占。如果他在那不勒斯死去的话，那么，他就会在他成功的顶点死去。可是，如果他不断地延续他的生命，那么，他就必然要经历因为灾难而引起的全部忧愁。

　　36. 只有死亡才能够避免这些事情。因为这些事情虽然并没有发生，但是，它们还是有可能发生的。然而，人们却不去想这些事情有可能在他们自己身上发生。每个人都希望自己有像美特卢斯一样的好运，好像好运总是比霉运多一样。或者说，在人的事务或希望之中，智慧肯定总是比意见多一样。

　　但是，只要让我们认可死亡剥夺了人的舒适生活，那么，我们因此也应该保证人死之后他还能够感觉需要过一种舒适的生活。这种观点便是痛苦产生的条件，无疑他们是这样认为的。但是，有这种可能吗？当一个人都不存在了，他还能够感觉需要的东西吗？人死之后还有"感觉需要什么"这种说法仅仅是一个悲伤的说法而已。因为这个说法背后的意思是说人以前有的，现在完全没有了、现在失去了、现在不能期望了、现在不能想要了。因此，我认为，这些都是还能感觉"需要一些东西"之人不满意的表达而已。他感觉需要眼睛，因为他知道盲人是痛苦的；他感觉需要孩子，因为他知道不孕是痛苦的。这些好的东西都是还活着的人认为的。但是作为死者，他是不能够感受到他还需要任何东西的。我并不是在说生活的舒适，而是在说生活本身。我说的是死者就是指已经不存在的人；难道我们能够说不存在东西还存在对一些角或羽毛的感觉吗？有谁会进行这样的判断呢？无疑是没有人会这样判断的。为什么呢？因为当你没有用所获得的技能或自己的本性去适合生活时，你是不能够感觉需要什么的，即使你可能已经意识到缺少它。所以我们应该始终坚持灵魂是有死的观点。当我们坚定地提出这一点时：如果灵魂是有死的，那么，我们就不会怀疑，死亡的毁灭是如此的彻底，以致不会留下感觉任何一点细微的痕迹——这样，当我们一次又一次要合理地解释灵魂有死的观点时，为了确保在使用"感觉需要什么"这个短语时不出现错误，我们就应该详细地研究一下这个短语。"感觉需要什么"的含义是指你希望拥有你希望的东西。① 因为在这个短语中蕴含了希望的观念——除非是在另一种价值意义（Carere）上使用它。就如同使用"发烧"一词一样，"感觉发烧"表示希望"没有发烧"。由于一个词可以在不同的意义上使用，所以，使用这个短语的含义既可以是说人没有得到某种东西，也可以说是他意识到自己没有这样东西，甚至还可以说人也能够很容易地接受自己没有这种东西。"感觉需要什么"不会用在与恶相关的问题上，因为恶并不是一种同悲伤相关的东西——它是用在需要善的东西的表达之上的，同需要恶的东西是相当的。如果人不是想要善的话，那么，就算是活着的人也是完全不需要善的。如果活着的人需要善，那么，"感觉需要一顶皇冠"则是一种理智的说法——然而，在你给事例中，这种说法不是讲得十分准确，虽然塔克文（Tarquin）被废除之后可能就是这样情况。②——但是，在死者的情况中，这样的状态则是不好理解的。因为"感觉需要什么"大概是指一个有感觉的存在者，而不是指死人。因为死人是没有感觉的。所以，死后的人是没有可能"感觉需要什么"的。

37. 我们发现这个问题还没有从哲学上进行过广泛的讨论，那么，我们需要什么才能从哲学上来讨论这个问题呢？不仅是我们的统帅，还有他们的军队，总是经常突然面临死亡！如果死亡确实让他们感到恐惧，那么，布鲁图斯就不会为了防止那个已经被驱除的暴君③回来在战争中牺牲；老狄西乌斯（the elder Decius）就不会拼命地同拉丁人战斗，他的儿子也不会同伊特卢斯卡斯（Etruscans）抗争，他的孙子在与皮尔福斯

---

① 西塞罗认为拉丁词"Carere"表示"一种希望的感觉"或"感觉有某种需要"或"没有东西是你希望想要的"。因为"Carere"被用来表示没有快乐和有用的事物。（1）然而，在这个短语 Carere jebri 中，这个词意味着要摆脱永恒，这就是说人是不能够获得永恒的，人也知道人是不能够获得永恒的，人是认可这种状态的；（2）我们不能同恶联系起来说 Carere，因为说"感觉需要恶"将意味着恶并不是一种同痛苦相关的事物，而是同恶相反的事物；（3）我们能够说 Carere bono，因为"感觉需要"善的事物，其本身也可以是需要恶的事物；（4）只有活着的人能够感觉，而且只有活着的人才能够感觉需要什么事物，而死去的人是没有感觉的，因此，他们也不能够感觉需要什么东西。

② "我的祖先都是从罗马的街道出来的。当塔克文（Tarquin）称王时，他就被驱除了。"布鲁图斯在他的《尤利乌斯·凯撒》一书中的第二部分第一节中是这样说的。西塞罗在他的多本书中不断地提醒布鲁图斯要注意凯撒，有时他又没有提到这个观点。

③ 高傲的塔奎文，公元前 510 年被从罗马驱除。

（Pyrrhus）① 战斗时就不会用其身体去抵抗敌人的武器；西班牙人就不应该看到在同一场战争中西皮阿斯（Scipios）② 为了他的国家而捐躯；卡纳（Cannae）也不应该看到庖卢斯（Paullus）和杰米卢斯（Geminus）③、马塞卢斯的维鲁西亚（Venusia of Marcellus）④、阿尔比卢斯的里塔纳（Litana of Albinus）⑤ 和哥纳库斯的卢卡尼亚（Lucania of Grachus）⑥的死亡。现在这个时刻，他们中还有谁能够感受到痛苦呢？甚至当时在他们呼完了最后一口气之后，他们都没有感到过痛苦。因为当感觉完全消失之后，痛苦也就消失了。但是，有人会反对这样的说法。因为他们认为感觉消失本身是可怕的。是的，如果这就是意味着死亡"感觉需要什么"的话，那么，它就是可怕的；然而非常清楚，当在一个人自身都不存在了，他的身上什么都没有了，怎么还能够有可怕的感觉呢？因为这时那个人既没有了感觉的需要，也没有了感觉的能力。这样的观念确实太常见了。事实上，在这种观念中暗含着灵魂中对死亡的畏惧。因为相当清楚，当灵魂与身体已经分离时，整个生命就被摧毁了，随即生命的一切就都消失了。那些过去存在过的生物则都不存在了。一旦理解了这一观念的人都会非常清楚地认识到，从来没有存在过的半人半马的怪物（赫普珀森塔乌尔，Hippocentaur）⑦——它与阿伽门农国王之间是没有区别的。与其说卡米卢斯（M. Camillus）在他生前就考虑到了现在的内战，还不如说现在我也考虑罗马有可能被强占的情况。如果他当时就认识到他之后大约 350 年有现在的麻烦，那么，卡米卢斯当时为什么要感到痛苦呢？如果我想到在随

---

① 狄色乌斯·穆斯（Decius Mus）：（1）在公元前 340 年反抗拉丁人；（2）在公元前 295 年反抗闪米特人（the Sannites）；（3）在公元前 279 年反抗皮尔福斯（Pyrrhus）。不过，这一事件没有历史记录。

② 普波里乌斯（Publius）和卡纳里乌斯·西庇阿（Cnaeus Scipio）在公元前 211 年在西班牙被汉尼拔（Hasdrubal）击败。"还有西庇阿之子，那战争的雷霆，迦太基的恐怖，也把他的骨头给了大地，如像一个最下贱的家奴一样。"参见卢克莱修《物性论》，方书春译，商务印书馆 2012 年版，第 203 页。

③ 公元前 216 年。

④ 公元前 208 年。

⑤ 公元前 215 年。

⑥ 公元前 213 年。

⑦ 《物性论》第 5 卷第 878 行："但半人半马的怪物从来未曾有。"参见卢克莱修《物性论》，方书春译，商务印书馆 2012 年版，第 348 页。

后的一万年之后某个国家可能占领了现在我们这个城市的话，那么，为什么现在我会感到痛苦呢？因为我们不仅能够感觉对于国家的热爱，而且还能够使得我们要用行为去拯救我们自己的国家。

38. 由于生活的改变和一些机会的出现，死亡总是同日常生活紧密相关。因为生活中会有某些缺乏，因此，死亡总是离我们自己不远。但是，死亡对智慧之人是不会构成威胁的。因为智慧之人始终考虑的是国家和他家庭的利益。死亡使得他们真正关心的只有他们的子孙，而从来不会去思考死亡本身的问题。那些接受灵魂是有死的人想做的行为不是去死，也不是对声誉的追求。因为对声誉的追求不能够给他带来快乐；他们渴望的是对德性的追求，在必需追求德性的行为中是可以获得声誉的，甚至声誉并不是这个行为的直接对象时也是这样的。

如果自然法就是这样的，正如我们的出生就意味着我们的一切开始，那么，死亡对于我们来说就意味着一切的结束。这就是说，因为我们在出生时并没有给这个世界带来任何东西，所以，当我们死亡时我们也并没有从这个世界上拿走什么东西。即生不带来，死不带去。假如死亡既不同活人也不同死人相关的话，那么，在死亡中还有恶存在吗？死人就是不存在之人，活人是不能够感知死亡的。① 极度轻视死亡的人认为死亡同人睡觉非常相似：② 好像在生活到 60 岁之后，每个人都还希望在剩下的睡梦时间中睡到 90 岁一样。除了他本人有这样的希望外，甚至他的家人都不希望他能够活那样长的时间。如果我们打算听一个传奇故事的话，那么，恩狄米龙（Endymion）的故事肯定是最传奇的。据说他在卡里亚的山上——一个叫作拉特姆斯的地方就曾经睡过一段时间，后来他又苏醒了。然而，我想象不出这样的故事。你不会想到他会对于月亮③的月食感到焦虑，在思考这个问题时，他就睡着了。人们认为只

---

① 有死就不能够有生，有生也不能够有死。

② 荷马就说过：睡觉是死亡的弟弟（κασίγνητος Θανάτοιο）。[古希腊] 荷马：《荷马史诗——伊利亚特》，陈中梅译，中国戏剧出版社 2005 年版，第 310 页。

③ Laborare 是用来表示月食的一个词。参见 "月亮运行的一种现象"（Una laboranti poterit succurrere lunae， Juv. 6. 443.）。恩狄米龙（Endymion）是一个牧羊人，根据他的故事产生了这样的一个格言："月神恩底弥翁总是在睡觉。"（Endymion is somnum dormire），"月神"表示了长期的睡觉。在这里，西塞罗又有可能想到了《斐多篇》。在《斐多篇》里，苏格拉底说道："如果在睡眠和苏醒之间没有转换的话，恩狄米龙的睡眠故事则从根本上说就毫无意义。" 参见 [古希腊] 柏拉图《柏拉图对话集》，王太庆译，商务印书馆 2004 年版，第 227 页。

有这样，月亮才可以在他的睡梦中亲吻他。他为什么会对他根本不能够感受到的东西忧虑呢？你的睡觉不过是伪装的死亡，这就像平时你穿了一件衣物把自己伪装起来一样。那么，你会不会怀疑在死亡中没有感觉这样的事实呢？虽然你已经看出来，即便在伪装的死亡中也是没有感觉的。

39. 我们忽视在我们时代之前那些愚蠢的看法。它们类似老妇人式的寓言，认为死亡是痛苦的，尽管这些寓言还是很迷人的。请问那段时间是什么时候？这种看法是自然的吗？这些老妇人式的寓言认为生活就像是使用贷款一样，只有是没有固定的还款时间罢了。如果当生活要求还款了，你有什么可抱怨的呢？因为这是你在贷款时就已经接受了的一些条款。同样一个人在抱怨时会认为，如果一个小孩死了，那么，其损失是可以平静接受的；如果是摇篮里的婴儿过世了，她们会认为甚至都不需要对此感到哀悼。然而，在后一种情况下却是自然用最残酷方式给予生活的礼物。"婴儿还没有品尝到生活的一点的甜蜜，"他们说道："但是，其他人已经具有了一些对生活较高的希望，这些希望让他能够享受生活。"不过，一方面，在所有其他事情上，这样的考虑可能还是要好一些——因为在生活中还是可以得到一些东西的，而不是什么都没有；否则，他为什么而生活呢？卡尔里马库斯（Callimachus）有一个不错的说法："帕瑞阿孟（Priam）经常比特柔伊卢斯（Troilus）流的泪多。"①另一方面，人们更喜欢那些在早年结束时就死亡的人们。为什么会这样呢？如果人是被担保的，如果人们赞同那些观点的话，我想任何人都不能够长寿，因为没有什么东西比智慧对于人来说更重要。尽管年龄在不断地增大，但是，生活无疑也带给我们很多智慧。对一个人来说，事实上，人生有多长，或者说多长算是长呢？没有老年吗？

现在的少年、现在的年轻人，紧随着人生旅途中变化，他们不会超越他们的少年和年轻时代吗？

但是，我们只能按照生命的长短生活，因为在我们的生命中是没有其他任何东西的。因此，我们只能按照在不同情况下事物生活时间的长短来

---

① 特柔伊卢斯（Troilus）是帕瑞阿孟（Priam）的儿子，在特柔伊卢斯战役中被阿奇里斯杀死了。至于卡尔里马库斯（Callimachus），参见§84。

谈它们生命的长短。根据从欧洲的某个地方流入庞普斯（Pontus）的海波尼斯河（Hypanis）① 的情况，亚里士多德说道，在该河里生长着一种很小的动物，它们只能存活一天，当它们中的一个在第八小时死去时，那么，这个小动物就在死于它的老年，而在日落之前死去的，则已经可以说是老死的了。如果在夏天的中旬，这类动物中很多都会在日落之前死去的；相反，我们人类的生命则是最长的，因为我们还想追求不死。不过，如果用同样的观点来看人，其实我们同那些小动物是一样的，我们也只能被认为是生命很短暂的生物。

40. 现在让我们鄙视这些愚蠢的寓言说法吧——但是，对于这样如此常见的事情，我又能够提出什么更合适的名称呢？——当我们藐视和嘲笑我们所有人生命的兴衰时，在我们强大而有力的灵魂中，在我们所有德性的实践上，我们要建立起正确生活的根本意义。好像到了现代，我们的想象力变得太多愁善感，我们也变得很软弱，其结果就是我们已经不能够认识那些占卜家② 所做出的诺言了。我们已经将死亡看成了我们的一种负担。由于我们自己会受到各种盛行虚假良好希望的影响，所以，我们就会成为被嘲弄和被欺骗之人。但是，如果我们的心灵一直都有对于消除焦虑、忧虑和痛苦的期望和渴望，那么，永恒的神就会出现！这样的人生历程会让人快乐！它完全消除了我们过多的担心和我们对于未来的忧虑！同特拉门尼斯（Theramenes）在一起是多么愉快！他的精神又是多么的高贵！虽然我们在读他的作品时泪流满面，但是，一个高尚之人的死亡，对他来说，并不是一件可怜的事情：在三十僭主统治下，他被关进了监狱。当他把那杯毒药像一个口渴的人喝下去的时候，他还摇晃了一下那个杯子③。他还想把洒落在杯子外面的毒药一起喝下去。然而，他对那个相当

---

① 乌克兰的南布格河。

② "Chaldaean" 曾经是一个民族的名字，后来用来表示"占卜家"或"预言家"。参见埃及语中形成的"吉普赛人"（Gipsy）。

③ 在古雅典的宴会上经常进行这个泼酒游戏，即 κόττα βος。游戏的参与者将甩少量的酒来做这个游戏，这些酒会产生一种声响。这种游戏形式要么是将茶盘放置在水上漂浮的大碗中，要么是将茶盘放置在一个特殊仪器的杆上。而特拉门尼斯（Theramenes）却将茶盘同一片烤面包联系起来，他是一位具有节制观点的雅典政治家。因此，他绰号的意思就是"在脚上固定的人"，即希腊文 "κόθορνος"，也被称为"调节器"。他被三十人僭主于公元前 404 年处死，当时克瑞提亚斯（Critias）正是统治者。

恶劣地对待他的人说:"为了公正的克瑞提亚斯（Critias）的健康,我喝了这杯毒药。"* 我可以这样来解释他的这个喝酒动作:在希腊人的宴会上,希腊人有一个习惯,当他们要给客人们敬酒时,他们都要说一句敬酒的话,然后才把酒喝完。虽然他已经喝下了那杯让他致命的毒酒,已经处于马上要死的时刻,但是,这个具有高贵精神的人仍然是诙谐的。这表明了他对死亡的态度。其实,他已经预言过在监狱中对他祝酒的那个人的命运,预言死亡不久就会降临到他的身上。在死亡来临之际喜欢用平静的态度来面对的那些人,他们认为死亡是恶吗？同特拉门尼斯被僭主们判处有罪一样,几年以后,苏格拉底也被法官们宣判有罪,他也同样进了监狱,同特拉门尼斯（Theramenes）一样,他也把毒药喝下去了。那么,当对苏格拉底的死刑已经宣判之后,柏拉图再现了苏格拉底在法官们面前说的一些话语。①

41. "陪审团的先生们,我抱有很大的希望,"苏格拉底说道:"希望因为我的善行而被判处死刑。随之而来的死亡便只有两种结果:死亡要么是一下拿走所有的感觉,要么是灵魂从一个地方到另一个地方的旅程。因此,如果是毫无感觉的话,那么,死亡就好像是有时没有梦烦恼的最安静的熟睡一样。善良的诸神的熟睡就是这样的死亡！多少天之中我们才能够找到一个如此完善的一个夜晚,如果岁月永恒的流失好像就是熟睡的话,谁还能够比我幸福呢？如果传说死亡就是灵魂从一个地方移到另一个地方的旅程是真的,那么,死去的人都居住在那些海滨国家中,这些人仍然还是幸福的。想到这些之后,你们就要赶紧回避那些还在考虑如何审判你的法官们,你应该去注意那些真正称之为法官的那些人,比如米诺斯（Minos）、拉达蒙图斯（Rhadamanthus）、阿伊阿库斯（Aeacus）和崔普托勒姆斯（Triptolemus）② 等人,欢迎那些始终过着公正而忠诚的生活的人:你们认为这是通常的人生旅程吗？你们会认为同奥菲乌斯（Orpheus）、慕

---

* 特拉门斯把这个游戏与祝酒式结合在一起。他是雅典政治家,常负温和的观点,故而人们给他起了外号 κόθορνος（"筒靴",哪只脚都能穿）,或"装饰",后在公元前404年被三十僭主处杀,克瑞提亚斯是他们的领袖。

① 《申辩篇》40C。参见［古希腊］柏拉图《柏拉图对话集》,王太庆译,商务印书馆2004年版,第53页。本书的译文与中译本译文有一些区别。

② 参见§10。

萨伊乌斯（Musaeus）、荷马（Homer）和赫色欧德（Hesiod）进行真实谈话的那种荣誉是没有价值的吗？在我看来，我真心希望自己死很多次。因为如果那样的话，我就可能拥有一种能够谈论死亡的特权了。那时我就有可能遇到帕拉门德斯（Palamedes）、阿嘉克斯（Ajax）① 其他被不正义审判判处的人。那时我会多么高兴呀。我还能够检测一下那个统治特洛伊的最高国王的智慧，也可以检测乌莱色斯（Ulysses）和色塞福斯（Sisyphus）的智慧。因为在那里，像我在这里一样，我可以向他们提出问题而没有任何受到惩罚的危险。法官们，你们要么投票宣判我无罪，要么你们就会对死亡感到畏惧。因为恶不会降临在任何一个好人身上，既不会降临在好人的生前，也不会降临在好人的死后。永恒的诸神也会帮助好人消除生活中的烦恼。我自己身上发生的事情也不是偶然的。坦率地说，我不会对告发我的人或判决我的人生气，除非他们相信他们对我做的是一种伤害。"在法庭上，苏格拉底说了很多。直到到法庭结束，他都没有说一句好话："离开的时间已经到了。"他说道："我将去死而你们将继续活着。然而，我去死或你们活着究竟哪个更好呢？只有永恒的诸神知道。我想，没有一个人知道。"*

42. 我确实希望上面那些苏格拉底说过的话是对那些宣判苏格拉底有罪的人灵魂的审判。然而，苏格拉底自己确实知道活着和死去哪一个更好。他说道，除了诸神，没有人知道死去和活着哪一个更好——因为先前他就已经说过他是知道的——不过，他坚定地认可最后的那条原则，肯定死亡就是"无"。让我们也立即表明我们的看法：在说明死亡就是"无"这条原则时，死亡自然对所有人来说都不是恶。在这样考虑时，如果死亡是一种恶，那么，可以肯定地说，恶就是一种永久的恶。不过，死亡好像又是一种痛苦生活的结束；如果死亡是痛苦的，那么，痛苦的生活就不会结束。为什么我要引用苏格拉底和特拉门斯（Theramenes）的例子呢？因

---

① 特洛伊战争中的英雄：帕拉门德斯（Palamedes）被一个叛变者杀死；阿嘉克斯（Ajax）在对阿奇里斯军队的战争中被击败。对应于下面的柯林斯传奇国王西西弗斯，参见§10。

* 这是柏拉图《申辩篇》中的一段文字。西塞罗引用的文字与王太庆翻译的相应文字是有一些差别的。参见［古希腊］柏拉图《柏拉图对话集》，王太庆译，商务印书馆 2004 年版，第 53—54 页。

为他们都是先前在德性和智慧方面非常杰出的人。① 有一个叫作拉色达伊莫尼亚（Lacedaemonian，他的名字没有被经常提起）的人。他对于死亡也特别藐视，当他被监察官们（Ephors）判处死刑之后，当他被带到外面去执行死刑之时，他还带着快乐和享受的表情。一个敌人问他："你藐视莱库古斯（Lycurgus）的那些法律吗？"他回答道："我真的很感谢他。因为惩罚了我，我就可以不用再去还我从朋友或借高利贷人那里借过的钱了。"一个多么自豪的斯巴达人呀！甚至我认为具有这样如此高尚精神之人是不应该受到人们谴责的。在我们国家中，这类事例还是很多的。为什么我总是要指定一些统帅和知名人物呢？例如，加图就记录了罗马军团经常会行军到一个他们知道他们不可能再回去的地方，但是，军团中的人们都是快乐的。因此，我总是要选择一些统帅和将军来说明。当他们在特莫派勒这个地方被包围时，我们能够看到斯巴达人（Lacedaemonians）也具有同样的精神。对此，西蒙尼德斯（Simonides）说道：

> 陌生人，这些长眠在此的斯巴达人告诉你，
> 你们来看着我们吧，
> 我们一直遵从着国家的法律。②

他们当中的一个人是波斯人的敌人，当他同波斯人对话时，他曾经自夸地说道："你们将看不到太阳。因为我们很多的标枪和弓箭可以遮挡住太阳的光芒。""因此，"他说道："我们将在黑暗中战斗。"③ 我现在引用的都是斯巴达男人们的事例，那么，斯巴达女性又有什么样的气质呢？当一个斯巴达的女性送她的儿子上战场后，听到他儿子阵亡的消息时，"结束了，"她说道："我已经把他培养成了一个男人，因为他毫不犹豫地为祖国而献身了。"

43. 好吧。你谈到了斯巴达人勇敢而强壮；也谈到了他们国家教育中

---

① 现在他要举一些不太著名的事例。
② 西蒙尼德斯最著名的希腊文格言是："过客啊，请带话给斯巴达人，我们踏实地履行了自己的诺言，将长眠在这里。"
③ 希罗多德在他的《希腊波斯战争史》一书中的第 7 卷第 266 节中说道，这个对话并不是同波斯人对话，而是同希腊人对话。

第一章 论鄙视死亡

培养出了他们的军事能力。是的，但是，我们没有称赞居维勒（Cyrene）①的泰欧多茹斯（Theodorus）吗？这并不是意味着他是一位哲学家。当莱西马库斯国王用十字架威胁他时，"请求你这样做，"泰欧多茹斯说道："不过，你这样令人厌恶的威胁只能对你身穿鲜红色仆人衣物的弄臣有效，而对我泰欧多茹斯是无效的，无论我是土葬还是葬在空中。"这个说法提出了一种关于埋葬和葬礼的思想，对此，我本来是想说的——因为现在理解这种说法已经并不困难了，特别是在我们已经对泰欧多茹斯的说法有些精通的理解之后，我们已经追溯惩罚欠缺的时代了。事实上，对于这个问题，苏格拉底在关于他死亡的那本书里已经把他的观点阐述得很清楚了。我们也已经读过很多了。② 在讨论了灵魂的不朽之后，死亡的时刻马上就要来临，这时，克里同（Crito）问苏格拉底希望如何埋葬自己时，"我的朋友，"苏格拉底说："确实我做过很多没有实现目的的劳动，因为我没有能够说服我的朋友克里同相信我将从此飞走，而在身后不留下任何东西。尽管如此，克里同，如果你能够抓住我或偶然找到我，你就可以按照你认为合适的方法埋葬我。但是，请相信我，当我从这里离开后，你们中没有一个人能够追上我。"* 这真是一种高贵的说法，因为他让他的朋友可以自由地处置他的死亡，也表明了他完全不想给他的朋友添任何麻烦的想法。而第欧根尼（Diogenes）尽管说得很不文雅，但是，他的情感也真是这样的。作为一名犬儒主义者，他的说话过于严厉。他要求人们将他推出就不用管了，根本不需要埋葬他。对此，他的朋友们说道："也不怕鸟儿和野兽来伤害你的尸体吗？""也不是那样的，"他说道："你们应该在我的尸体附近拿一个棍子帮我驱赶它们。""那你能怎样呢？因为那时你已经没有意识了呀。"他们回答。"那么，如果我没有了

---

① 居维勒应该是指"哲学上的居维勒学派"。因为在另一个论辩集中，西塞罗说过泰欧多茹斯（Theodorus）的居维勒。

② 《斐多篇》115。参见［古希腊］柏拉图《柏拉图对话集》，王太庆译，商务印书馆2004年版，第283—248页。

* 柏拉图的这段文字同王庆节和谢善元的中译本上的文字都是有些区别的。见［古希腊］柏拉图《柏拉图对话集》，商务印书馆2004年版，第284页；［古希腊］柏拉图：《苏格拉底之死》，上海译文出版社2017年版，第232—233页。

意识，那些野兽的乱咬怎么能伤害我呢？"阿拉克萨哥拉（Anaxagoras）①在拉蒙普萨库斯（Lampsacus）他死亡的床上也说过这样高贵之话。当他的朋友们问他是不是希望在他死后要把他送回他的故乡克拉卓门纳克（Clazomenae）时，"没有必要，"他说道："因为无论从什么地方出发，回到到世俗世界的路都是非常遥远的。"因此，人们应该坚持这样一个基本原则：葬礼的全部目的仅仅是埋葬身体而不是涉及灵魂，无论是灵魂已经死去还是还活着。然而死亡时，显然，灵魂要么是消失了，要么是躲避之时，这时身体上是根本不会有任何感觉的。

44. 但是，整个主题完全都是骗人的。阿喀琉斯（Achilles）将赫克托（Hector）绑在他的四轮马车上，拖着他跑——我想象他以为赫克托会感到他将被撕碎。这样，阿喀琉斯就发泄了他的仇恨，或者说他认为他发泄了他的仇恨。然而，那位可怜的妇人对这样残酷的暴行感到悲伤：

我看到了我能够看见最痛苦的事件，赫克托一直被拖在那辆四轮马车的后面。②

确实是赫克托！他还要将赫克托折磨多久？好在阿西库斯（Accius）③描述了阿喀琉斯最后变得明智了一些：

是的，我拿走了赫克托的命，但是，我向普瑞阿玛（Priam）保证要把赫克托的尸体归还给他。

这样，你并没有把赫克托拖走，你拖走的仅仅是他的身体。看看吧！地球上还会形成另外一种精神④，它会阻止赫克托母亲的睡眠：

---

① 阿拉克萨哥拉（Anaxagoras）是伊奥利亚的一位哲学家，生活在公元前 500—前 428 年。他在雅典生活了 30 年，是伯里克勒斯（Pericles）的朋友。
② 参见附录二。
③ 阿西库斯（Accius）是罗马悲剧诗人，公元前 170 年出生。
④ 德菲卢斯（Deiphilus）是伊里奥纳（Iliona）与珀莱蒙涅斯特（Polymnestor）的儿子，伊里奥纳是普瑞阿玛（Priam）的女儿，珀莱蒙涅斯特（Polymnestor）是特拉斯（Thrace）国王。由于失误，这个国王把普瑞阿玛的儿子误杀了。帕库维鲁斯在他的悲剧《伊利奥纳》中采用了这个故事。参见附录二。

第一章 论鄙视死亡

> 母亲，我要把你叫醒。因为您睡觉之后，您就不会关心我了。
>
> 您不用可怜我。因为您的儿子埋葬之后，他就要升天了。

用忧伤的语气将这样的言语缓慢而有节奏地唱出来，很容易激起全部观众悲伤的情感。观众们不由自主地会产生这样的看法：所有没有埋葬的人都是痛苦的[①]——

> 在野兽和鸟儿面前，
>
> 他害怕他母亲会不注意到他那杂乱的坟堆。但是，他不畏惧他母亲用火将他埋葬——
>
> 我请求不要糟蹋我那可怜的遗体，不要把我所有的尸骨都撕碎，让它赤身裸体，也不要将地面涂上了残酷撕碎身体时流出的血。

因为他可以用七步诗句来说出这些话，因此，我就不明白他还害怕什么。[②] 我们立即就可以看到，很多人在惩罚已经死去的敌人时是不讲道德原则的。那时人们担心死后的敌人还会存在一些东西。在恩里乌斯（Ennius）[③] 诗文中的泰伊斯特斯（Thyestes）用一种相当精美的诗文说出了一个咒语：开始是请求让阿特瑞乌斯（Atreus）死于翻船。无疑这是一个残酷的诅咒，这就说明他认为死亡是一种痛苦。所以，下面的说法则是没有什么含义：

> 散乱岩石顶部的右边已经倒塌，破裂成了碎片，他吊死在侧面的岩石上，那些岩石上都溅满了他身上流出来的黑血。

每一种岩石同他"侧面的、吊死的、悬挂的"一样也有感觉。因为泰伊斯特斯（Thyestes）想象他诅咒的那个人应该是痛苦的。如果这个受

[①] 参见§27 及其注释。

[②] 其实这是八步诗。拉丁文（Octonarii）是指八步诗。或许在他的诗文（MSS）中，八步诗的拉丁文"鼻孔"（Narios）变成了七步诗的拉丁词"鼻孔"（Natios, Septenarios）。

[③] 参见附录二。

害者具有感觉能力，那么，那些人就应该是一些残酷之人。如果没有感觉，那么，那些残酷就不存在的。下面这个说法是很有意思的：

> 不要给他坟墓来躲藏他的身体。
> 因为坟墓就像是一个身体的避难所。
> 在坟墓中人的生活已经隐退。
> 也许他是可以从恶中找到休息的机会。

你想想在生活中他们受到的欺骗有多深：他认为坟墓是身体的避难所，在坟墓中死人就找到了平静。这种想法是对佩洛普斯（Pelops）最大的玷污，因为他没有指导和教育好他的儿子，让这个儿子知道在特殊情况下如何控制自己的焦虑。

45. 当我们可以观察到在人类种族的劳动中存在着很多欺骗时，为什么我没有注意个人的信念问题呢？埃及人会给死者涂上香料，把他们留在家里。波斯人甚至在埋葬死人前给死者的身体涂上蜡，这样就可以使得死者的身体保存很长的时间。玛吉人（Magi）的习惯是只有当野兽第一次乱咬了尸体后，他们才会将死者的身体埋葬。在海尔卡尼亚（Hyrcania），为了城邦的利益，一般市民都支持养狗，而贵族们养狗一般是为了家庭需要。尽管花费不菲，但是根据自己不同的方式，每一户想方设法地捕捉一些动物，让这些动物去乱咬死者。他们认为这样的方式是最好的丧葬方式。克瑞色普斯（Chrysippus）① 用自己的方式研究了这个问题。为此，他选择了很事例来说明这个问题。但是，那些细节非常令人厌恶，以致最好不要用语言来表述这样的厌恶。所以，我们自己对待这些事例应该采取藐视的态度。然而，由于它们又同我们相关，我们又不能完全不顾这些事例。不过，在某种限制性条件下，我们这些活着的人已经意识到死者的身体是没有感觉的。让活着的人去参加丧葬仪式，在某种意义上说，可能就是想让活着的人同习惯和公共意见达成某种和解。根据这样的理解，活着的人已经认识到了这些葬礼都同死者无关，而是同活着的人相关的。无

---

① 克瑞色普斯（Chrysippus）出生于公元前 280 年，后来成为斯多亚学派的领袖，被认为是该学派的第二位奠基人。

疑，死亡就是绝对的平静。根据死亡本身的定义，死亡就是找到了安慰。哪怕是人很短暂的生活，都需要在其中充分体现出完善的德性。在我自己的生活中，我应该有很多次适合死亡的机会，这些机会也应该是我能够发现的！任何事物都不可能获得长久。死亡就是生命的义务已经完全被免除了。在战争中能够存活下来是靠运气的。因此，如果我的论证要让我们重视死亡的话，那么，我们就会去想如何能够让我们的生命活得更充分和更长久。虽然已经没有了意识，虽然死者就是失去了意识之人，但是，死者是有他们自己特别的名誉和光荣的。或许我们所渴望的光荣并没有什么意义，但是，没有人能够将德性看作一块阴影。

46. 如果可以给出一个说法的话，那么，一般的情况只是对于好人进行真实的判断，赞美好人，而不是去寻找好人幸福或好的原因。我自己仍然还是要说（虽然我的看法将被人们接受）赖库尔古斯（Lycurgus）和梭罗（Solo）① 具有立法者和政治组织者的声誉，或者是特米斯托克勒斯（Themistocles）和爱帕米诺达斯（Epaminondas）具有军事统治的声誉。因为勒普图恩（Neptune）事先将击败萨拉米斯群岛（Salamis）的传说进行流传，那时还没有获得在萨拉米斯群岛上那场战役的胜利；伯伊欧提安·勒乌卡特纳（Boeotian Leuctra）被消灭的声誉也是先于勒乌卡特纳（Leuctra）战役开始流传的。不过，很多这样光荣的声誉将慢慢地消失，例如，库里乌斯（Curius）、梵博里色乌斯（Fabricius）、卡拉提努斯（Calatinus）、两个西庇阿（The two Scipios）、阿福里卡尼（The Africani）、马瑟克姆斯（Maximus）、马尔色尔卢斯（Marcellus）、帕乌尔鲁斯（Paullus）、卡图（Cato）、拉伊里乌斯（Laelius），还有无数的其他人；同这些人相似的人，不仅在一般名誉而且还在他是不是好人的问题上由于各种原因被人误解时，如果真是这样的话，那么，他应该有一种自信精神使他提前想到死亡。我们会发现在这种人身上存在着的都是完善而绝不会看到一点点的恶。其实，就在他还处于繁荣发达时，他就已经在准备着去死；由于持续的成功并不能够给他们带来很多的快乐，正如他们荣誉的不断消失会给他们带来烦恼一样。这种情况好像是印证了一位老年斯巴达人（Lacedaemonian）说过的那个著名说法的意义。当奥林匹克著名的胜利者罗德

---

① 对于摆脱（for career），参见§88。

岛的（Rhodes）狄阿苟拉斯（Diagoras）看到他的两个儿子在奥林匹克获得胜利时的那一天，这位斯巴达老人对狄阿苟拉斯说道："叹，狄阿苟拉斯，为此你注定不能升天了。"① 希腊人认为那样的成就是光荣的——或许是太光荣——更确切地说，希腊人在那一天确实是这样想的。以斯巴达人的方式对狄阿苟拉斯说话的那个斯巴达人认为，一个家庭出了三个奥林匹克的胜利者是非常光荣的。不过，他又认为那个父亲对生活过于留恋了，这是不合适的。因为生活总是会展示一些受到命运打击的东西。

现在我已经用几句话就给你做了回答。这种回答，在我看来，都是很充分的。因为你已经认可②死人是处于无恶的境况之中的。我一直试图充分说明形成你们这样认识的原因是什么。我发现你们这样的认可可以使得我们在渴望和悲伤中获得很多安慰。而我们自己的悲痛，在我们论述中所表现的悲伤，则只能用一种自我调节的精神来承受。这样精神表现得好像我们不热爱自己似的；如果我们相信这些说法，相信那些被剥夺了生命的人是恶，相信他们还对恶有一些感觉意识，根据日常信念想象出这些死去了的人中还有恶的话，那么，死亡就会被认为是一种不能够忍受的痛苦。这一直是我希望在心里杜绝和消除的观念，如果能够这样的话，那么，我就可能会活得更久一些。

47. A：你活得更久？我不是这样想的。在你所说的第一个部分，你让我向往死亡，但是，在你所说的后面部分，有时你又让我感到不希望死亡，有时又让我感到不要烦恼。不过，你所说的最终结果就是让我相信死亡中是没有恶的。

M：那么，我们是否还需要像修辞学家通常做的那样再加一个结束语吗？或者说我们还有时间完全回到修辞学里去吗？

M：不，不要回到修辞学这门技艺中去了。因为你在修辞学中已经获得了很多荣誉。这是一个很好的理由。应该将第一位讲述这样真理的荣誉授予给你。不过，那个结束语是什么呢？无论如何，我还是想听一听。

---

① 这句话引自品达（Pindar）的《品达凯歌》第10段第22节。那上面是这样说的："在那个智慧之人眼中，幸福和高贵是自己手或脚的高超技艺成功的展现，赢得胜利就是他们勇敢和力量的证明。他已经看见他儿子也机智地获得了帕提亚（Pythian）的皇冠。但是，他已经不能升上那个金色的天空。"因为他已经达到了人类幸福的顶点。他不可能再有其他任何希望了。

② 参见§14。

第一章 论鄙视死亡

M：在专门研究时，实际上引述的都是永恒的诸神对于死亡的认识，而不是个人想象形成的看法，其实就是都在使用类似希罗多德（Herodotus）等很多作者的权威。我们首先想到的是克勒欧比斯（Cleobis）和比童（Biton）的故事，他们是女祭师阿格斯（Argos）①的儿子。这是一个著名的传说：宗教仪式要求每年有一个固定献祭的日子。在那一天，一个四轮马车拉着她，因为从那个城到献祭的圣地还有一段距离。那些马拉着她慢慢地行走，而那些我现在称之为年轻的人，脱下了衣服，将油涂抹在身上，坐在车的前面。根据这个传说，她的儿子们驾驶着这个马车，以这种方式将那个女祭师带到了圣地。她向女神请求，希望她能够将神给予人最大的恩惠给予她的子女，让子女们相亲相爱。在同他们的母亲共享美食之后，这些年轻人就睡了，到了早上，人们发现他们已经死了。据说特洛佛尼乌斯（Trophonius）和阿伽麦德斯（Agamedes）也向神提出过类似的请求。因为在完成了给德尔菲（Delphi）的阿波罗（Apollo）建造神庙之后，人们开始信仰阿波罗神了，希望阿波罗回报他们的辛勤工作。尽管这些说法并不是很明确的，但是，最好的回报给予人则是明确的。阿波罗已经认识了他们，他保证给他们三天的回报。在随后而来的第三天，人们发现他们已经死了。人们说这就是这个神给出的明确说法，这种神与其他神是不同的，因为其他的神都允许将预言作为礼物。

48. 色勒努斯（Silenus）②的故事进一步告诉了我们这样的事情。按照传说，米达斯（Midas）俘虏了色勒努斯（Silenus），为了让米达斯释放自己，色勒努斯（Silenus）答应给米达斯一些告诫：他告诉这个国王，对于人来说，出生根本就不是一件好事，尽可能地早死才是最好的事情。欧里比德斯（Euripides）在他的《克瑞斯丰忒斯》（Cresphontes）中说出了下面的格言：

> 整体房间充满了悲伤，我们要哀悼死亡的朋友。当我们认为人类生活是痛苦时，一个男孩又公开地来到这个世界。而只有死亡才能够

---

① 《希罗多德》第1章第31节。(Hdt. 1.31)。
② 色勒努斯（Silenus）是一个半神半人，系狄欧尼苏斯的照顾者和侍者。

终结他今后痛苦而艰辛的生活。因此，让我们还是赞美和祝福这位过世的朋友吧。

在《卡兰托尔的安慰》（*Consolation of Crantou*）中也有同样的思想。因为卡兰托尔说，一个特里达（Terina）的爱里色乌斯人，当他儿子死亡时，他感到了无比悲伤，就去了一个能够唤起他某种精神回忆的地方。① 在那里，当他在思考他为什么会有如此悲伤的不幸之事时，他看到了在一个纸牌上对他写下的三句话：

> 在生活中人总是无意地漫游。
> 只有死亡才使得伊乌泰诺乌斯赢得了命运的尊严。
> 所以，死亡是他自己和你们最好的结局。

通过引用这些故事和类似的权威，修辞学家们认为在葬礼上不朽的诸神，在事实上已经给出了他们对人的判决。例如，阿尔西达马斯（Alcidamas）是古代第一个被认可的修辞学家。其实，他写了很多关于死亡的文字，其中有许多文字都揭示出了人类的恶；他并不像哲学家那样对此有过深入的研究，因为他并没有给出他这样认识的理由。但是，他还是在这些价值问题上显示了他的雄辩才能。那些自愿为国家献身的死亡，修辞学家们认为它不仅是高贵的，而且是幸福的。他们提到了厄瑞克修斯（Erechtheus）。他的女儿就是为了他们城邦公民的生活而主动要求去死的。他们还给出了关于科德鲁斯国王（Codrus）的传说，据说为了避免让敌人认出他来，他借用了一个奴隶的服装而混入敌人之中，随后他又在敌人中换上自己的国王服装。因为一个神谕告诉他，如果他死了，那么，雅典就可以获得胜利。他们还提到了麦诺伊色乌斯（Menoeceus）②的事例，在这个传说中也有相似的预言。因为预言中也说为了祖国，他必须将他身

---

① 参见§37。
② 麦诺伊色乌斯（Menoeceus）是克瑞龙（Creon）的儿子，特贝斯（Thebes）的国王。为了服从先知提瑞色亚斯（Tiresias）的预言，他牺牲了自己的生命。因为该预言说，只有麦诺伊色乌斯本人牺牲他的生命，他的国家才能够获得胜利。厄瑞克修斯（Erechtheus）和科德鲁斯国王（Codrus）都是传说中雅典的国王。

体上的血液流尽,他的祖国才能够获得战争的胜利。爱菲吉尼亚(Iphigenia)请求,她将在阿乌里斯(Aulis)做出她的牺牲,"通过她自己的血液,她让敌人静脉之中的血流出来了"。

从那个时代以后到现在,他们提出了很多改进。

49. 修辞学家经常提到哈莫狄乌斯(Harmodius)和亚里斯托吉彤(Aristogiton)。斯巴达人勒欧尼达斯(Leonidas)、特贝斯(Thebes)的爱帕米洛达斯(Epaminondas)论证了很多修辞学的问题。他们没有见过我们这些罗马的修辞学家。为此,我们也可以开出一个长长的名单:他们中的很多人,正如我们看见的那样,将把选择死亡看作一种荣耀。因此,我们应该利用口才能力在讲台上将这样的思想传达给人们,让人们开始希望死亡,更确切地说,停止人们对于死亡的害怕。一方面,如果死亡被认为不是"虚无",而是不过换了一个地方生活的话,那么,我们在死亡中还希望一些什么呢?另一方面,如果死亡是被认为完全是一种毁灭或摧毁的话,那么,闭上眼睛去想一想,这样的死亡会比在艰辛生活中进入睡眠或者进入永久睡梦中的死亡更好吗?是这样的吗?恩尼乌斯(Ennius)说的要比梭伦(Solon)说的要好吗?因为在我们的诗中是这样说的:

> 如果是要我对死亡尊重的话,那么,人们就会流泪或者是对我的骨灰流泪。①

但是,在此,你们睿智的梭伦这样说道:

> 如果对我的死亡流泪的话,如果我们将悲伤留给我们的朋友的话,那么,在埋葬我们时,他们就会有痛苦。

对我们而言,如果死亡正如同是神给我们的判决,让我们生命消散的话,那么,我们就应该愉快地、感谢地服从。一方面,为了可以踏上那条对我们明确指示出的永恒回家之路,死亡使得我们认为我们已经从监狱中

---

① §34,参见附录二。

解放出来了，我们已经摆脱了我们身上的枷锁，我们已经摆脱了所有的感觉和烦恼；另一方面，如果神并没有给出过任何判决的话，那么，在我们心中都应该有这样的相同观念：对于我们，死亡意味着希望，虽然其他人对此好像感到恐惧。因为我们会认为死亡中并没有任何恶，它不过是永恒神或自然的安排，它也是万事万物的母亲。因为我们的出生和应有的权利以及人出生并生活在某个部落都不是盲目或偶然产生的，而完全是有一种力量在监视着人类所形成的。在遭受了全部痛苦之后，人就会落入死亡这样永恒之恶中：让我们把死亡看作为我们准备的一处避难所或躲避难民的地方。整个人生旅途是多么的飘浮不定呀！但是，如果相反的风把我们吹了回来，那么同样地，不久之后我们又将面临死亡这个相同的问题：一切人类都有痛苦，还是只有一个人遭受痛苦呢？

这就是结束语。这样，你会认为任何事情都考虑到了。

A：确实是这样的。我可以告诉你，你的结束语确实对我是很有帮助的。

M：也许我会说，它还是很优秀的。但是，现在让我们对健康问题留一点空余；然而，明天是我们停留在图斯库兰的日子，我们还会再来讨论这些问题，特别是涉及一些减少压力、恐惧和贪婪等问题。因为在这里可以得到整个哲学领域中最丰富的成果。

第二章 论忍受痛苦

1. 一方面，在恩尼乌斯①（Ennius）的悲剧中，勒欧普托勒慕斯（Neoptolemus）说他仅仅做了一点点哲学家所做的事情，因为他做的其他一切，人们都认为不是一个哲学家能够做的；②另一方面，布鲁图斯（Brutus）对我来说，也"应该"是一位哲学家。因为首先每一次当我无事可做时，我会忙碌什么呢？那时，我在忙碌对哲学有利的事情。当然，并不是像勒欧普托勒慕斯所说的那样是"做一点事情"就可以成为哲学家的。因为在哲学中如果不花费大量精力或所有的精力，要得到一点哲学知识是很不容易的：不花费大量精力或所有精力肯定不能得到很多哲学知识而只能得到少许的哲学知识。然而，这一点点的哲学知识不可能使人能够继续保持对于哲学的渴望。尽管如此，正如勒欧普托勒慕斯所说的那样，在士兵的生活和一种忙碌的生活中，就是这样一点点的哲学知识也可能经常给人们带来很大的利益并获得丰富的成果——即便这些成果并不是整个哲学园地里栽培出来的丰硕果实。尽管如此，这样的果实有时也是让我们摆脱贪婪、痛苦或恐惧的工具。例如，正如最近我们在图斯库兰家中所讨论的一样。这样的讨论可以产生对于死亡高贵的蔑视，让灵魂摆脱对

---

① 在恩尼乌斯的悲剧中，见附录二；关于勒欧普托勒慕斯（Neoptolemus），参见 I. §85。

② 在柏拉图的《高尔吉亚》484C，卡里克勒斯说："哲学无疑是一样令人愉快的东西，苏格拉底，只有人在恰当的时候能够有节制地学习哲学。但是，如果花费过多的时间去学习哲学，那么哲学就是人的祸根。这是因为即便是一个人天性适宜学习哲学，但是如果他沉迷于哲学太多的时间，那么他一定会变得在日常事务上毫无经验。而这些事务是一个值得钦佩的好人应该去思考、去熟悉的。"参见柏拉图《柏拉图全集》，第113页。也可参见塔西佗（Tacitus）的《阿格里可拉传》的第四章。在这一章中，他说阿格里可拉"是罗马军团的将军。一方面，他要深入地研究哲学；另一方面，作为罗马元老院的元老，他还要考虑法律问题以及他还会热情地研究理智灵魂等问题"。参见［古罗马］塔西佗《阿古利可拉传日耳曼尼亚志》，马雍傅正元译，商务印书馆2018年版，第3页。但是，中译相关章节和西塞罗引用的相关内容有差异。

于死亡的恐惧而安定下来。这种价值也是很大的，因为对于必然性感到畏惧的人，在生活中，他的灵魂是绝不能够平静的；不过，对死亡没有恐惧的人，不仅仅是因为他知道死亡是不可避免的，而且还因为他对这一不可避免的死亡是毫无畏惧的。与此相应，他将把追求生活幸福作为他寻求的价值目标。当然，我很清楚很多人都迫不及待地想反对我的这一观点，除非我什么都不写，否则，如果我写出了这些思想，那么我就不能够阻止人们对我的反对，因为我采用的都是演讲形式，因此，我的目的就是要想让多数人赞同我的观点。（因为演讲就是一门日常技艺，口才真正的目的就是要赢得听众的赞同）[①]——如果发现还是有一些批评家拒绝赞美一切事物，除非是他们认为他们可以成功地效仿那个事物；如果发现还是有一些批评家将他们自己能力的高低看作演讲中最高关键的争论；当他们发现他们自己用洪水般的思想和文字将对方压倒时，他们可能会认为他们宁愿他们自己贫乏一些、无效一点，而不愿意有那样多的奢侈。这就是演讲的阿提克风格（Attic style）的起源。[②] 而一些声称可以模仿这种绅士风格的人对此却毫无了解。这样，这种风格逐渐演变成了一种对于法庭上笨拙嘲笑的形式——那么我们还要做什么研究呢？显然，我们现在知道我们已经完全没有条件依赖我们先前所依赖过的大众。[③] 因为几乎没有法官喜欢哲学。就哲学自身的目的来说，它不仅要避免多数而且它还会将多数变成为它怀疑的对象，哲学是不喜欢多数的。这样，如果任何人想要辱骂所有哲学的话，那么他一定可以得到流行意见的支持，或者是如果他要攻击一个我们所赞同的哲学流派的话，他就可以从另一个哲学流派得到强有力的支持，从而来辱骂我们所赞同的哲学流派。

2. 然而，在我的《荷滕西斯》（*Hortensis*）或《论哲学的劝勉》

[①] 在《布鲁图斯》中，西塞罗说过，一个优秀的演讲人就应该使得人们认为他是唯一的演讲人。

[②] 古代人认为演讲有三种风格：阿色阿提亚（Asiatic）、阿提克（Attic）和拉狄亚（Rhodian）。阿色阿提亚的风格是丰富而悠长的；阿提克的风格是简单而简明的；拉狄亚的风格在前两个风格之间。按照西塞罗的说法，对于阿提克风格模仿的罗马人，为了避免装饰过多和过于悠长，他们会提倡简单而朴素。

[③] 西塞罗说一些自称是阿提克风格的人批评他先前所做的演讲，认为它们很夸张，但是，那些演讲却很受欢迎。当他能够不再考虑演讲的欢迎程度时，在他新风格中又会产生什么东西呢？

(*Hortensius*) 一书中，我们已经从整体上回答了哲学辱骂者们所提的问题，而我们所使用过的学院派的四本书，是进行过严密而精确的研究的。这些主张也是学院派具有代表性的主张。无论如何，我们不但不会去驳斥那些批评，反而会衷心地欢迎这些批评。因为即便是在哲学最好的时代，希腊哲学都不是从那些持续对哲学的辱骂和反对中获得极高荣誉的。

为此，我鼓励所有有能力的人去重新获得希腊时期在哲学研究领域所获得的声誉，并将这样获得声誉的方式传递到这个城市。现在的反思研究已经不能够理解希腊哲学了，正如同我们这里祖先所做的那样，靠着他们不屈不挠的努力，传递给我们很多让哲学获得声誉的细节。因为在演讲中，即便从一个很小的问题开始，他们最后也要讲到顶点，正如一切事物中具有的自然法那样。简而言之，任何事物总是会衰败的，好像注定到最后都会变成什么都不是了。因此，在这些坏的日子中，我们只能通过从拉丁文学中产生出来的哲学，才能够知道我们支持和服从什么样的思想是没有矛盾的，什么样的思想是需要加以驳斥的。确实，这一情况对于那些守法、极力维护某些日常一般观点的人来说是难以忍受的。[①] 他们被迫困住了手脚，只会去服从那种以无矛盾观点为基础而提出的义务；平时他们是不会赞同那些观点的。不过，他们的指导还是有可能的，因为人提出的任何观点都不可能是真理本身。因此，我们也不会执着而又愤怒地去驳斥这些观点。

不过，一旦这些研究传递给我们，我们甚至都不需要希腊文献了。因为这些研究涉及很多作者和大量的书籍。据说对于同样一个问题，很多人都写了相关的书籍，因为在那个时代，整个世界到处都可以见到他们的书籍。如果这里的很多作者也发表他们的那些研究，情况也会是同样如此。

如果我们能够的话，我们就要鼓励那些受过人文教育、具有准确争辩能力的人，让他们按照一定的规则去研究哲学问题。

3. 对于那些希望别人叫他们哲学家并据说是写了很多拉丁文书籍的那些人[②]，我不会轻视他们，因为我从来没有读过他们的文字。不过，从他们自己的说法来看，这些作家在他们的文字定义、文字结构、准确性和

[①] 就像已经破产的债务人要慢慢变成债主一样。
[②] 参见 I. §6。他提到了阿玛菲里乌斯（Amafinius）和其他一些流行的伊壁鸠鲁主义作家。

风格等方面的看法，对于健全的学者来说都是没有意义的。然而，在他们自己看来，他们表述自己的观点是没有任何问题的，所以我不明白他们为什么还要相互去看那些同他们观点相同的书籍。对于所有人，甚至那些不接受他们教导的或者不是他们狂热信徒的人来说，通常都是读柏拉图和苏格拉底学派的著作。读过这些著作之后，就读他们学生的著作。而批评他们支持者的那些人，几乎都会去读伊壁鸠鲁和麦特柔多卢斯（Metrodorus）的著作。[①] 同样地，一方面，这些拉丁作家仅仅只读那些赞同他们观点的书籍；另一方面，我们的观点是在写作中所写出来的，任何东西都应该适合所有受过教育的读者们的口味，如果我们自己的写作达不到这样的要求，那么这就说明我们在写作时的努力还没有达到写作的目的。根据这样的考虑，我总是会选择漫步学派和学院派论证问题的规则。这不仅是因为我认为他们的规则是在具体而特殊事情上有可能发现真理的唯一方法，而且是因为我认为它们也是在演讲中最好的实践方式。亚里士多德首先使用了这个方法，以后一些人跟随着他也在使用这一方法。不过，当我们想到过去的时光时，我们就想到了菲洛（Philo）[②]，因为我们曾经经常听他的演讲。有时他会给我们一些修辞学家教导的实践法则，有时一些哲学家也会给我们另外一些实践法则。我的一些朋友向我介绍了这个实践方法。在图斯库兰姆的房间里，我把时间做了分配。在凯撒来访问的前几天，早上的时间主要用来练习修辞学；下午到了阿克狄米（Academy）健身房进行讨论。[③] 我没有使用其他的叙述方式，我能够做的就是尽可能把我们实际的讨论用准确的话语表达出来。

4. 当走到健身房附近时，我们开始了讨论。讨论是从人的漂亮这一特征开始的。

A：对我来说，要表达出愉快或者准确地说要表达出从昨天讨论中得

[①] 麦特柔多卢斯（Metrodorus）是伊壁鸠鲁的学生，在《菲里布斯》中，被西塞罗称为"伊壁鸠鲁第二"。他与在 I. §59 节中提出的同名的麦特柔多卢斯（Metrodorus）并不是一个人。

[②] 拉里萨（Larissa）的菲洛（Philo）给学院派带来了一些同斯多亚学派相近的教学方法。他在公元前88年来到罗马，西塞罗同他认识并很热切地听了他的讲座。

[③] 在图斯库兰别墅里，西塞罗有两间健身房，高级一点的叫伊色乌姆（Iyceum）；低级一点的叫阿卡狄米亚。凯撒拜访西塞罗的时间在《书信集》第十三封信中的五十二段（Ad Att. XIII.52）中有记载：凯撒同西塞罗谈论相关事务到中午，然后沿着河岸散步（有可能还在别墅里的健身房锻炼了一下），随后沐浴，在经过一段谈话时间后，大约在中午1点半吃饭。

到愉快的情感是不可能的。虽然我对生活还没有焦虑过度，但是恐惧和痛苦的阴影偶尔也会占据我的心灵。我会想到总有一天这样轻松的日子就会结束，所有舒服的生活都会终止。基于这样的忧虑，相信我，我已经得到了很大的安慰，因为我认为任何事物都不应该成为焦虑的根源。

M：这不用惊讶。因为这些看法不过是哲学作用的表现而已——这是一个自然学家关于灵魂看法。这种看法消除了我们空虚烦恼的负担，让我们免除欲望的压迫，消除了恐惧。但是，哲学的这种作用或影响对于每个人来说是不同的——它对坚持认为这样观念的人的影响会更大一些。正如古老格言所说的那样："时运会帮助勇敢者。"然而，这并不是真实的。哲学思想在更高的程度上强调了这样的看法，哲学的教导强化了勇敢这类品质。显然，在你出生时，自然就给了你某种高尚和忠诚的精神。这样精神会轻视尘世中的事物。这样，那些不要畏惧死亡的演讲就给勇敢的灵魂找到了一个安顿自己的地方。但是，除了少数几个人，你认为对那些发现、论证并写出这些观点的人，这些观点真的有影响吗？几乎没有哲学家能够按照理性要求，努力地去寻找生活的法则和原理！几乎没有哲学家会认为他们哲学派别中的主义不是知识而是生活的法则！他们总是用那些服从于自己的主义，并用这样的主义控制自己的意志！这些哲学学派中的一些人从来就没有信奉过任何主义，因为我们可以看到他们会因为自己如此的轻浮和虚荣而受到责备，这对他们来说已经是很好的了。我们还可以看到另外一些人，他们不是想获得名声，而是想获得贪婪之心，这就像很多奴隶具有贪婪之心一样。这样，在他们公开演讲的词语与他们的生活之间就会形成一种奇怪的矛盾。[①] 这对我而言，如果有这样的矛盾便是一种巨大的耻辱，这好像就是一个语法家还要犯语法错误一样，或者是一个希望人们将他看作音乐家的人在唱歌时跑调一样。在自己熟悉的专业知识问题上不能够给予合理的说明，这个事实是专业人士的巨大耻辱。同样地，不研究自己生活法则的哲学家也是很耻辱的。因为作为老师，他没有搞清楚什么是义务，对于生活行为也不能够给予说明，虽然哲学这个学科就是要求对这些生活法则给予说明的。

---

① 参见朱文纳尔的《讽刺诗集》第二首第三行（Juvenal，Sat. II.）。他说到了一个假装斯多亚学派的人，说他就像是一个"在希腊酒神节上惟妙惟肖模仿法官的人"。

5. A：如果真是你说的那样，那么我们就没有理由担心你会将哲学看作无用之学科？有什么有力的证据能证明哲学无用？能够找到受过严格训练的哲学家还过着耻辱生活的实例吗？

M：确实没有证据，因为并不是所有开垦过的土地都能生产出果实，阿克乌斯（Accius）① 的这条格言就是虚假的：

> 虽然优良的种子种在了一块贫瘠的土地上，但是，靠着优良种子自己具有的本性，它仍然有可能长成丰硕的庄稼。

同理，不是所有受过教育的心灵都能结出果实的。而且，还可以深入地比较，就如同一块土地那样，虽然土地肥沃，但是如果没有人去耕耘，这块土地仍然不能结出果实；同样地，如果灵魂没有受到培养，灵魂也不能结出果实的。所以，真实的情况只有土地而没有人去耕耘；只有灵魂而没有对灵魂的培养，这些都是无用的。现在哲学就是对灵魂的耕耘——哲学会从根本上清除灵魂中的恶习，如果我们可以这样说的话，清理后的灵魂适合接受种子，保证种子在灵魂里成长。在灵魂里播种下的这些种子，在充分生长后肯定会长成最丰富的果实。现在让我们继续讨论刚开始讨论的问题。如果你愿意的话，那么，请告诉我刚开始讨论的是什么问题。

A：我认为痛苦就是恶之中最大的恶。

M：痛苦这样最大的恶比耻辱这样的恶更大吗？

A：我收回我刚才所说的观点，对于我这么快就改变我的观点，我感到羞愧。

M：如果你坚持那样的观点，你会更加羞愧的。对你而言，什么事情是被看作更坏而没有价值的呢？是不是耻辱、犯罪和卑鄙？为了避免这些没有价值的事情，我不是说抛弃它们，我们就能够忍受我们所遭遇的痛苦，尽管忍受这些痛苦并不是我们自愿的。

A：我完全是这样想的。所以，我保证痛苦确实不是最大的恶，但是它也是一种恶。

M：我简单地提醒一下，你认为死了的人摆脱了多少你所谓的痛

---

① I. §105。参见附录二。

第二章 论忍受痛苦

苦呢?

A:我想得很清楚。但是,我还要做进一步的解释。

M:好吧,我来试一试,因为这是一件严肃的工作,我需要一个没有任何抵抗的灵魂。

A:这是你的考虑。因为从昨天到今天都一样,我都会继续讨论这个问题,无论它把我引向何方。

6. M:首先我将分析不同哲学学派中一些哲学家思想的不足或弱点。从影响和年代上看,在哲学家之中第一位提到这个问题的是苏格拉底学派的亚里士提普斯(Aristippus)①,他明确地说过,痛苦就是主要的恶;其次是伊壁鸠鲁本人提出的一种温柔的观点并以此来同人们坚守的主流观点相对抗。在他之后是罗德岛的黑尔罗里穆斯(Hieronymus)②,他说过最高的善就是摆脱痛苦——他认为痛苦中隐藏着很多的恶。其他还有芝诺(Zeno)③、阿瑞斯托(Aristo)、皮浪(Pyrrho)等人也研究过这个问题,他们的观点同你现在具有的观点大致相同,都认为痛苦是一种恶。但是,他们也认为还有比痛苦更恶的东西。然而,我们看到,虽然自然的本能和朴素的价值感会立即反驳你的痛苦就是最大恶的看法,但是,当你面对耻辱时,它会强迫你放弃你的这种看法。不过,作为生活的老师,哲学很多个世纪以来都是坚持这样的看法④,一个人会很快说服自己接受痛苦就是最大恶的观点,那么他还会忍受肉体的痛苦去寻找获得义务、荣誉和高贵等价值吗?如果真要去寻求,那么什么样的义务、什么样的荣誉、什么样的高贵,会有价值呢?进一步说,如果一个人曾经认为痛苦就是最大的恶,那么为了避免痛苦,人们不能够忍受什么样的耻辱和堕落呢?而且如果人被卷入最大的恶之中,当人突然被一种巨大痛苦伤害时,甚至当人意识到痛苦可能会降临时,人是不能够感到痛苦吗?除了人之外,还有什么

---

① 亚里士提帕斯(Aristippus)是苏格拉底的学生,居维勒学派的奠基人,他们都认为快乐的时刻就是最高的善。
② 希罗尼穆斯(Hieronymus)属于漫步学派,生活在大约公元前300年。
③ 对于芝诺,参见Ⅰ.§19;阿瑞斯托(Aristo)是芝诺的学生;皮浪(Pyrrho)是画家,并一直伴随亚历山大大帝远征;他也是怀疑派的奠基人。
④ 西塞罗已经排除了芝诺、阿瑞斯特和皮浪。因此,在这里他并不是指所有的哲学家,而是指认为痛苦就是一种主要的恶的那些哲学家。

东西能够感到痛苦呢？根据这种分析，我们就只能得出绝对没有人是幸福的这个结论。但是，麦特柔多卢斯（Metrodorus）① 却又认为人总是幸福的，因为人有良好的结构和自信，人总是享受这种自信——但是，谁又能够有这样如此的自信呢？

7. 对于伊壁鸠鲁来说，我以为他的说话方式所具有煽动性是可笑的。不过，也只是可笑的而已。例如，在一个段落里，他提出如果一个聪明之人被激怒了，如果他受到折磨——或许你会等着对他说："你要顺从，你要忍受过去，你也不要放弃的"——赫拉克勒斯（Hercules）是高度赞赏这种态度的。我提出赫拉克勒斯的名字是因为他是伟大的诸神中最有价值之神。但是，对于伊壁鸠鲁来说，这是不够的。他需要的是一种顽强而严格的精神；如果这个聪明之人发现自己已经进入了梵拉瑞斯（Phalaris）的公牛里②，他将会说："多么舒服，在里面是多么的正常！"真的是"舒服"或者是真的"没有痛苦"吗？没有"一点点不舒服"吗？然而，另外一些特别的哲学家③，他们否认痛苦是恶的观点。这些哲学家通常肯定不会说即便是受到折磨也是甜蜜这类话的；他们会说，它们只是同自然相反而已，它们是不愉快的、困难的、仇恨的等。但是，这些并不是恶。伊壁鸠鲁说痛苦仅仅是恶，是所有恶中最坏的恶。他认为聪明之人将会把痛苦看作一种快乐。对我来说，我不要求你像伊壁鸠鲁那样去认识痛苦，你知道的，我所要求的是对于热衷于快乐的人，如果他愿意的话，让他说出当他在梵拉瑞斯的公牛中和他在自己床上是一样的话，如果他还能够说的话——我并不是要用智慧这样神奇的力量去反对痛苦。如果一个智慧之人能够忍受痛苦，完全在于他在履行自己的义务。我并不要求他对于痛苦要感到高兴，因为无疑痛苦是一件悲伤的事情，是令人不快、令人厌恶、令人讨厌的自然事情，顺从和忍受痛苦都是很困难的。看看菲罗克特斯（Philoctetes）那可以让人原谅的痛苦的呻吟吧，因为他已经看到过强大的

---

① 参见 §.8。

② 梵拉瑞斯（Phalaris）是公元前6世纪西西里亚一个暴君，他在一个黄铜制作的公牛里烧死他的受害者。为此，伊壁鸠鲁说一个智慧之人即便在烤架上，他也会感到幸福，希腊文为"弯曲"（κἂν στρεβλωθ-）。

③ 指斯多亚学派。

第二章 论忍受痛苦

赫拉克勒斯在欧伊塔（Oeta）处于痛苦的困境中所高声发出的尖叫声。①因此，赫拉克勒斯给这位英雄射上一箭，就是让这位英雄只能去接受痛苦。在这种时候：

> 他整个肉体上的静脉就像被毒蛇咬了一口，毒液感染了整个身体，痛苦残酷地折磨身体。
> 这时他大叫着，渴望借助一些帮助立即去死：
> 咳！谁能够通过海浪送一些海盐送给来自高山悬崖之巅的我？
> 现在，伤口的疼痛、溃疡的炙热已经使得我异常痛苦。
> 这样的痛苦使得我很想杀人。②

当以这样的方式被强迫哭喊时，很难说菲罗克特斯不是已经处于恶或严重的恶之中。

8. 让我们去看看赫拉克勒斯。在痛苦压力下的那一刻，他已经不能够控制住自己。死亡自身已经将通向永恒的大门向他打开，在索福克勒斯的《特拉基斯妇女》中，他发出了怎样的叫喊呀！

当戴安伊娜（Deianira）将那件浸泡了圣塔乌尔（Centaur）血的衬衣让赫拉克勒斯穿上后，他突然感到他的肉体有一种火烧全身的痛苦，他说道③：

> 多么残酷呀！我完全不能够忍受了。
> 耗尽了身体和灵魂的痛苦！

---

① 菲罗克特斯（Philoctetes）是泊伊亚斯（Poeas）的儿子。如果他同意去点燃火烧赫拉克勒斯（Hercules）的柴堆，那么，作为回报，他就可以得到赫拉克勒斯的弓和箭。在特洛伊战争中，菲罗克特斯受伤了，他被赫拉克勒斯的一根毒箭射中了脚部，他那痛苦的叫喊迫使希腊人撤离了他所在的勒蒙罗斯岛（lemnos）。

② 这里和先前的诗句都是来自阿色乌斯的菲罗克特塔（the Philocteta of Accius）。参见附录二。

③ 西塞罗翻译了索福克勒斯的《特拉基斯妇女》中 1046 各行。因为半人半马的内萨斯（Nessus the Centaur）侮辱了赫拉克勒斯（Hercules）的妻子戴安伊娜，赫拉克勒斯就用侵染着海德拉（Hydra）血的毒箭射向内萨斯并杀死了他。内萨斯劝说戴安伊娜要让爱情更有魅力，就要收集一些他受过毒液侵染的血。随后，爱欧乐在嫉妒的作用下（jealous of Iole），让戴安伊娜将一件浸泡了内萨斯血的衬衣送给了赫拉克勒斯。参见《罗念生全集》（第 3 卷），《索福克勒斯悲剧五种》，第 239 页。

不是朱诺的巨大愤怒难以调节，
也不是黑暗的尤瑞斯德斯（Eurystheus）[1] 带给了我很多的恶，
而是奥勒乌斯（Oeneus）那个疯狂的女儿，
她用一件不是编织成的长袍网住了我。
就像在地狱之中那样，我的肉体不停地被撕裂和咬破，
我那颗气喘吁吁的肺已经快被窒息了：
现在我的血已经被吸取，我的血已经不是血了。
经过这场可怕的灾难之后，我的力量也已经耗尽；
我陷入了会将我们毁灭的境遇之中，
不是敌人的手，也不是尘世那一大群人会将我毁灭。
与巨人之战[2]，我不会受到两种自然形式的攻击
与圣塔乌尔之战，伤害了我的身体打击，
与没有希腊的力量，没有未开化的野蛮，没有把那些残酷部落驱除在尘世的界限之外比较，
我惊讶那些净化过的所有土地，但是，我是一个男人，一个被妇女之手杀死的人而已。

9. 哦，儿子[3]——对你的父亲，这个称呼是真实的，陛下。
不是我的死就可以让母亲的爱盛行，而是只有子女的手才能艰难地将母亲带到这里，
现在我就可以看到你是选择我还是母亲？
来吧，面对这一切，我的儿子！为你父亲巨大痛苦流泪吧！
多么可怜呀！那些民族将流下悲伤的眼泪。
啊！想到我的嘴唇能说出姑娘式的哀悼，
没有人看到了谁在生病中的呻吟。
残暴是我的性格，失误后才会变得优柔寡断。
靠近一点吧，儿子，站到我的身边来，看看我多么可怜呀！
你父亲的身体在这里被乱切，被撕裂！

---

[1] 强加给赫拉克勒斯"十二次劳动"的人。
[2] 指在菲勒格拉伊恩（Phlegraean）平原展开的巨人与诸神的战役。
[3] 海卢斯（Hyllus）是赫拉克勒斯与德安里拉的儿子。

第二章 论忍受痛苦

看到这一切,你将引来诸神。我请求你,让诸神抛弃我吧,让电闪雷鸣给我惩罚吧!

现在这个火葬的架子上正是拷问我痛苦的时机。

慢慢地加火吧。烤问我那曾经凯旋的手,曾经凯旋的胸、曾经凯旋的后背、曾经凯旋的手臂上的肌肉吧,

你曾经用你的手紧紧抓住了聂蒙(Nemean)的狮子,狮子张开嘴,露出獠牙,气喘吁吁,最后痛苦的死去了吗?

还是这双手,当它把那只九头蛇杀死之后,平息了勒纳(Lerna)的恐惧。那个令人厌恶的蛇,当它被压碎后,它又可以长出两个头来。

尤瑞斯德斯(Eurystheus)抛弃的那只孤独野兽,即海德拉(Hydra),那条令人讨厌的有三个头的狗。海里克斯要把它从塔塔乌斯(Tartarus)黑暗而幽暗的地狱中带出来。他还要杀死那条缠绕在树上很多圈的龙,因为它一直在看护着树上的金苹果,不让人偷去。这只征服之手面对的是很多艰难的问题,没有一个人能够取得这样多的战利品而获得名誉。如果我们发现海克力斯是忍受了如此痛苦的力量的话,那么,我们还能轻视痛苦吗?

10. 让埃斯库罗斯出场吧,他不仅是一位诗人,而且也是一名毕达哥拉斯主义者。因为这是人们告诉我们的,在他的剧中①表现了普罗米修斯因为偷了勒蒙罗斯(Lemnos)的东西在忍受着痛苦这一主题!

因此据说他把火秘密地分配给了凡人,

他用自己的技艺巧妙地将火偷了出来,为此统治命运之神朱威(Jove)要给他惩罚。

当他被钉在高加索山上接受惩罚时,他说出了以下的一些话语:

泰坦神的后代,血脉将我们相连,

---

① 《被缚的普罗米修斯》是一部遗失了的剧本。作为泰坦(Titans)神之一的普罗米修斯,他从勒蒙罗斯(Lemnos)的乌尔坎(Vulcan)领土中偷了火并带给了人类。据此,他被用链子锁在了高加索(Caucasus)的山上,每天让老鹰撕咬。在这个剧本中,这个泰坦神就是寇茹斯(Chorus)。

诸神的孩子，被绑在那个峻峭的悬崖上，作为一个囚犯，就像在奔腾大海里的一只小船，

胆小的船员们已经将小船停下来，因为他们害怕夜晚。

朱比特，萨图恩（Saturn）的儿子，用朱威的名义要求穆尔色博（Mulciber）① 用他的手将我钉在这里的。

他把那些用残酷技术制作出来的楔子钉在我身上，他又利用了他的一些技能将这些楔子塞满了我的手足，我这个可怜的人呀，

我被刺穿的身体成了复仇女神领地，也成了我的家园。

每到要命的第三天，朱威的仆人，那只野蛮的秃鹰，会阴森地飞到我的头顶，然后突然俯冲下来，用它的爪子勾住我的身体，将我的身体一片一片地撕咬下来，我那饱满的肝脏很快就被吃掉，其他器官也完全被吞噬。我向外发出的阵阵尖叫，响彻云霄。那只秃鹰用带有羽毛的尾巴还要将我的血偷走。

当被咬过肿大的肝脏重新生长起来后，贪心的秃鹰又会飞回来吃掉这些令人厌恶的肝脏。这些痛苦培养我对痛苦折磨的忍受能力，但是，这些无数的灾难又破坏了我的生活方式。

正如你看到的，被朱威的锁链拷着，即便有一只小鸟落在我胸膛，我都不能将它赶走。

我只能等待，在时间中受着折磨。

我希望用死来结束这一切的痛苦。

朱威的力量拒绝了我的这一希望，死亡离我还很远。

几百年来，我都是在这样的安排中度过的。

这样的痛苦命运始终紧缠在我的身上

装饰高加索的太阳使得岩石滚烫，而落下的雨又将高加索的岩石浸湿。

11. 我们只能说受到如此折磨的人是痛苦的。如果我们确定地说他是痛苦的，那么我们就要承认痛苦是一种恶。

A：事实上，到目前为止，你一直都是在为我的观点提供依据。不

---

① 乌尔坎（Vulcan）是绰号。

过，不久我也会发现这些依据的。然而，你引用的那些材料是从什么地方找到的呢？因为我没有看到过它们。

M：我会尽快告诉你的，因为你有权利这样问。你看，你没有看到我有很多闲暇时间吗？

A：看到了。在闲暇时间里，你做什么呢？

M：当你停留在雅典时，你会经常参加哲学的闲暇讨论吗？

A：当然，我经常都是这样的。

M：那么，你就会注意到，虽然在那个闲暇时间里没有人在那里雄辩争论，但是，在他们的演讲中，他们使用了很多诗歌的句子。

A：是的，斯多亚学派的狄奥尼修斯（Dionysius）经常这样做。

M：你说得对。他背诵这些诗歌句子就好像是他在口述一门课程一样，不用选择或专门去挑选那些诗歌。我们的菲洛曾经用过这些诗歌来说明其节奏。他引用的段落选择得很好，也很贴切。到了老年时，我也很喜欢这种类型的学院式的形式①，我也会按照同样的方式给出一些事例，努力使用我们诗歌中的语句。然而无论如何，这样的使用或引用对我来说都是失败的，虽然我也经常从希腊文中翻译一些诗歌，在类似的讨论中，我的拉丁雄辩也不缺乏文采。但是，你注意到了诗歌的危害了吗？它们表现出来的是一个勇敢人的哭泣，它们会使得我们的灵魂衰弱。此外，诗歌还用诗歌的魅力使得不仅要读而且还要用心去体会诗歌的意义。这样，诗歌的作用就如同同一个堕落家庭的规则一样，当它们同一种颓废而孤独阴影下的生活相联系时，就会使得人身上刚毅的力量完全消失。柏拉图②是对的，当他在寻找最高的善和城邦最好的条件时，在他想象出的国家中，他是把诗歌赶出了国家的。然而，我们无疑是要被希腊的事例所教导的。从童年起用心去读和学那些诗歌的语句是作为一个自由人的传统，是对我们的指导和教育。

12. 可是，为什么我会对诗歌感到愤怒呢？德性导师的哲学家们一直认为痛苦是最大的恶。但是你，年轻人，在这个年龄上说了一点点话之

---

① 参见 I.§7。

② 《理想国》II.398A。参见［古希腊］柏拉图《理想国》，郭斌和、张竹明译，商务印书馆1994年版，第102—104页。

后，你就同意了他们的看法。然而，当我问你是不是认为还有比耻辱更大的恶时，在这一点上①，你又放弃了你的观点。看看伊壁鸠鲁是如何回答这个问题的吧，他会说中等程度的痛苦是比最深的耻辱还要坏的。因为只有对痛苦感到羞耻时，羞耻才是恶。当伊壁鸠鲁实际上认为痛苦是最大恶时，他说到的痛苦是什么呢？② 由于我找不出任何比哲学家讲出的耻辱更坏的耻辱了，因此，当你说你认为耻辱是比痛苦更大的恶这一观点时，你就要给我详细说明，如果你草率地认为这是一个真理的话，那么你就将会发现你提出的痛苦观点是有一些困难的。我们不应该努力去问灵魂忍受的痛苦是不是一种恶吗？斯多亚学派构想了一个愚蠢的三段论推理③来证明痛苦不是恶。在他们看来，好像在这个问题上的困难主要是词语上的而不是事实上的。芝诺，他为什么要欺骗我呢？④ 当你说我所看见的那些可怕的东西都根本不是恶时，我就被吸引住了，我想知道这怎么可能是真的呢？我完全看作痛苦的东西现在不是恶了？芝诺说："没有事情是恶的。"除非事情是卑鄙的和缺德的。现在你说的这些也是可笑的，因为你没有消除我痛苦的原因。我知道痛苦不是邪恶，停止教导我吧！告诉我当我在痛苦中和无痛苦中是没有区别吗？"绝不会产生区别的，"芝诺说道："指向幸福生活的根据仅仅的是德性而已，同时会避免痛苦。"⑤ 为什么呢？"不愉快、悲伤或残酷都是违反自然的，而违反自然的都是不能够接受的。"

13. 我们将一个简单的字称之为"恶"，而这个字有多种含义，这完全是一种词语的泛滥。当你说痛苦就是不愉快，你是想要给我一个关于痛苦的定义，而不是相反，要取消定义。违反自然的事情就是人们不能够忍受或忍耐的事情，对此，你没有说谎。但是，在这些空洞的话语掩盖下，你并没有提出你自己的观点。"所有的善都是高尚的，所有的恶都是卑鄙的"——这不过是一种强烈的愿望而不是一种论证。较好的而又真实的

---

① 即我已经直接说过了，§14。

② 伊壁鸠鲁认为羞耻不是一种恶，但是，对痛苦感到羞耻就是恶。因为正如他说过的那样，如果痛苦会引起羞耻的话，那么人应该是要忍受痛苦的。

③ 例如——恶是一种伤害，伤害才产生恶，痛苦没有产生伤害，因此痛苦不是恶。这可能只是词语上的赞同而不是在事实上让人被说服。参见§42。

④ 参见Ⅰ.19。

⑤ 考虑拉丁文和希腊文的"抛弃或拒绝"（Reiectanea）（ἀποπροηγμένα），它算是Reiectanea、ἀποπροηγμένα，会被避免的事物但不属于"恶"。

情况是只要是违反自然的一切事情都应该被称为恶的；只要是合乎自然的一切事情就应该被认为是善的。① 一旦是这样考虑，就会消除词语中的歧义。② 联系到我们称之为高尚的、正确的、变化的，有时还会涉及根据德性做出的理解，我们将发现斯多亚学派是对的——通过比较，斯多亚学派还是展现了所有被他们认为是优秀的事物。时运好像就是没有意义或无价值的。时运仅仅被认为不是恶的东西，甚至在所有的恶之中，同耻辱的恶相比较，时运也是如此。因此，正如你一开始就承认的那样，如果耻辱是比痛苦更大的恶的话，那么显然是没有办法对痛苦进行解释的。因为你会认为呻吟、大声尖叫、恸哭、衰弱和胆怯等都是卑微的，都是对人没有价值的；只有光荣、高贵、传统的价值，以及只有你能够自己控制，让你的眼睛始终都看到这些东西上，那么可以肯定，痛苦将会把我们引向德性，在我们意志的不断作用下，痛苦的影响将会慢慢地减弱。因为在痛苦中是没有德性的，或者说所有的痛苦都会被藐视。你是否认为通过慎重这一德性，我们也不能够充分认识德性的意义？审慎能够允许你去做不能够带来利益或只有浪费你努力而无意义的事情吗？或者是说审慎③这一德性会允许你去行动而没有自我约束吗？告密的人、出卖同伴的人能够实践正义吗？由于痛苦的残酷，受到痛苦折磨的人，他会像多数人那样尽自己的义务吗？我问你，你将如何回答勇敢的要求以及它的培养、灵魂的伟大之处、高贵、忍耐及其对生活变化兴衰的藐视这些问题呢？当你最后被击倒和被征服时，你将会听到一种可怜的声音在哀悼你的命运，它会说："噢，多么勇敢的人呀！"会是这样说吗？如果你遇到的困难很少，那么就没有多少人会去说你。因此，勇敢应该是人们坚持的一种德性，它同时也是埋葬痛苦的坟墓。

14. 怎么，你还没有看到吗？如果你失去一个柯林斯的花瓶④，那么我还可以保证你会得到其他的物品，但是，如果你失去一种德性（然而

---

① 柏拉图、亚里士多德和他们的学生都是这样说的。
② 无论痛苦是恶（Malum）还是不是恶（Reiectaneum）。
③ 西塞罗提到了四种基本德性：审慎或实践智慧（φρόνησις）、节制（σωφροσύνη）、坚韧（ἀνδρεία）、正义（δικαιοσύνη），参见Ⅲ.§16。
④ 金属做成的珍贵花瓶。奥古斯都大帝是收藏家，并将之称为柯林斯的花瓶（Corinthiarius）。参见Ⅳ，§32。

德性是不能够失去的)① ——这就是说，如果你一旦认为自己没有德性的话，那么你不知道你就将什么都不具有了吗?② 你还有可能被看作一个勇敢的人、一个精神抖擞之人、一个忍耐很好之人、一个高尚之人、一个藐视命运之人吗? 如同诗歌里的菲罗克特斯 (Philoctetes) 一样③，其实我并不想用作为我的例子，可是，勇敢这一德性还没有确定，人还处于在他那阴冷的住所之中:

在那里从沉默的墙上可以听到恸哭、哀怨、呻吟和哭泣的回音。④

我从不否认痛苦的实在性——为什么人还要追求勇敢呢? ——而我是说如果仅仅只有忍耐一种方式的话，那么痛苦就只能是用忍耐才能够加以克服的——如果连忍耐都没有的话，为什么我们不赞美哲学，为什么我们自己会夸奖哲学的声誉呢? 痛苦刺痛了你——或者是如果你喜欢被痛苦沉重打击的话; 如果你没有任何措施来保护你的喉管; 如果你处在伏乐甘 (Vulcan)⑤ 的保护之下，那么，这就是坚韧，也是坚持; 然而，如果你不坚持，你就不能够保持你的荣誉，你的荣誉就会失去，你就只能孤独地生活。例如，克里特岛的法律，按照相关诗歌的描述，它是朱比特的决

---

① 对于德性是能够失去还是不能够失去，斯多亚学派是做了说明的。卡里恩德斯说这是"避免" (ἀναπόβλητον，不可失去的); 克瑞色普乌斯说这是"无用之物被抛弃" (ἀποβλητόν，可失去的)。

② 斯多亚学派的观点是所有的德性都是不可分离的。一个人有一种德性便具有了所有的德性。"斯多亚学派认为诸德性彼此伴随，拥有其中一个也就拥有了全部，因为他们有着共同的原则。"参见第欧根尼·拉尔修《名哲言行录》，徐开来、溥林译，第353页，智慧之人做的一切事情都是按照所有的德性来做的。

③ 西塞罗有意地停留了一下，他不是这样说:"菲罗克特斯或你。"

④ 参见附录二。

⑤ 西塞罗指的是阿咯琉斯 (Achilles) 的部队，在他的母亲忒提斯 (Thetis) 请求赫费斯托斯神 (Hephaestus)，也就是伏乐甘神 (Vulcan) 帮助下战胜对方的事情。《伊里亚特》第18章第478节。也可以参见维吉尔的《埃涅阿斯纪》的第八章33节 (Virg. Aen. 8. 33)。在这一节中，维纳斯请求伏乐甘考虑一下她儿子的部队和她的儿子艾尼阿斯。参见[古希腊] 荷马《荷马史诗——伊里亚特》，陈中梅译，中国戏剧出版社2005年版，第410—411页。

定，无论它是朱比特还是迈诺斯（Minos）① 批准的——即便是吕库古（Lycurgus）制定的法律也要教育年轻人艰苦、教育他们打猎和跑步、教育他们忍受饥饿和口渴、教育他们在炎热和寒冷中锻炼。而且在神坛上②，斯巴达的男孩还要忍受暴雨的洗礼：

> 从肉体流出的血像溪流一样涌现。

在我偶尔的访问中，有时甚至我会听到受到这样教育的人死去了。但是，我没有听说他们中有一个人哭过，也没有听说有人呻吟过。为什么呢？男孩能够做到这些吗？男人将证明这些又是不可能的吗？这其中到底是习惯的力量，还是理性的力量呢？

15. 在痛苦与艰辛之间还是有一些区别的。当然，它们之间的关系又是非常紧密的。其中的一个区别是：一方面，艰辛是指在工作中脑力或体力的消耗，或者说是比通常还要严格的一种义务；另一方面，痛苦是身体上不愉快的运动，也是一种令人讨厌的情感。对于这样两件事情，我们的希腊朋友比我们使用的语言要丰富很多。他们仅仅使用了一个简单的术语③，据此他们就称艰辛和痛苦之人都是迷恋之人，准确地说是可爱之人。④ 而我们则更巧妙地将艰辛之人都称为艰辛之人，痛苦之人称为痛苦之人。因为艰辛是一件事情，而痛苦又是一件同情感相关的事情。哦，希腊人呀，有时在你们所使用过的大量词汇中也有不完善的地方呀！我说艰

---

① 因为克里特岛的国王米诺斯（Minos）是一个值得信赖的亲密朋友。《奥德赛》第 19 章第 179 节（Od. 19. 179），朱比特或宙斯就将该法律转达给他了。参见 [古希腊] 荷马《荷马史诗——伊里亚特》，陈中梅译，第 338 页。

② 一年一次在阿尔忒弥斯的欧提亚（Artemis Orthia）神庙（Orthia 是女神阿尔忒弥斯的一个称号）举行的表演。那种竞争在希腊文中被称为"惩罚"（διαμαστίγωσις）。

③ 希腊文中有两个不同的术语：一个是劳动或艰苦（πόνος, labor）；另一个是悲伤（ἄλγος, Dolor）。一个希腊人也许可以向西塞罗说明劳动有时就是指感到痛苦或悲伤，参见 §61，"劳动就是人的肢体剧烈的运动"（Quod vehementer eius artus laborarent）。相同的希腊文和拉丁文的评述参见Ⅲ. §7。

④ "φιλόπονος" 这个词有"勤勉或兢兢业业"之意。与西塞罗相反，卢克莱修（Lucretius）则抱怨"地方言语的贫乏"（Patrii sermonis egestas），塞内卡和昆体良也是如此。希腊人狄罗（Tiro）是西塞罗的文书，他是一个自由人，也是西塞罗的朋友，他可能会被西塞罗的这些言语吓得目瞪口呆。

辛是一件事情而痛苦又是感情的另一种事情。当 C. 马略（Marius）[1] 因为静脉曲张而割断他的静脉时，他感到了痛苦。当在炎热太阳下，他要抬那些柱子时，他感到的是艰辛。尽管如此，在这样两件事情之间还是有某相似之处的。从习惯上说，艰辛要比痛苦容易忍受一些。据此，那些在政府部门中担任职位的希腊人赞同对年轻人的身体进行艰辛的训练；斯巴达的市民提议对于妇女也要进行这样艰辛的训练。在很多城市里，妇女的生活都很奢侈，她们"总是在墙后面的阴影里提出要求"。然而，斯巴达人不希望有任何这类的事情发生。

斯巴达少女关注的是摔跤、阳光浴、割芦苇、清洁和劳动等训练[2]；而那些男生则会受到更残酷而更丰富的训练。[3] 在这些艰辛的训练中，有时会出现痛苦——不能够忍受的人将会被驱除，或停止训练，或在地上倒下。这样，通过艰辛的训练可以使人更加刚毅，以便对付痛苦。

16. 事实上，在军事方面上——我是说我们自己的，而不是说斯巴达人的军事方面。他们在行军中采用笛子伴奏的方式[4]，除了抑扬顿挫的敲打声外[5]，从来不说鼓励的言语——至于我们的"部队"（Exercitus，拉丁文：一支军队），你首先看到的是我们称之为的"部队"[6]；其次是要看到部队的艰辛，看到行军中部队的巨大艰辛；我们的战士要考虑的是准备

---

[1] 参见 §53。马略出生在阿皮鲁孟（Arpinum）一个无名的家庭，是西塞罗的同乡。
[2] 斯巴达的姑娘是要接受跑步、摔跤、铁饼和标枪等训练的。
[3] 这是对拉丁文本加的一个注释。拉丁文"丰富的"（Fertilitas）是指有很多的小孩，例如外国人的 50 小孩，比如，帕瑞玛（Priam）、达纳乌斯（Danaus）、阿吉普图斯（Aegyptus）的小孩。克罗洛斯（Cronos）的妻子拉伊（Rhea）就像是"一位高贵的女神"（induluit fertilitate sua.）。参见奥维德的《岁时记》第 202 节（Ovid. Fast. ⅳ. 202.）。另外一些人则认为"Fertilitas"这个词的含义是很丰富的，具有丰富、奢侈或高贵等意思，相当于希腊文的 πλησμονητωνβαρβαρων 之意。经过校正，现在 futilitas 已经变成了 Teneritas。
[4] 斯巴达人的行军是根据笛子声音的节奏行走的，因此是很慢的。"在行军中，他们总是迈着整齐的步伐。"见修昔底德的《伯罗奔尼撒战争史》第 5 卷第 70 节（Thuc. Ⅴ.70）；还可以参见密尔顿（Milton）的《失乐园》（Par. Lost. Ⅰ.550）：不久之后，他们开始进军，保持着完整的方阵（Phalanx），带着多利安人的心情，在柔和笛声的伴随下，他们迈着愉快的步伐，展现出了英雄那种崇高的高贵精神。
[5] 行军的里程数，——比如在泰尔塔图斯（Tyrtaeus）的诗歌中："斯巴达的将领们都意气风发，都在追求勇敢的美德。"
[6] 按照瓦尔罗（Varro）的说法，它来源于拉丁文"Exercitando"，意思是受过很好训练的人群。

负担部队半个多月的供应、负担个人生活的必需品、负担保护自己的东西——盾、弓箭、钢盔等。这些东西如同战士的肩、手臂和手一样,每一件都不能少,这是战士的责任,武器对于他们来说就是他们的手足。他们将这些东西带在身上,需要时就可以立即冲上战场;如果他们丢掉了这些武器,那么就如同他们丢掉了他们的手足一样。看看罗马军团的训练——快步行走、进攻和战场上的厮杀声①,我们就知道艰辛意味着什么! 因此,战场上给予鼓励可以使得战士们勇敢地面对伤残等情况。同样的鼓励对于没有受过训练的战士几乎是没有作用的,因为他们看起来就像妇女。最近我们已经经历了很多事情,可是,为什么在新兵和老兵之间还有如此大的区别呢②? 通常新兵在年龄上占有优势,而老兵由于经历了很多战争,这些经历使得他们知道忍受艰辛和不在乎伤痛。嗨,我们经常看到从战斗中抬下很多伤员。一方面,那些没有受过训练的新兵受了一点轻伤就会恸哭,说出一些令人感到耻辱的话;另一方面,受过训练的老兵,受过很多勇敢的训练,当他们受伤时,他们找外科医生要的仅仅是绑带,就像欧律皮洛斯(Eurypylus)说的那样③:

> 帕特洛克罗斯(Patroclus),我来帮助你实现你的目的,我请求给予你帮助,在敌人之手将我们残杀之前,(唯一可能的是只有用血流成河来说明我们的忠实可靠。)
>
> 如果用你的智慧能够找到一些方式,死亡也许可以避免,
>
> 很多受伤的人拥挤在阿伊斯库拉皮乌斯(Aesculapius)的儿子们④的门口,
>
> 完全没有人能够进去。帕特洛克罗斯. 现在真该轮到欧律皮洛斯了。

---

① 拉丁文 Baritus,意思就是参加战斗时发出的厮杀声。
② 西塞罗认为在公元前48年,凯撒的部队经验老到,而庞贝的部队则没有受过良好的训练。
③ 这几行好像出自恩尼乌斯撰写的一个悲剧,也许是阿柯留斯,参见附录二。
④ 珀达里瑞乌斯(Podalirius)和马卡恩(Machaon)是希腊的外科医生。参见 [古希腊] 荷马《荷马史诗——伊里亚特》,陈中梅译,第50页。关于欧律皮洛斯(Eurypylus)和帕特洛克罗斯(Patroclus)的见面,参见《伊里亚特》第11卷第804节(Ⅰ.11.804)。欧里皮鲁斯没有去看那个外科医生,可是帕特罗克鲁斯的伤口却是需要处理的。参见 [古希腊] 荷马《荷马史诗——伊里亚特》,陈中梅译,第253页。

可怜的痛苦！

17. 在那儿很快就看到到处都是恸哭，一个接着一个的恸哭①，然而，我们注意到欧律皮洛斯对痛苦的反应是那么的平静。因此，我们就要去说明为什么他能够如此平静地忍受痛苦。

E：计划要杀死敌人，可以谁又能够知道，当他计划结束时，他是不是同样被敌人杀死呢？

我猜想，帕特洛克罗斯将带着他离开，把他放到床上，包扎他的伤口。② 是的，如果他具有人的情感的话。但是，事情完全不是这样的。他问发生了什么：

P：说吧，说吧，说说阿尔戈斯（Argives）的情况吧，现在他还在坚持吗？

E：我只能说失败了。因为缺乏必要的力量去行动。

P：瞧，你多么脆弱！

去安静一会，把伤口包扎起来吧！只有欧律皮洛斯能够这样，阿苏普斯（Aesopus）③ 都做不到这样。

E：在那里，赫尔托的运气击退了我们在战场上机智的部队……

然后，在这个故事剩下的部分继续展现了他的痛苦。在这个勇敢人身上最突出表现的就是战士对于荣誉的热爱。那么，这个老兵还能够像这样行动吗？受过训练的哲学家不能够吗？赫尔托完全不需要不采用任何方式就能够做到。不过，到目前为止，我谈的都是通过训练而形成的习惯，而没有讨论通过哲学而形成的推理。

---

① "恸哭"要么是指欧律皮洛斯的灾难，要么是指一个剧本上的一句话。西塞罗注明引用出处。因为这句话是非常著名的。

② 关于帕特洛克罗斯想要得到战争中的消息，在荷马诗歌中是有描述的，但是在较为严格的拉丁诗歌中却不是这样描述的。

③ 阿苏普斯是罗马著名演员和西塞罗的朋友。虽然他在舞台上能演出欧律皮洛斯的行为，但是他不能像欧律皮洛斯那样，像一名受过训练的士兵一样忍受在实际战斗中负伤的痛苦。

第二章 论忍受痛苦

　　年龄大的妇女在没有食物情况下，一般可以忍受两天到三天；一个运动员没有食物，他仅仅只能忍受一天，他会去恳求奥林匹克的朱若（Jove），看在以他的名誉进行训练的面子上，给予他一些食物。没有食物，他就会大哭。习惯的力量是伟大的，在大雪覆盖的高山中，猎人们（Hunters）在夜晚还要出去活动；印第安人（Indians）自己经常遭受火的训练；在拳击场上戴有长手套①的拳击手不会发出痛苦的呻吟。为什么没有提到在过去岁月中人们会将奥林匹克的胜利者当作执政官的事情呢②？看看那些角斗士吧，他们要么是战俘，要么是野蛮之人，他们要忍受多少灾难呀！看吧，那些受过良好训练的人是怎样宁愿接受苦难，也绝不会回避苦难的。显然，这些都是经常看到的事情。他们对于自己或者对于人们来说都是满意的，除此之外，他们认为其他的都是没有价值的。甚至是当他们因受伤而很虚弱时，他们也会对自己说一些快乐的话语；如果他们要说出自己的满意，那么他们会说他们即便对于死亡也是满意的。一般优秀的角斗士会发出什么样的呻吟或者改变自己的表情呢？他们中有谁会对自己感到耻辱呢？我将不会说到他的脚，而是说在死亡时，角斗士会感到耻辱吗③？当那个角斗士不得不接受最后的打击时，在他死后，谁能够在他的脖子上绘画呢④？训练、实践和习惯都是这样的力量，那么闪米特人（Samnite）⑤、污秽的人，他生活和住所的价值，能够有这样的意义吗？一个为了荣誉而出生的人在他的灵魂中是有一个部分很脆弱的，脆弱的部分已经没有力量能够完全保护自己了吗？对一些人来说，观看角斗好像就是对残酷和野蛮的赞扬，而我会认为，现在的角斗方式才是这样的。然而，

---

① 这样的长手套是由铅和铁做的，经过氧化后便很坚硬。参见维吉尔《埃涅阿斯纪》（Aeneid）第5卷第425节。（Virg. Aen. 5.429）。

② 西塞罗的意思是在过去岁月里执政官是凭借某种优势才能够获得的，执政官凯撒就曾经在他的一些朋友中考虑过执政官，并从他们之中任命了一个人做了几天的执政官。

③ 参见拜伦（Byron）《恰尔德·哈洛尔德游记》一诗中的"加图"篇："我看见倒在我面前的那个角斗士——他的手，特别是他的额头，是弯曲的，他从容地死了，而他的战胜者却非常痛苦。"

④ 西塞罗是在公元前43年被驱除的过程中被杀掉的。当杀手们追上他的时候，他从杂乱树林中走了出来，吩咐杀手动手，杀手割断了他的脖子。

⑤ 这是讽刺诗人卢色里乌斯（Lucilius）的一首诗。闪米里斯（Samnis）过去是一名角斗士，他被老闪米特人（Samnites）用当时流行的方式武装起来，他一直是是闪米里乌蒙（Samnium）族的同乡。

在罪犯用他们的剑来为自己进行生死斗争的那些年代,无论如何,这对于用眼睛①去看决斗之人都是最好的痛苦和死亡的教育,虽然用耳朵去听角斗可能还会获得更多的教育。

18. 我已经说过训练、习惯和准备等情况了。现在让我们从哲学角度来考虑一下这个问题,否则,你只能希望对于刚才说的做出一些评价而已。

A:你是要让我打断你的说话吗?我完全没有这样的愿望,我能做的就是让自己相信你说的话。

M:那么,无论对痛苦的感觉是不是恶,斯多亚学派的人都试图用一系列诡辩性的演绎推理方式来处理这个问题。他们会证明痛苦不是恶,因为在心灵中是没有恶的任何印象的。②对我来说,无论痛苦是什么,我都不会认为痛苦是非常重要的。我是说,当在想象时,人会受到虚假想象的极大影响,所有的痛苦都是可以忍受的。那么,我从什么地方开始论述呢?对于我已经在这个问题上做过的简要论述,你会说什么呢?为此,我是不是还要更简单地进一步阐明我的观点呢?这就是说,我应该说明我的观点是大家都会赞同的,不仅是有知识的人,即便是没有知识的人也是会赞同的。这就是要去说明勇敢、高尚精神、能够忍耐之人具有的是什么样的品质。在他们面对必须忍受的痛苦时,他们性格中表现出的是何等的优秀。我们会说,没有人会认为在精神上遭受痛苦的人是值得赞美的。这样,当勇敢之人需要忍受痛苦而得到人们赞美时,难道是因为他对即将来临的痛苦感到畏缩了吗?或者说他不能够忍受这样的天灾人祸吗?或许一切卓越状态都可以被称为德性,但是,"德性"这个词并不是指所有的德性,而要从所有被称为德性之中挑选出来的一种德性,这种德性被认为比其他德性更德性。因为这种德性是来源于专门指人的德性。而人的特殊德性就是刚毅,它主要有两种功能:藐视死亡,藐视痛苦。如果我们希望能够拥有这样的德性,那么我们就应该培养这样的德性。或者更确切地说,如果我们希望成为人,那么由于"德性"这个词是从"人"这个词借用

---

① 在勃斯维尔(Boswell)学刊中,约翰逊博士(Dr. Johnson)说道:"我很抱歉有奖角斗已经结束了。有奖角斗可以使人们习惯于在看到伤口上留着自己的鲜血时感到有一点点痛苦,但是不会感觉惊骇。"

② 参见§29。

的，因此，作为人就必须讲"德性"。你或许还要问，如何才能够正确地按照哲学要求具有这样的一门技艺？

19. 伊壁鸠鲁站出来了——他绝不会是一个恶意的人，或者确切地说，只有一个具有良好意图的绅士才能够对他自己的德性有一个恰当的把握。"不要理会痛苦"，他说道。谁还会这样说呢？认为痛苦是最大恶的思想家都会这样说的。但是，他们之中也并不是完全一致的。让我们听听，"如果痛苦是最大的恶，"他说道："那么，痛苦应该是短暂的。"

"再给我重复一遍！"[①]

因为我不能完全理解你所谓的"最大的"和"短暂的"是什么意思。"我所谓最大的是指没有任何事情能够大于它；我所谓短暂的是指没有事情比它还短暂。我不在乎痛苦的大小和那些将在我身上发生痛苦时间的长短。"但是，如果痛苦就像菲罗克忒忒斯（philoctetes）所遭遇的那样残酷，那么情况又是如何的呢？"我承认在我看来那样的遭遇确实是很残酷的。但是，它至少不是最大的恶。因为他仅仅是脚上、眼睛上、头脑中、身体上的某个部分以及肺上有痛苦。仅仅是在身体上到处都有痛苦而已。然而，这样的痛苦离最痛苦还差得很远。因此"，他说道："当受到长久的痛苦时，人应该更多地去想愉快而不是烦恼。"[②]现在我不能够说他的名声对我们不会产生影响，但是，我认为他嘲弄了我们。我认为最大的痛苦——我所谓的"最大的"就是说甚至还有另外十个原子都已经变成了恶的，而这也不必然是短暂的。根据他们自己的说法，我把很多人都称为有意义之人。因为他们可以忍受很多年痛风的折磨。我能够知道一个狡猾的流氓所谓的"最大痛苦"或在时间上的"短暂"的含义是什么。因为一个狡猾的流氓绝不会让自己受到痛苦，即便受到痛苦，时间上也不会太长。现在我们不去考虑对这个流氓这样的认识，强迫他承认减少痛苦的措施是不能够从那些宣称痛苦是最大的恶人身上找到的。然而，即便是流氓

[①] 来自帕库维乌斯（Pacuvius）的《埃利欧纳》（*Iliona*），参见Ⅰ.§106。

[②] 第欧根尼·拉尔修：《明哲言行录》："连续的痛苦不会在身体中持续很久，而极度的痛苦也只能持续很短时间，那仅仅在身体上超过了快乐的痛苦不会存留多天。那些久病的人甚至可能拥有远远超过痛苦的身体上耳朵快乐。"参见第欧根尼·拉尔修《明哲言行录》，徐开来、溥林译，第539页。伊壁鸠鲁曾经也说过，我们认为许多痛苦是要高于快乐的，当我们忍受痛苦很长时间之后，我们都会感到巨大的快乐。

也可以明显地表现出当他受到腹痛或在排尿痛苦时某种勇敢的特征。[1] 因此，我们应该从另一个方向上去寻找一种治疗痛苦的方法。事实上，我们主要是想找到一种能够治疗痛苦的方法，这种方法就是要让人们的眼睛看到至善的光荣和至恶的耻辱。[2] 面对这些人的行为表现，你绝对不能够在痛苦到来时大声呻吟和辗转不安，因为他们会用自己的话语告诉你，德性自身将会奉劝你要如此行动。

20. 虽然你已经看过了古代斯巴达（Lacedaemon）的男孩们、奥林匹克运动会上的年轻人，以及在竞技场上的野蛮人，他们要面临最残酷的搏杀并平静地忍受其中的痛苦。如果一些痛苦使得你痉挛，那么你将会像一位妇女那样大哭，完全不能平静地忍受这些痛苦吗？"确实不能够忍受。不能够忍受是自然的。"很好。一些男孩能够忍受爱情的火焰，一些人能够忍受羞辱，还有一些人能够忍受恐惧，然而，我们害怕不能忍受自然在很多不同地方产生的痛苦吗？事实上，自然不仅能够忍受而且还需要痛苦；因为只有在痛苦中才能够展现优秀和渴望，绝不会展现荣誉、名望、高贵等的东西。尽管为了清楚地表达我的意思，我们使用了很多词汇，但是在这些术语中，我想表达的只有一件事情。实际上，我想说的就是，对于人来说，最值得渴望的和为了自身而渴望的就是要依据德性来生活。更确切地说，就是要以德性为基础的，这样的渴望本身是最值得骄傲的。事实上，我宁愿将它说成是至善。而且，正如我们使用语言来谈论荣誉一样，我们讨论至善根据的对立面——它们就是厌恶、贪婪以及对于人来说没有价值的东西。

如果到目前为止，你认可这样的观点——因为你在开始时就说过你认为耻辱中的恶比痛苦中的更坏——那么，你就会受到这样的观点控制。然而，我们总是用这样或那样的方式来表现我们自己，这好像我们有两个自我似的：一个是控制的自我，另一个是服从的自我。自我这个术语还表现

---

[1] 西塞罗提到了伊壁鸠鲁在病床上写给他朋友的一封信。在该信中，伊壁鸠鲁说道："对我而言，今天是幸福的一天，同时也是我生命的最后一天，我在此给你写下了这封信。尿淋沥（膀胱病）和痢疾对我的折磨无以复加，但一想到我们过去的谈话，心中漾起的喜悦之情就让所有的痛苦消失不见。"参见第欧根尼·拉尔修《明哲言行录》，徐开来、溥林译，第497页；西塞罗：《论至善和至恶》，石敏敏译，第2卷第30节，第83页。

[2] 斯多亚学派。

出了其他一些思想。

21. 因为灵魂是分成两个部分的①，一个部分是具有理性，而另一个部分则不具有理性。这样，当我们被我们具有控制的自我指导时，所谓"指导"就意味着理性压倒了鲁莽。一般说来，所有人的心灵中自然都包含着软弱、消沉和卑微的成分，还有不同的虚弱和无力的表现。如果人性中什么都没有，那么人就会比任何一种生物都更丑恶。然而，理性，这个世界的女王同人紧密相关。在理性力量的作用下，人不得不进步，帮助人实现德性。因此，人是要讲义务的。"义务"就是用理性控制人的灵魂，让人去服从规则。这是如何做到的呢？你说说吧，甚至在受到控制的奴隶身上、将军对士兵的控制上，或者父母对儿子们的控制上，都可以看到这样的情况。如果灵魂在服从时出现了我所说过的那些耻辱，如果耻辱让一个人像女性那样悲叹和哭泣，那么，亲朋好友出于关爱就会对他进行指责。因为我们经常可以看到一些人会被羞耻感所压垮，他们从来没有使用过理性去克服这些羞耻感。因此，我们对于这样的人总是会用链子套住他们，这就好像保护奴隶一样地保护他们。而对那些坚定之人，虽然他们并没有具有强大的力量，但我们会提醒他们要关心荣誉，就像一名优秀的战士要时刻记住自己的义务一样。当希腊最聪明的英雄在尼普特拉（Niptra）受伤时，他就根本就没有哭泣，而是表现出我们称之为适当的节制。他说道：

> 即便是不得不面临痛苦，人也要一步一步地向前走，
> 只有这样才能避免人生波折，成为一名智慧之人。

巴库维乌斯（Pacuvius）② 在这点上是超过了索福克勒斯（Sophocles）的。因为在索福克勒斯的悲剧中，受伤的尤利西斯（Ulysses）发出了可怜的恸哭——同所有受伤的人都会承担痛苦一样，他只用了一只眼睛看到了他性格中的高贵。实际上，当他在轻轻地哭泣时，人们应该毫不犹豫地对他说：

---

① 参见 I.80。
② 巴库维乌斯（Pacuvius）翻译或模仿了埃斯库罗斯的一部戏剧。其中，对奥德修斯的洗漱水有很多争论，[Νίπτραὴ Ὀδυσσεὺς ἀκανθοπλήξ，[《尼普特拉（涤足）》或《受伤的俄底修斯》]。其中有这样一个情节，俄底修斯（尤利西斯）被他儿子特勒苟努斯（Telegonus）用毒鱼的骨刺射中而死。参见附录二。

> 我们看到了打击，虽然悲伤，但是，尤利西斯，你的表现也太忧
> 伤了。
> 你应该显示出一名战士在战争中的那种精神，
> 那是在长期生活中培养出来的习惯。

这样的智慧之诗告诉我们，忍受痛苦的习惯是一位老师而不是让人感到厌恶的习惯。然而，在巨大的痛苦中尤利西斯并没有毫无节制地说道：

> 控制，要控制！痛苦是无法抵挡的。
> 展现它，痛苦！我受到了折磨。

他开始丧失了自我控制。他马上抱怨道：

> 隐藏起来，隐藏起来，立即离开；
> 你们赶紧离开，手抚摸和抖动都会加重伤员剧烈的痛苦。

你知道了如何平息和减少痛苦而让身体平静，如何能够让因为指责而产生的灵魂痛苦得到平息和减少吗？所以，在剧本尼普特拉（Niptra）① 结束之时，在最后时刻，他说道：

> 你可以对坎坷的命运进行一些抱怨，但是不要悲伤；
> 安顿女性自然的哭泣的心灵则是男人的义务。

如果让他灵魂中那个脆弱的部分顺从理性，那么这就像严格的士兵服从严格的军官那样。

22. 的确，迄今为止，我们还没有看到在生活中有如此完善的智慧之人——如果在某一天我们找到了这样的人，我们就可以用哲学家的语言来

---

① 剧本《尼普特拉》（Niptra）意思是"受伤的奥德修斯洗脚"，依据《奥德赛》19 卷第 349 节，该剧表现了一个特殊的场景，欧鲁克蕾娅（Euryclea）给奥德修斯洗脚。参见［古希腊］荷马《荷马史诗——奥德赛》，陈中梅译，第 345 页。

描述他的特征——如此智慧之人，确切地说，在他十分完善的方式中，我们可以看到理性起到了重要的作用。对于他本性上那些卑微部分的管理就像一对公正的父母要让他们的子女具有好品质一样。他将根据神的启示去实现他的愿望而不会有任何烦劳和苦恼。他将鼓励自己，使自己做好准备，将痛苦当作敌人一样。他需要什么样的工具呢？他将打起精神，坚定地对自己说："要了解每一件事情的本质，忽视具体，不要懦弱。"让这些使得能够真正称之为人的理想经常出现在他的眼前：让他回想起了伊利亚（Elea）的朱诺（Zeno）① 形象。朱诺可以忍受一切痛苦，也不会泄露出他同伴想推翻暴政的秘密。让他回想起阿拉克尔库斯（Anaxarchus）② 的故事，他是德谟克利特的学生，落入了塞浦路斯国王提谟克勒翁的手中，他没有向这位国王可怜地恳请免除一切痛苦的折磨。印度③的卡拉努斯（Callanus）是一个没有受过教育的野蛮人，他出生在高加索（Caucasus）④ 山脚下，他依靠自己的自由意志而顽强地生活。相反，我们却不能忍受脚上的某种痛苦，或者是牙痛（而且认为那些就是全身的痛苦）。原因在于在痛苦中用了一种柔弱的女性方式思考痛苦，就如同认为快乐中所表现的轻浮思维方式一样。这样的方式使得我们自我控制被瓦解和流失了。为此，我们就显得很软弱。于是，当蜜蜂叮了我们一下，我们只有通过哭泣才能够忍受这样的疼痛。但是，事实上，C. 马库斯（Marius）无疑是从人们之中选出的政治家，当他做外科手术之时，就像我在前面提到过的那样⑤，他拒绝将他自己绑住。在马库斯外科的手术之前，我们也没有看到过在手术时任何人有被捆绑的记录。那么，为什么其他人此后要像

---

① 这个人不是斯多亚哲学的奠基人，而是大希腊（Magna Graecia）的居民，生活在公元前460年。

② 阿拉克尔库斯（Anaxarchus）是色雷斯（Thrace）的居民，他是亚历山大大帝的陪伴者。在亚历山大大帝死后，被塞浦路斯、提谟克勒翁（Timocreon），或尼科克里昂（Nicocreon）的国王杀害。

③ 在巴比伦沦陷之后，亚历山大大帝同卡拉努斯（Callanus）成了朋友。卡拉努斯（Callanus）是一位神秘主义的修行者，希腊人称他为兴都库什的禁欲主义哲学家。参见 V.§77，据说他预测了亚历山大大帝的死期。

④ 兴都库什山脉（Hindu Kush）（亚洲中部山脉，位于阿富汗和巴基斯坦之间）。

⑤ 参见§35 和 V.§56。（原文中这里用的是数字4而注释却用了数字5，估计是原文有误，现在改成5——译者注）

他那样呢？这个实例是一个有力的证明。你是不是看到了恶是一种想象力的产物，而不是人实在的本性呢？同样地，马库斯表现了痛苦折磨的残酷性，因为他没有能够提供任何其他缓解痛苦的方法。作为人，他只能忍受痛苦；作为人，他拒绝忍受超出实际能够忍受的痛苦。这个观点总体上就是说要控制自己。现在我已经很清楚地讲述了所谓自我控制的性质。这种观点不仅考虑到了忍受、勇敢和伟大等行为在灵魂服从状态下的价值，而且还考虑到了在某种程度上如何缓解痛苦。

23. 由于这些情况恰好发生在战场上。所以，那些胆怯和胆小的士兵，一旦他们看到敌人，就会立即丢下了他们的盾牌，尽快地逃离。甚至有时在身体上还没有受到任何伤痛时，他们还是会担心丧失他们的生命。① 然而，什么事情都不会发生。同时，一方面，对于那些坚守自己阵地的战士来说，他们同样表现出对痛苦的害怕，经常丢失自我，受到打击甚至被杀死；另一方面，那些经常平静面对进攻的战士则是战斗中的胜利者。由于灵魂同身体相似，拉紧身体上的每根神经就会让灵魂变强，将灵魂的紧张释放出来，灵魂就会变轻；完全相似，在某种强烈作用之下②，灵魂会丢掉所有负担的压力。然而，释放了负担的灵魂会变得很轻，这样，它又不可能重新恢复自己。如果我们具有这样正确的观点，那么灵魂应该会在履行所有义务时拉紧身体上的每一根神经。只有这样才能保证履行自己的义务。但是，在痛苦上所要采取的基本防范措施是同消沉、胆小、懒惰、奴役或精神软弱等无关的，所有人都想要抵抗和驱除那些菲罗克忒忒斯式的叫喊。有时，虽然很少，但是，即便不是妇女，一个人的大声哭泣或尖叫还是被允许的。不过，在十二铜表法中规定，在葬礼上是不允许哭泣的。事实上，智慧之人或勇敢之人都不会那样大声地哭泣，除非可能产生了另外一种强烈的作用。例如，在田径跑道上跑步的运动员，他们就有可能尽量地大声吼叫；在训练中的运动员同样如此。实际上，拳击手在攻击他们对手的那一时刻，他们摆动着他们的拳击手套，发出号叫，

---

① 参见西塞罗的《荷滕西斯》一书中第3卷第2段第14节："死亡就像水流走一样。"（Mors et fugacem persequitur virum。）

② 在英语中要区别拉丁文"Contentio"和"Intentio"这两个词是困难的。这两个词的词根意思都是"拉紧"（Stretching）。"Contentio"指船员们拉紧绳索；而"Intentio"指音乐家拉紧他乐器上的琴弦。

不是因为他们感到痛苦或死亡，而是因为声音的爆发可以使得整个身体形成压力，以获得更多的力量。

24. 还有，当一些人高声说话时，能够增加说话人和听话人两边的效果吗？我们能够看到喉咙和舌头突然发出断断续续的声音吗？确实，高声说话还是不够的！身体的力量，牙齿和指甲①，正如俗话说的那样，只有它们才能够再次增加了声音的力量。天哪，我看到了安托尼乌斯（M Antonius）②，他用瓦里安法（Varian Law）来保护自己。当跪在地上，他的每一根神经都很紧张。正如同发动机发射石头或其他一些机器发射抛售物那样，发动机和那些机器强大的发射能力都是根据绳子③上压力的大小决定的；声音也同样如此，跑步同样也是如此，拳击也是如此。拳击手是根据打击对象的大小来决定他打击力的大小，这种力的作用是很大的，因此，在遭受痛苦的过程中，我们会放纵的呻吟，如果这有助于增强灵魂的作用的话。但是，如果这样的呻吟是悲伤的、软弱的、消沉的，那么真可怜，我就不能将这样屈服之人称之为男人。如果呻吟真能够减轻痛苦的程度，那么我们会认为它是同勇敢和精神之人的性格相一致的。然而，由于呻吟根本不能够减轻痛苦④，那么，为什么我们还会希望去做让我们受到的耻辱这样没有意义的事情呢？对一个男人来说，为什么他的哭泣会比女性的哭泣更耻辱了？而且对于男人来说，在他的痛苦中蕴含着更多更广的规则。因此，我们必须对任何事情都要坚持下去，这不仅是由于灵魂中每根神经受到压迫而遭遇的痛苦事情，而且愤怒的爆发、贪婪的产生也都是如此的。我们应该尽快为了躲避痛苦找到一所避难所，我们应该拿起避免痛苦的工具——然而，由于痛苦是我们讨论的主题，那么让我们举出这方面的一些事例来说明。为了能够让我们平静安详地面对痛苦，我们就要多用我们自己的心和意识来反思痛苦，正如俗话说的那样，这样的行为是多

---

① 《文学》（*Lit.*）上说："使用全部蹄子。"据说这个短语来自马在陡峭地方拉东西的动作。马用它蹄子的前沿部分踏在地面。我们的"牙齿和舌头"就同希腊文"ὀδοῦσι καὶ ὄνυξι"一样，直译就是"使用牙齿和指甲"，相当于英文的"Tooth and nail"，即"拼尽全力"。

② 参见 I . §10。

③ 这些发动机的原理是用绳子将两个平放的竿子紧紧固定起来，竿子用一根绳子同扳机相连。

④ 但是奥维德说："不停的泪水会带走所有的悲伤。"（Expletur lacrimis egeriturque dolor），《哀歌》第4卷第3节第38行（*Trist*. IV. 3. 38）。

么光荣呀!①! 正如我先前已经说过的那样,这是由于我们的本性所致。我们应该强调这一观点。热情的探索者都会去追求荣誉,可以说,一旦我们能够认识到一点点尊严也是荣誉的话,那么我们就能够忍受一切事情平静而安心地面对痛苦。这是一种冲动,不过这是一种面对战斗危险时由我们灵魂产生出来的冲动。勇敢的人在战场上是会忘记他的负伤,或者说即便是感到了负伤,即便是他们战死,他们也不会从他们被指定的那个光荣位置上后退半步。当他们进入战场时,德瑟(Decii)② 看到了到处都是敌人寒光闪闪的剑,死亡的声誉和荣誉减轻了他们所有对于负伤的恐惧。当爱帕米诺达斯(Epaminondas)负伤时刻,鲜血如注地流了出来③,他的生命正在慢慢地消失,你想他会发出呻吟吗?当离开古斯巴达人的时候,他一心想的就是为国家效力。这些就是一些在极端痛苦状态中获得安慰的故事,也是一些减轻痛苦的方式。

25. 但是,你会说,在平静时间中,在我们家里坐在舒适的椅子上时,我们又能够做什么呢?你要求我用一些哲学家为实例来谈谈这类问题,通常,哲学家是不会经常参加战斗的。④ 其中之一就是赫拉克勒斯的狄奥尼色乌斯(Dionysius of Heracles)。⑤ 他肯定是一个毫无决断之人,他跟从芝诺(Zeno)学习,芝诺对他进行了痛苦教育,让他忘记自己的软弱而成为一个勇敢之人。当他受到肾病的折磨时,他一直在大声叫喊着,声称先前所具有关于痛苦的看法都是虚假的。当人们去问芝诺的学生克里恩特斯(Cleanthes)⑥,引起狄奥尼色乌斯否认先前看法的原因是什么时,他是这样回答的:"因为在我深入研究哲学之后,如果我能够证明痛苦是不能够忍受的,那么这就充分说明痛苦是一种恶。现在我已经花了多年的时间来研究哲学,到现在我仍然不能够证明痛苦是可以忍受的。因此,痛

---

① "Honestum"和"Honesta"这两个拉丁词,参见原书第494页,中译本第13页。
② 参见Ⅰ.89。
③ 公元前362年的曼提里亚战斗。参见Ⅰ.§4。
④ 在公元前424年,苏格拉底参加过德里乌蒙战斗(Deliu),并在公元前432年的泊提达亚战斗(Potidaea)中救过亚西比亚德(Alcidiades)的命。柏拉图《会饮篇》(Plat. *Symp.* 221)。参见柏拉图《会饮篇》,王太庆译,第80—81页。
⑤ 大希腊人,他背叛了芝诺,μεταθέμενος即叛徒。
⑥ 克里恩特斯(Cleanthes)是芝诺的继承人,也是斯多亚学派的领袖。

第二章　论忍受痛苦

苦就是一种恶。"① 所以，这个故事说明克里恩特斯确实充分理解了这些观念。出自埃皮苟里（Epigoni）②的引文是这样写的：

安菲阿剌俄斯（Amphiaraus），在地下的家里，你听说过这个故事吗？

这就意味着芝诺教给狄奥尼色乌斯关于痛苦的观念都是虚假的，这也同我熟悉的珀色多尼乌斯（Posidonius）③的观点不同。我将再次讲述传说中庞贝（Pompey）的故事。放弃叙利亚（Syria）回到罗德岛之后④，庞贝希望去珀色多尼乌斯那里听课，但是，他了解到珀色多尼乌斯病得很重，他身上多处关节都受到痛风的折磨。然而无论如何，他还是希望能够去看看这位十分著名的哲学家。当他看见珀色多尼乌斯并向他表示尊敬时，他给了珀色多尼乌斯很高的赞誉，他说对于不能够听珀色多尼乌斯的讲课表示非常的遗憾，但是，珀色多尼乌斯说道："你能够听到我的讲课，因为我们身体上遭受的痛苦完全不能够阻挡像你这样卓越之人来拜访我。"据此，庞贝就同这位哲学家在他的病床上热烈而全面地讨论了这样的哲学命题："善只是一种荣誉，除此之外，善就什么都不是了。"由于痛苦经常突然发作而折磨他⑤，所以，他不停地说："痛苦是毫无用处的！即便你引起了我的很多痛苦，但是，我也绝不会认为你是一个坏人。"

26. 在任何情况下，能够带给人荣誉和名声的工作都是艰辛的，都是

---

① 斯多亚学派之后的三段论。但是，这是一种不严谨的三段论，因为它的主要前提不能够扩展到普遍性问题之中。它仅仅是适合一些特殊情况，例如，它是假定如果我……而不是普遍的如果所有人……。

② 阿色库斯（Accius）翻译的埃斯库罗斯（Aeschylus）的一部悲剧，安菲阿剌俄斯（Amphiaraus）是阿吉维（Argive）的先知。他同阿德剌斯托斯（Adrastus）一道去冒险，攻打底比斯（Thebes），最后他们都彻底被击败了。克里恩特斯使用这些文字表明了他的老师芝诺与其他死去人的不同。

③ 珀色多尼乌斯（Posidonius），叙利亚人，一位斯多亚学派的哲学家和老师，也是西塞罗的朋友。

④ 珀门佩（Pompey）在公元前62年从东方的阵地回到了意大利。

⑤ 脸红得像火把，这是比喻的痛苦过程。在本书Ⅰ部分中的§44里有关于肉体诱惑的论述。

长时间坚持的结果。在受到人们极大赞誉的那个叫作健身运动中，难道我们没有看到那些参加比赛中的运动员都想避免无痛苦吗？而且在狩猎和马术比赛中，那些参与其中的人在通常对于荣誉的追求之中，他们还会因为无痛苦而降低他们的价值。为什么我想谈谈在选举中我们候选人的事宜呢？为什么我想谈谈我们对于国家事务的希望呢？水火能够阻挡人们聚集起来进行有奖的投票选举吗？① 所以，阿弗里卡纳斯（Africanus，即小阿庇西，非洲的征服者）经常提到苏格拉底的学生色诺芬（Xenophon）。他自己曾经特别赞美了色诺芬。他说战争的艰巨对于将军和士兵来说都不是特别的残酷，因为他们的职责从一开始就使得他们认识到艰辛应该是他们必须面对的处境。② 尽管如此，错误的荣誉观念也会对于一些非哲学的百姓产生不良的影响，因为他们没有看到荣誉的本性。

　　有些人在考虑那些公认的荣誉时，那些乌合之众的判断和名声可能会使得这些人处于摇摆不定的状态之中。然而对你来说，如果你在那些乌合之众人的眼中成了一个人物，那么，我就不喜欢你以他们的判断为根据来对待荣誉，也不希望你接受他们认可的那些最公平的观点。你应该有你自己的判断；如果你仅仅只是以自己认可的权利为根据，那么你不仅可以赢得战胜自己的胜利和先前我说过隐藏在自然之中的那条法则，而且还可以赢得战胜人与构成世界事物的胜利。这是你的目的，如果我可以这样说的话——如何考虑到灵魂的伟大和将灵魂提升到最高的程度的话——在这样的状态中，灵魂显示出的都是对于痛苦的蔑视和冷淡。这是世界中和公证人之中最正义的事情，它完全独立于公众意见，绝不会为了赢得公众掌声，它仅仅是为了快乐本身。不仅如此，在我看来，好像所有值得赞美的事情既不是为了荣誉，也不是为了引起公众的注意，它们也是人们不能够避免的事情——因为所有这些事情都是公开的——尽管如此，观众不会去追求更高荣誉的德性，而是要受到他良心的指引。

---

① 在抽签方式被引入之前的公元前139年，选举采取的是话语形式。在对面的一个牌子上写上提名候选人的名字，有人喊出这个候选人的名字后，有一个回应就在那个牌子上记下一个标记，最后看这个标记的多少来决定这个候选人。

② 色诺芬的《居鲁士的教育》第1卷第6段第25节："作为将军的荣耀减轻了辛苦"（ἐπικουφίζει τιη τιμη τοὺς πόνους τῶ ἄρχοντι）。将军所承担的辛劳和士兵一样，他们的身体状况也一样，但由于将领的地位［带来的荣耀］，他的辛苦就减轻了一些。

27. 而且让我们首先来反思这一点——痛苦的忍受，正如我已经说过的那样，在灵魂强烈的作用下应该是变得强大起来。这样的忍受性在方方面面都表现出了很多的坚强性。在大多数时候，由于渴望胜利或名声，甚至坚持他们自己的权利或自由，很多人都能够勇敢地接受痛苦，勇敢地忍受伤害。同样的人，当压力作用减轻时，却不能够忍受疾病的痛苦，其原因在于他们所忍受的痛苦不是根据原理或哲学教育中的痛苦，这些忍受仅仅是来自动机，而不是根据雄心和名誉所产生的忍受。

因此，一方面，我们发现一些野蛮人能够用剑拼命地战斗到最后，但是，他们却不能够像在疾病中的人那样去行动；另一方面，希腊人并不勇敢，但是在精神能力方面，他们有充足的感觉能力。在他们的脸上，他们看不到一个敌人。[1] 然而，正是这些希腊人显示了作为一个人在忍受疾病折磨时的忍耐和精神。而辛布里人（Cimbri）和凯尔特伊比利亚人（Celtiberians）[2] 则展现了他们在战斗中的意气和在疾病中的号哭。只有从一条稳定的原理开始，所有的事情才可能保持在一个相同的程度。因为人们发现，根据人的抱负或依据某种未经证实的意见而做出的行为，即便在追求和获得其对象中形成了痛苦的状态，都是不会失败的，因此人有义务认为要么痛苦不是一种恶，要么是所有不愉快和不自然的事情都可以被称为恶。然而如果这样，在一些比较重要的事情中德性便会被遮蔽，以致在任何地方都看不到德性的作用了。当在反思这些看法时，我日夜都在祈祷希望那条原理的使用范围很大，其领域完全超越痛苦的领域。如果我们做一切事情都不考虑基本而可靠的荣誉，那么我们将有权利不仅会蔑视痛苦的约束，而且也会蔑视幸运的羁绊，特别是经过昨天讨论后，我们已经为痛苦准备了一所避难大厦。如果神对那些遭遇海盗抢劫的船员们说："放弃你们的船；也许有一只大象，就像梅泰蒙那的阿农一样[3]，将你营救起来，或者

---

[1] 亚里士多德在他的《政治学》4.7.3 节中说，希腊部落（Greek race，希腊种族，希腊人）既有"血性"（$ἐνθυμον$——"意志/勇敢/血性"）又有"思想"（$διανοητικόν$）。他们不像北方人种那样虽然勇敢但没智慧，也不像亚洲人那样虽然智慧但不勇敢。

[2] 辛布里人是德国人，而凯尔特伊比利亚人则是西班牙人。

[3] 阿里昂（阿农）的故事见 Hdt. 1.23。在从意大利回希腊莱斯博斯岛的途中，那艘船的船员们将阿里昂丢进了大海。但是，一头大象将他救起并安全地将他送到了陆地。

像海神尼普顿（Neptune）的骏马帮助佩洛普斯（Pelops）① 渡过难关那样，他对佩洛普斯说道：'赶快上到那个漂浮在波涛中的那艘小船'，它将营救你并把你带到你想去的任何地方。"这时，这些海员的恐惧都会消除。相似地，当你被不愉快和可恨的恶困扰时，如果这些痛苦太强烈，以致你不能够忍受，那么你就要去找一个可以让你离开的避难所。我想这应该说是一种及时解决痛苦的最好方式。这可能也是你坚持的观点。

A：这绝不是我的观点。我希望的只是在这两天之中我能够摆脱我特别害怕对两件事情的恐惧。

M：那么，明天我们会按时谈论这个问题。因为我们已经有了这样的安排。因此，我看我们就不能够拒绝你的要求了。

A：只能如此，在早上进行演说，同时也要进行讨论。

M：应该如此。我们将满足你这个特殊的爱好。

---

① 在佩洛普斯（Pelops）与奥罗马乌斯（Oenomaus）为了他的掌上明珠基波达米娅（Hippodamia），在比赛中他得到了海神尼普顿的帮助。海神给了他一辆四轮马车和一群骏马。

第三章 论减轻悲伤

1. 布鲁图斯（Brutus），由于我们是由灵魂和肉体这两个部分组成的，所以一方面，我认为要关心和照顾我们身体，就需要有一门实用的技艺，而永恒的诸神①发现了这门实用的技艺并将其作为一种神圣的法则来看待；另一方面，在照顾身体的这条法则没有发现之前，治疗灵魂的要求并不是很强烈，即便人们逐渐了解身体法则，对于灵魂的研究仍然还不紧迫，也没有受到人们热切的关注，甚至那些著名人物还对灵魂产生过怀疑和憎恨。这是因为我们可以用灵魂来判断出身体的懒惰和痛苦，但我们却不能够用身体来认识灵魂的疾病吗？其原因就在于灵魂可以根据它自身的情况做出判断。当身体上的器官被判断有毛病时，灵魂也是根据身体的这一情况而做出判断的。如果从我们一出生，自然就赋予了我们洞察和认识方式②来辨别实际灵魂的能力，我们能够在灵魂正确地指导下度过我们的人生，那么对于所有人来说，灵魂上则是完全不需要有任何器官的。看样子，在不好的习惯和信念的负面影响下，灵魂仅仅只是让我们的洞察力变得软弱，我们很快就会将保留在我们身上的自然之光彻底扑灭。在我们自然本性之中，天生就存在着德性的种子。如果能够让这些种子成熟起来，那么在自然本性的引导之下，我们就能够过上幸福生活。然而，在当今时代中，只要我们能够光明正大做事并得到人们的认可③，那么，我们马上就会在这个充满邪恶的世界中发现我们自己。在这个邪恶世界中到处都有各种不同的错误信念，以至于我们好像是喝了护士的牛奶还要假装喝醉了

---

① 阿波罗和他的儿子爱斯库拉皮厄斯（Aesculapius）。参见Ⅱ.§38。
② 斯多亚学派的芝诺说："自然/本性的实现"就是"与自然/本性相合地生活，故而也就是按照德性而生活"（τέλος φύσεως就是τὸ ὁμολογουμένως τῇ φύσει ζῆν, ὅπερ ἐστὶ κατ' ἀρετὴν ζῆν.）。
③ 如果一个父亲准备"承认"一个新生儿，他就要从地上将新生儿举起，以便显示他是愿意自己养育这个新生儿的。

那样。不过，当我们离开婴儿室同父母生活在一起，后来又得到君臣的照顾时，我们就会受到虚假事情的污染，使得我们的观念发生改变，认为真理都是不真实的，只有自然本身发出的声音才是始终令人愉快的。①

2. 此外还有一些诗人②一直坚持这样一种殷切的期望，认为睿智的教育对于人的培养是很重要的。因此，我们听到、读到、学到的诗歌能够深刻地影响到我们的心灵。但是，一般说来，当把所有聚集起来的乌合之众的错误公共意见当作某种权威看法时，那么显然，不良的信念就会污染我们，我们就会形成一些违反自然的观点。这些观点会让我们这样认为：自然最明确的意义都是由人心构成出来的。对于人来说，自然的获得并不需要很高的能力，也不需要什么值得欲求的东西，更不需要护民官、军事长官和那些知名人士的特别优秀的能力。正是因为一切高贵之人都是具有吸引力的，因此，在他们对于真正荣誉的追求中，这种真正的荣誉不过是人们渴望去追求的自然对象而已。在这里，他们发现他们自己这一切追求都是空虚的，花费很大努力得到的都是一些没有多少德性价值而被想象出来的东西。他们所得到的不过是一种荣誉的阴暗幽灵而已。③ 而真正的荣誉却是一种实在而明显精致的东西，其中绝不会有阴暗的幽灵④：这是好人都同意的看法，也是真诚地处理最有价值问题时所给出的公正判定。这是在价值上对于荣誉声誉的回应，通常这也要伴随着履行恰当义务的问题。好人都不会鄙视这个问题。然而，还有一类荣誉的问题，它是对于真实荣誉的复制或模仿，这就是任性和无思考。一般说来，这类荣誉将会把我们引向错误和失误那里。它是一种公共荣誉。通过伪造，它会伤害真正荣誉以及由此带来的真正的美。尽管这样的荣誉多少还是需要一些高贵的能力，但是，它不过是人虚假存在的一个证明。因为这些人是盲目的。他们不知道在什么地方可以看到，也不知道在什么地方可以发现真正的荣誉。他们中的一些人会给他们的国家带来彻底破坏。另外一些人则会走向堕

---

① 即在培养过程和社会之中存在着大量观念、意见和偏见。
② 参见，Ⅱ.§27。
③ 在西塞罗心中好像想到了朱留斯·凯撒（Julius Caesar）。
④ Eminens status 是一个著名的、竖立起来的雕像；Expressa 表示了这个由大理石做成的雕像。这样，那个人的肖像是可以分辨出来。Adumbrata 是那个已经竖立起来的雕像的外部尺寸。

落。① 无论如何，由于在方向上出现了错误，他们就不能够建立起真正的目的。因此，这样的人在追求他们最有价值时走到了歧途。其他人会怎么样呢？当人们被欲望、利益或对于快乐的贪婪所驱使时，他们的灵魂就是混乱的。他们的内心也是相当不健全的（对于那些缺乏智慧之人，这个结论是很自然的）。难道没有一种可以适用他们的治疗方法吗？灵魂的疾病比身体的疾病要少一些危害吗？或者是可以认为身体的疾病有治疗的方法而灵魂的疾病就没有治疗的方法吗？

3. 但是灵魂②的疾病不仅比身体的疾病严重，而且数量也比身体疾病多很多。这样的事实表明，灵魂自己受到了伤害，使得灵魂中充满了仇恨。正如恩尼乌斯所说的那样："有病的灵魂总是会迷失方向，它既不能够获得什么，也不能够忍受什么，它从来不会停止欲望。"除此之外，什么都没有了。请问，什么样的身体疾病会比悲伤和欲望这两种疾病严重呢？由于灵魂已经找到了治疗身体的实际方法，由于不仅自然而且人本身的构造都有助于产生很多对于身体治疗方法，尽管并不是每一个受过治疗的人都能够马上从这些成功的治疗方式中恢复过来③，但是我们怎么能够接受灵魂本身不能够治疗的观念呢？相反，我们肯定能够找到那些治疗灵魂的方法吗？尽管这些灵魂已经准备进行治疗并已经服从了智慧之人的指导。当然，治疗灵魂的方法只有一种——我的意思是哲学。哲学的治疗不是要在我们之外去寻找治疗灵魂的方法，正如我们不是要在我们之外去寻找治疗身体疾病的方法一样。哲学治疗的目的就是要让我们必须尽最大的努力，利用我们身上的资源和能力，在我们身上产生一种能力。这种能力可以使得我们成为自己的医生。而对于一般认为的哲学方式，我已经在我的《论哲学的规劝》（Hortensius）④ 中清楚地表述了哲学为什么是治疗灵魂唯一方法的最重要原因。并且从那时起，我几乎就没有停止过讨论和写作这个最重要的问题。不过，这些书中的观点都是在图斯库兰我的房间里

---

① 他好像想到了凯撒和庞培。
② 例如贪婪、野心。西塞罗省略了灵魂疾病的数量。在他采用的对话体例中，这是可以原谅的。
③ 就如同我们现在在报纸上看到的一样："这次手术很成功，但是，由于病人本身很虚弱，他还是过世了。"
④ Ⅱ. §4.

同朋友们进行过充分讨论的。现在我们在前两天讨论了死亡和痛苦,第三天的讨论将构成第三章的内容。当第三天的下午之后,我们来到了学院。① 我提议让我们在场的一个人提出一个供大家能够讨论的题目。下面就是我们讨论过程中的一些内容。

4. A:在我看来,智慧之人都是一些善于接受痛苦之人。②

M:智慧之人会是一些灵魂混乱、具有恐惧、贪婪和很容易生气之人吗?肯定不会是的。一般说来,这些都属于情感的范围。用希腊文来表示就是"πάθη":我应该称它们为"疾病",这就是一个词对应一个词翻译出来的意思。③ 但是,它不适合拉丁用法。至于可怜、嫉妒、狂喜和快乐等等④,一方面,在希腊文中,它们都是同疾病相关的,都是说灵魂没有服从理性指导的行为;⑤ 另一方面,我认为我们可以恰当地说被扰乱的灵魂如此活动并不是通常意义上的"疾病",只是"无序"而已。当然,除非你能够提出另外一种看法来。

A:我同意你的这种说法。

M:你会认为这些情感来自智慧之人吗?

A:我想毫不怀疑是这样的。

M:"我敢说,自我吹嘘自己有智慧并没有多少价值,因为这是灵魂

---

① Ⅱ.§9。

② 拉丁文"Aegritudo"是对希腊文"使得人痛苦"(πάθη)的翻译,在形式上可以参见§83。"Tristitia","悲伤"是圣·奥古斯丁的用语,参见§.77。

③ 希腊文"生病"(νάσος)[参见Ⅳ.§23,"疾病"(νόσημα)]同拉丁文的"疾病"(Morbus)和希腊文"受到干扰"(πάθος of perturbatio)的含义相当。由于西塞罗想要维护拉丁用法,在将希腊文翻译为拉丁文时,经常会出现类似的错误。参见Ⅱ.§35。事实上,与拉丁文相比,希腊文能够更好地表达出哲学中抽象概念的含义。参见Ⅰ.§22。在维吉尔的《埃涅阿斯纪》第6段第733节(Virg. Aen. 6. 733)中,斯多亚学派区别了四种"痛苦"(πάθη)(直译为"遭受、经受",意译为"情感、状况等非理性情感"),"它们是恐惧、欲望、痛苦和快乐"(Hinc metuunt cupiuntque dolent gaudentque);而斯多亚的顺序是"欲望、恐惧、痛苦和快乐"(ἐπιθυμια, φόβος, λύπη, ἡδονή)。

④ 这些词汇都是受到了希腊文"λύπη"或拉丁文"Aegritudo"作用而形成的(πάθη)。它们都属于"非理性情感"(πάθη)中的"痛苦"(λύπη 或 Aegritudo)。智慧之人身上是不允许具有这样一些非理性东西的。智慧之人是不受欲望、悲伤、愤怒和快乐等情感控制的。漫步学派和学院派则认为这些情感在来源上是自然的,但又是必须受到限制的。

⑤ "非理性的就是灵魂受到了刺激的运动"(ἄλογος καὶ παρὰ φύσιν ψυχῆς κίνησις),指的是非理性的、脱离自然的灵魂运动。

不健康的表现。"①

A：你是什么意思？你认为每一种灵魂的混乱都是心灵不健康的表现吗？

M：这并不是我的观点，而是在苏格拉底之前很多世纪我们祖先——事实上通常我是赞赏的——所持有的观点。我知道，这也是所有关于生活和行为的现代哲学的源头。②

A：请问，你能够对此给予清楚的说明吗？

M：因为"不健康"就意味着心灵上出现了疾病和软弱［这也是灵魂被称为"不健康"的含义，表示了没有给予灵魂治疗，灵魂处于病态之中的状态。现在哲学家们用这个表示疾病的术语来说明所有灵魂的无序状态，他们说不傻的人就是摆脱了灵魂疾病的人；而傻瓜就是遭受灵魂疾病影响之人，他们的灵魂是不健康的，所有那些不智慧之人的灵魂都是有病的。因此，一切不智慧之人就是心灵不健康之人］。因为我们的祖先③认为真正健康的灵魂是完全处于一种无纷扰状态之中的灵魂：他们把"不健康"这个术语用到了人的心灵上，就是想说明灵魂没有处于无纷扰的状态之中。因为在他们看来，扰乱的灵魂，就如同扰乱的身体一样，在灵魂受到纷扰的情况下，是不可能有真正健康的。

5. 这些对于灵魂状态的论述中并没有一些深刻的洞见，这些论述只是说明了心灵中缺乏启发的力量，这样的灵魂状态被称之为"不健康"或"心灵的偏离"④。据此，我们还应该知道那些处在这样状态之中被称为"不健康"或"心灵偏离"之人所持有的观点，这种观点是斯多亚学派从苏格拉底那里继承下来并坚持下去的。斯多亚学派认为所有不智慧之人的心灵都是处于"不健康"状态之中的。对于患有疾病的灵魂——正如我已经提到过的那些哲学家们，现在他们就使用同疾病相关

---

① 这是斯多亚学派的一个悖论："所有的傻瓜都是疯子"（πάντες οἱ μωροὶ μαίνονται）。可能是因为：μωροί 来源于 μωρός，有"迟钝、呆板"的意思，而 μαίνονται 则有"躁动、狂乱、发狂"的意思，这样，这句话直译就是"所有呆板的人都是发狂的人动"。

② 那时哲学被分为三个部分：辩证法、自然学和伦理学（Dialectica, Physica, Ethica）。伦理学是苏格拉底提出的。参见 V. §68。

③ 我们的祖先。

④ Amens 是指一个没有灵魂之人；Demens 是指灵魂偏离了正确轨道之人。

的术语来表示灵魂里这些无序的变化——不是处于某种健康状态之中，正如身体患有了疾病是一样的。这就是说，一方面，智慧是灵魂的健康状态；另一方面，不智慧则是灵魂患有疾病的状态，这说明此时的灵魂已经"不健康"了或"偏离了正常的轨道"。这些特性在拉丁文中隐含的意思比希腊文清楚。我们可以找到很多事例来说明这一点。① 不过，在另外一些地方，希腊文也许比拉丁文更能很好地表达其意思，这也是很容易看到的。

正是通过对这个术语确切含义的深入研究，我们讨论的整个问题的意义和本性就都显示出来了。② 因为没有受到疾病本性变化影响而使得心灵不会变为无序的人，这时他们是处于"健全"状态之中，他们应该能够理解这个术语。与此相应，"不健全"这个术语就是指那些心灵上的无序。因此，在拉丁文中更能够表现出这样的意思。在拉丁文中，我们说那些放纵贪婪或愤怒之人是没有约束之人。他们是不能够自我控制的③（虽然事实上愤怒本身是与某种贪婪、欲望相关的，因为愤怒的定义就是一种复仇的贪婪与欲望）。④ 那些被认为不能够自己控制自己的人之所以能够被这样描述，是因为他们不能够控制住他们的心灵，不能采用自然的方式来承担起整个灵魂的国王。现在我不准备论述希腊术语"μανία"的来源⑤。这个术语隐藏的真实含义，我们比希腊人辨认得更清楚，因为我们对心灵的"不健全"状态进行了区分，这种区分是同愚蠢的大小相关的。其中一种被称为疯狂。希腊人也想做出这样的区分。但是他们使用这个术语时没有考虑其不同的类型。我们称为"疯狂的"，他们

---

① 在Ⅱ.§35节中，同拉丁文的术语比较之后，西塞罗批评了希腊文的一些术语。这里，西塞罗认为区别无序的心灵是由于智力还是有病状态时，拉丁文比希腊文表达得更清楚。他忘记了"愚蠢，ἄφρων"和"疯狂，παράνοια"这两个希腊文。他的希腊文秘书梯罗（Tiro）应该是告诉过他的。

② 整个的（sanus）。

③ 《文学》（Lit.）："已经丧失了他们自身的控制。"希腊文是"ἐξίστασθαι ἑαυτοῦ"。

④ 因为贪婪是用来表示所有欲望的一个普遍术语，而愤怒则是用来表示一种受到伤害的特殊欲望或者是对想得到欲望满足的一种伤害。

⑤ "μανία"的词根是同这些词相关的，它们是：μένος, μεμονα, μαίνομαι, Memini, Mens, Mind, 主要表示同心灵相关。

说 μεγλαχολία①，就好像对于心灵的正确认识就是指心灵仅仅是受到黑色胆汁的影响，在很多情况下是不会受到愤怒、恐惧或痛苦强烈影响的。因此，我们谈到了阿萨马斯（Athamas）、阿尔卡马龙（Alcmaeon）、阿嘉克斯（Ajax）和奥瑞斯特斯（Orestes）的疯狂。②《十二铜表法》③规定，任何人都不允许由于自己不能够一直掌握好他自己的财产而陷入痛苦的状态之中。这样，我们发现在希腊的文本上不是写道"如果是不健全的心灵"，而是写道"如果他是疯狂了的话"。由于他们认为健全的心灵虽然说没有固定的规则，但是愚蠢则是指不能够履行日常的义务，不能够按照日常生活的规则而行动；而疯狂则是在一切情况下心灵的盲从。虽然好像疯狂比心灵的不健全更坏，然而需要注意，在智慧之人身上也可以突然产生疯狂，而不健全的心灵则不会产生疯狂。④还是让我们回到我们的主题上去吧。

6. 我想，总结一下你的观点，你是说智慧之人是能够接受悲伤的。

A：我想是这样的。

M：无论如何，你有这样的观点是很自然的。由于我们不是从石头里蹦出来的⑤，因此，我们的灵魂就具有一种当悲伤降临在我们身上时的关心和敏感的性质。这样的悲伤就会像暴风骤雨那样发生作用。当著名的卡拉托（Crantor）⑥站在我们学院那个著名的具有荣誉的讲台上说话时，他

---

① 疯狂的亚里斯托范勒斯（Aristophanes）使用过这个词"μελαγχολᾶν"（阿里斯托芬用 μελαγχολᾶν 这个词形容疯狂）。参见《鸟》（Bird）14。黑色胆汁是人的四种体液之一，是冷热的混合物，它使得人发怒、快乐、疯狂或沉睡。正如现代心理学谈到的"生物化学过程"。参见 I. §80。

② 希腊神话和诗歌中提到的一些疯狂事例。

③ 《十二铜表法》的原则是在公元前451年由法典委员会批准制定的。该法第五表是"继承和监护"表，其中的第7条规定："精神病人（Furiosus）因无保佐人时，对其身体和财产由族亲保护之；无族亲时由宗亲保护之。"

④ 按照斯多亚学派的观点，智慧之人是不会成为疯狂之人的，因为疯狂是同愚蠢一样的。智慧之人肯定不是愚蠢的，即便在他睡觉时，智慧之人也是智慧的；即便在他想疯狂时，他也仍然会坚持他的智慧特性。

⑤ 奥德赛（Odyssey）19, 163："你不会是从传说中的橡树或石头里迸发的吧？"参见《奥德赛》，陈中梅译，第337页；Aen, 4, "duris genuit te cautibus horrens Caucasus"，高加索山。

⑥ 卡拉托（Crantor）是西西里人，色诺克拉底或克塞诺克拉底（Xenocrates）的学生，《论安慰》（希腊文 περὶ πένθους，拉丁文 De consolatione）的作者。西塞罗模仿过他（为了纪念他女儿去世，他也写过一本《论安慰》——译者注）参见 I. §115。

说的并不可笑。他说道:"我完全不同意这些人的观点。他们极力赞美无感觉之人①,认为人的感觉既不能够存在,也不应该存在。让我以人避免生病为例来说明:如果我生病了,那么我就会有一种感觉能力,感到这就像先前我能够感到有刀子或者是有钳子作用在我身上那样。因为没有感觉的状态是不可能的,除非是灵魂盲目、身体失控了。"但是,我们要警惕那些吹嘘我们本性弱点的话语,这些话语还对这些弱点沾沾自喜。由于我们会让自己勇敢起来,所以我们不仅能够改善各种不同的悲伤,而且也能够从根上消除悲伤的一些构成的因素。然而,或许在我们身上还会残留一些这样的因素。因为愚蠢的根是很深的,那些应该留下的就会留下的。无论怎样劝说,都不能够完全避免悲伤,除非是灵魂受到过医治。没有哲学,完全避免悲伤是不可能的。因此,从一开始,我们就会用哲学的方式来治疗我们的灵魂。如果我们愿意,我们的灵魂就会得到治疗。进一步说,我不仅要治疗悲伤这个问题,虽然这是首先必须治疗,而且正如我论述的那样,我们还要治疗整个灵魂的"扰动"问题——就像希腊人提出的灵魂"疾病"问题一样。如果你同意,首先让我们给出一些斯多亚学派的事例,这些事例是斯多亚学派的学者在实际论证中简要说明过的;另外是要说明按照我们习惯的方式,我们一般是如何认识这些问题的。

7②. 勇敢之人也是一个自信之人。"自信"这个字,尽管是用"Confidere"这个拉丁字来表示的,表示了"对某种东西的信任"。但是,从贬义上说,它又是在说话时一种错误的用法。因为在其中有了骄傲的含义。③然而,自信之人肯定不是过分恐惧之人,因为自信与胆小是有区别的。不过,容易受到悲伤影响之人也是容易感到恐惧之人。当事物出现引起我们悲伤时,我们也会害怕这些事物出现时所带来的威胁。所以,悲伤

---

① 希腊文"无痛苦"(ἀναλγησία)是斯多亚学派的理想。正如对他们的批评者指出的那样,斯多亚学派想要彻底消除善良情感对身体是有利这样的观念,认为情感都带有邪恶。因此,他们要求自己要将情感降低到无情的状态之中。

② 离开了主题讨论,西塞罗总结了斯多亚学派的观点,直到§21节末尾才结束。他模仿了他们那简洁的风格。

③ 在特伦斯(Ternece)的《福米欧》(*The Phormio of Terence*)中的那个寄人篱下就是一个特别自信之人(Home confidens),即厚颜无耻之人。

是同刚毅不相容的。因此，有可能一个容易悲伤之人也就是一个容易感到恐惧之人，因为他的灵魂是沮丧和消极的。当人容易受到这些情感影响时，那么在这样的人身上很容易产生一种服从的情感，他会承认自己已经受到了打击。承认这样情感的人不仅认可了恐惧，而且也是很胆怯之人。勇敢之人是不容易具有这样的情感的，因而，他不容易具有悲伤的情感。不过，如果不勇敢，人便不可能是智慧的。所以，智慧之人是没有悲伤的，而勇敢之人也应该有完善灵魂，完善的灵魂就是未被征服的灵魂，未被征服的灵魂不会在意个人的荣辱，并还会认为这些都是没有意义的。不过，没有人能够轻视给人带来悲伤的事情。从这样的观点来说，智慧之人是不应该遭遇悲伤的。所以，所有的智慧之人都是勇敢的。因此，智慧之人不容易受到悲伤影响，正如人的眼睛一样，如果超出眼睛的范围，眼睛就不能够正常地履行它的功能；其他器官或整个身体，如果没有一个正常的条件，它们就不能发挥出它们的功能，也不能够进行工作。同样地，如果灵魂不安心，它也就不能够正常地工作。不过，灵魂要正常工作的话，是需要正确地使用理性的。智慧之人的灵魂总是最好地将理性和灵魂结合在一起。因此，智慧之人的灵魂绝不会处于无序的状态之中。然而，悲伤就是灵魂无序状态之一。所以，智慧之人总是会消除那些灵魂的无序状态。

8. 还一个可能就是节制之人①——希腊人称之"σώφρων"。他们用这个术语"σωφροσύνη"来表示我称之为的德性。这种德性有时指节制，有时指自我控制，偶尔也指谨慎。也许它们都应该正确地被称作"节俭"（Frugility）。② 与此相应的希腊文表示"节制"之人的术语是"χρήσιμοι"，其意义要狭窄一些，简单说就是"有用"。但是，我们的术语意义则要广泛

---

① 这是一种不规则的对话的形式。在对话中很长时间离题后，其论述的观点本身便被忘记了。在对话中，西塞罗经常会使用这样的形式。只有到了§18节后才重新回到主题上。拉丁文词语是"给出有用的偏离主题"（Qui sit fugi igitur）。

② Frugi，Frugalitas 是两个描述旧罗马人德性的拉丁词汇。使用 Frugi 的地方意味着一个有创造性的地方。当它用来指人时，它的含义就是指正直的、充满活力的、节制的、自我控制的人。这样的人在他所做的一切方面都会采用正确的方法。参见Ⅳ.§36、Frugi 用来做姓名。它还可以指那些优秀的奴隶；而在相同的地方，"Frugalitas"的含义是指"头脑清醒"（σωφροσύνη）。因为德性可以让我们在一切行动时都会采用良好的方式来行事。其中包含着节制、自我控制、谦虚、坚定以及坚韧等德性。

得多，因为它包含了所有的节制，还包含了无伤害（希腊文中没有与此相关的常见术语。它有可能使用这个希腊文άβλάβεια，表示无伤害之义。因为"无伤害"就是指灵魂不能够伤害任何人的一种秉性）。然而，"节制"这个术语还包含着其他德性。如果这个术语的含义不能够广泛应用，如果只能在日常用法中从狭窄的意义上来理解这个术语①，那么它就绝不可能成为给予皮索（Piso）② 赞美的罗马姓氏。但是，害怕的人也不会放弃他的官位。因为害怕是胆小的一个证明。贪心的人也不会放弃对别人委托给他私人财产的霸占，贪心邪恶就是一种证明。一个轻率的人是不能够处理好商业交往的，轻率是愚蠢的一种证明。对"害怕""贪婪"和"轻率"等的处理通常都被称为"节制"。"节制"包括刚毅、正义和谨慎这三种德性——尽管一般说来这是德性之中的一种特性，但是，所有的德性在人身上都是联系在一起共同起作用的。③ 因此，我认为"节制"本身还有第四种含义，因为通过对灵魂中贪婪的持续反对，"节制"好像还有一种特别的功能，它可以指导和构成灵魂一种特别热切的动因，保证受过教育的灵魂在任何情况下都是坚定的；否则，灵魂就会变得"没有价值"。正如我认为的那样，"节制"是来源于"水果"这个词，表示地上没有的好东西。 "没有价值"来源于拉丁文Nequidquam，表示一个人"什么都不为"的状态（也许在一定程度上说，这样的来源说明是很粗糙的，然而它却可以给出我们理解的方向，如果它确实不能够给予我们什么意义的话，那么我们也可以将其看作一种戏说而已）。因此，你提到的"节制"之人，就是一些自我约束之人，他们的节制是非常坚定的，坚定之人也是冷静之人。而冷静之人就

---

① 即贺拉斯的"节省"，见《诗艺》1.3.49："这就是克勤克俭，我们称之为'简朴'。"(Parcius hic vivit, frugi dicatur)。

② 皮索（Lucius Calpurnius Piso）获得过"高贵"（Frugi）的罗马姓氏，在公元前133年曾经出任过执政官。

③ 德性是可以重叠的。在柏拉图的《高尔吉亚》507中，苏格拉底提出了："自我节制的人也是一个正义的、勇敢的和虔敬之人。"参见《柏拉图全集》第3卷，第143页）。如果一个节制之人履行了他对人的义务，那么他也会履行正义；如果他避免一些他应该避免的事情而去追求他应该追求的事情，那么他就是勇敢的。西塞罗认为，"节制"之人会显示出刚毅、正义和审慎。"头脑清醒"这个拉丁文就包含着这三种德性，而且它还有一种特殊的性质。因此，西塞罗说，"头脑清醒"还有第四种德性，即"节制"。不过，确实不能够说西塞罗的"因此"是清楚的。

是摆脱了所有困扰之人，也是摆脱了悲伤之人。所有这一切都是智慧之人所具有的。因此，悲伤离智慧之人是非常遥远的。

9. 在荷马史诗中那节关于阿奇里斯（Achiles）由于悲伤而恸哭时的描写中，我认为：

当我记住我已经被剥夺了自己的光荣和荣誉之时，

由于增大了我内心那种幽暗的愤怒，这使得我胸腔里的心脏变得很大。①

赫拉克利亚的狄奥尼修斯（Dionysius of Heraclea）② 主张要灵巧——当面对身体增加时，手能够适当地发挥吗？或者是在一个膨胀而有腐败的状态中，其他机体都能够是完善的吗？相似地，当灵魂肿胀和膨胀时，灵魂就是在不健康的状态之中。不过，智慧之人的灵魂总是会摆脱那些不完善的，它们是绝不会受到污染，也不会膨胀的，污染和膨胀都是灵魂愤怒产生的条件。因此，智慧之人从来是不会愤怒的。因为如果智慧之人有愤怒的话，那么他就会有贪婪。贪婪是愤怒之人独有的特性，这种特性就是一种意愿，它表明了某人自己受到伤害后产生出来的最大痛苦。③ 而且如果人拥有贪婪的话，那么具有垂涎贪婪目的的人应该会感到极大的快乐。因此，在另一种不幸中，他会产生快乐。由于智慧之人不可能具有这样的特性，因此，他就不能够感到愤怒。但是，如果智慧之人能够感受到悲哀，也能够感受到愤怒的话，那么由于他摆脱了愤怒，所以他也就摆脱了悲哀。如果智慧之人能够感到悲哀，那么他也就能够感到同情（Compassion）④、他就会感到嫉妒（我不用拉丁文 Invidia 来说嫉妒，因为它是用

---

① 《伊里亚特》第 9 卷第 646 节。参见《荷马史诗——伊里亚特》，第 193 页。

② 参见 II. §60。

③ 参见 §11。

④ "同情"和"忌妒"这两个词在希腊文和拉丁文中都同"痛苦"（πάθος, Aegtitudo, λύπη）一词相关。然而，在《为里伽流斯的辩护》中，在说到对凯撒的赞美时，西塞罗说道："充满活力的人都不会赞美任何的怜悯。"（Nulla de tuis virtutibus plurimis nec gratior nec adminrabilior Misericordia est.）

来指一个人嫉妒的对象；而拉丁文 Invidentia 是来源于 Indiia①，用来正确地表示避免 Invidia 的含糊性。它来源于表示亲眼看到对象的兴旺而产生的狭隘心灵）。正如在麦拉尼普斯（Melanippus）所说的那样：

有谁能够对我孩子们的赞美不以为然呢？②③

好像这并不是很好的拉丁文。而诗人阿西乌斯也是赞同这种说法的："Videre"用来表示"观看"的宾格，所以，拉丁文"Invidere floren"就表示"对……赞美的不以为然"，它就比用"Flori"的所有格更真实。语言的这些用法使得我们不能够分清这样的含义，那个诗人却宣称他有这样能力，并能够自由地交谈。④

10. 因此，同样的人也很容易产生怜悯和忌妒。看到别人不幸而产生痛苦之人也容易对别人的兴旺发达而产生痛苦。例如，泰奥弗拉斯托斯（Theophrastus，约公元前 372—前 287 年，古希腊哲学家）在吊唁他的朋友卡利斯提尼斯（Callistheness）⑤时，对于亚历山大的兴旺发达就感到愤怒。所以，他说到卡利斯提尼斯达到了个人能力的顶端是非常的幸运。但是没有人能够对于如何能够达到兴旺发达给出一个更好的解释。由于邻居的不幸而产生的同情是一种悲哀，由于邻居的兴旺发达而产生的嫉妒也是一种悲哀。因此，如果一个人具有同情，那么他也就具有了忌妒；而智慧之人则是没有嫉妒的，同样地，他也就没有了同情。如果智慧之人能够经常感到悲哀的话，那么他也会经常感到同情。所以，智慧之人始终是会远

---

① 拉丁文"Invidia"这个词有两层含义：Altea invidum, altera invidiosum facit，即"一层含义是指一个忌妒之人；另一层含义是指能够激起忌妒之人"。见《给昆图斯和布鲁图斯的信》第 6 段第 2 节第 21 行（Quit. Ⅵ. 2. 21）。在《麦拉尼普斯》（*Melanippus*）中，Invidere 有希腊文"被嫉妒"（βασκαίνειν）和拉丁文"被迷惑"（fascinare）的含义，其意思是"引起了忌妒"。

② 参见附录二。

③ 参见附录二。

④ 这段文字是西塞罗的一种解释，也是西塞罗对赫拉克利亚的第欧里塞乌斯对荷马史诗中那段文字解释的评价。

⑤ 卡利斯提尼斯（Callistheness）与亚历山大大帝是同学，当时他们都是亚里士多德的学生。他是当亚历山大大帝入侵亚洲时被一场阴谋所杀死的。那斯布斯的泰奥弗拉斯托斯（约公元前 372—前 287 年，古希腊哲学家），参见 V. §24。他是柏拉图和亚里士多德的学生，曾经写过一本书来回忆他的这个朋友。

离悲哀的。

这就是斯多亚学派通过一些不恰当的，也是难以理解的方式提出的对此问题的一些观点。但是这样的问题是需要给予进一步详细说明的。对于上述观点，我们仍然需要利用其他一些思想家的观点，因为他们提出的观点更为合理、更为中道，而且他们赞同的观点给予了我们很大的鼓励，因为他们谈到的都是一些刚毅强壮的精神，漫步学派就是我们的朋友。由于在足智多谋、学识以及在希望等方面，他们的观点并不一致，其中一些还存在着差异。因此，他们还没有充分地将我成功说服，使得我接受他们所说的无灵魂的纷扰或灵魂无疾病的中道①和人需要节制的思想。因为恶就是恶，甚至恶的节制也仍然是一种恶。我们的观点是在智慧之人身上根本就没有恶，甚至在智慧之人的身体中，哪怕有一点病痛，我们也不能说他是健康的。② 因此，在灵魂中所谓的"中道"或"节制"的阐述就不是很合理。

于是，在很多情况中，我们国家的公民，由于类似的身体不健康等条件和原因，也会表现出一种良好的本性。我们用的"悲哀"这个词包含了激动、焦虑和苦闷等情感。用几乎是相同的术语，希腊人也描述了所有灵魂的纷扰状态，因为他们使用了"πάθος"这个词。③ 这就是说，"疾病"，因为无论是灵魂中出现什么样的麻烦或变化，都是指灵魂生病了。我们肯定会做得更好的，因为灵魂的痛苦完全同身体的不健康相似。不过，贪婪并不类似于疾病，狂欢也不是疾病，它们仅仅是灵魂热烈过度的快乐而已。实际的恐惧也不是疾病，尽管它同痛苦紧密相关。不过，正如身体的疾病一样，灵魂的疾病也应该给出一个恰当的名字，其含义应该与痛苦的含义相似。因此，我们应该寻找这种痛苦的起源。找到灵魂陷入痛苦的根本原因，就如同我们诊断我们身体的疾病那样。因为当他们发现了疾病

---

① 希腊文"漫步学派"的词是"μεσότητες"（中道）。漫步学派教授亚里士多德的中道思想，即在两个极端中的一种平衡，德性就是在两个极端中的平衡。例如勇敢的德性就是一种中道，即在鲁莽和胆小之间的平衡。参见§74。"中道"表达了希腊人对于德性美的思想，强调的是和谐和比例，而不是对错之间的根本区别。不过，亚里士多德说道，从本质上说，德性就是完全远离恶。德性与恶的区别不仅是数量上的，好像西塞罗认为漫步学派就是这样主张的。

② 漫步学派不承认在恶的状态之中存在着"中道"。例如，有大病与小病之分，但是它们之中没有善的"中道"。具体参见亚里士多德的《伦理学》。参见Ⅱ.6.17。

③ 参见§7。

的原因时，自然哲学家们认为他们也就已经找到了治疗这些疾病的方法了。类似地，当我们发现痛苦的根源时，我们就将有可能找到其治疗的方法。

11. 这样，从观念上说，我们不仅完全可以发现悲伤的原因，而且我们还能发现所有纷扰的原因。为此，我们可以将大量这类现象再细分为四大类。因为所有的纷扰都是灵魂的改变，要么是缺乏理性，要么是轻视理性，或者是不服从理性。这些现象都是以这样两种方式所引起的：一种是由善的观念引起的；另一种是由恶的观念引起的。相应地，我们就有四种纷扰的类型。根据善的观念有两种行为：第一种情况是强烈的快乐，这就是说，通过当时的一些大善可以激发出快乐；第二种情况是过度对那种设定大善的渴望，这种渴望不服从理性的指导，或许可以恰当地称之为"欲望"或"贪婪"。因此，这样两类悲伤或纷扰，即强烈的快乐和贪婪都是来自善的观念。它们纷扰了灵魂，就如同另外两种类型，即恐惧和悲伤纷扰了灵魂一样。恐惧是由于恶的严重威胁而产生的；悲伤是由于当时恶的影响而产生的。显然，这样一种恶的观念好像就是对于痛苦构成的合理的理性说明，这就意味着感到痛苦的人应该能够感到痛苦。然而，如果我们希望自己过一点和平和安静的生活的话，就必须用我们的力量竭尽全力地去抵制这些纷扰。这些纷扰是在人的生活中由于恶的思想影响使得人松懈和被抛弃所致的。让我们来考虑另外一个时代中的扰动问题。① 如果我们能够的话，那么让我们现在先摆脱一下悲哀。因为你已经说过你认为智慧之人很容易感受到悲伤，但是我是绝不会同意这样的观点的。事实上，这才是我们要谈的题目。无须多说什么②，因为悲伤是令人厌恶的、被人诅咒的。

12. * 你怎么认识英雄的悲剧呢？

坦塔罗斯（Tantalus）的后代，佩洛普斯（Pelops）③ 的儿子，具有皇室的血统。奥诺玛奥斯（Oenomaus）曾经在那场挑战的婚礼上战胜了希

---

① 在第四章中，西塞罗思考了其他对于灵魂的扰动问题。

② 他与斯多亚学派的思想进行了对比，漫步学派说："我们会悲伤，但是，要限制；我们会有欲望，但是要节制；我们会愤怒，但是并不是无法平息的。"

* 英文版上漏掉了 XⅡ，但是拉丁文版上有。

③ 梯厄斯忒斯（Thyestes），参见 I. §107，是佩洛普斯的儿子，坦塔罗斯的孙子，朱皮特伟大的孙子。然而他却可耻地失败了，而佩洛普斯在四轮马车的比赛中是战胜了希波丹米的。

波丹米（Hippodamea）吗？

是的，他是朱皮特（Jupiter）伟大的孙子！作为这样的后代，他会失败吗？

忍住吧，我的朋友，不要接近我，赶快离开吧。

以免我阴暗心理影响到好人，因为在我们的身体中隐藏着一股强大的邪恶力量。

梯厄斯忒斯，你不是要惩罚你自己吗？因为人身上存在着另一种邪恶的力量。你不是要剥夺你自己的视力吗？或者是你不认为太阳神那个血统高贵的儿子是不值得他父亲的目光去照顾他吗？

我的视力模糊不清，我的骨架枯瘦如柴，没有洗过的脸上坚硬胡须沾满了污秽，变得很黑而从来不去修理。胸膛上到处都是污垢之物。

哦，这样的疾病使得埃厄忒斯（Aiήτης，Aeetes）变得愚蠢。而你也慢慢地积累，逐渐变得愚蠢。那些将不幸带给你的人还不在名单上。事实上，如果灵魂中出现了发烧，你就可以使得这些人成为恶人——正如我已经说过的那样，悲伤就隐藏在对恶构想的观念之中。不过，我们应该假设，你的悲伤是因为你失去了王位而不是失去了女儿。① 为了女儿，你的恨或许还是有一些道理的；而失去王位，你完全不能够忍受了则是没有道理的。由于一个人不允许去统治自由之人而产生的悲伤，并且这种悲伤使得他自己形成痛苦，这种情况应该是耻辱的。借主狄欧尼色乌斯（Dionysius）② 就是一个例子。当他被从西拉库斯驱除之后，在柯林斯却成了一个学者。这样，他处理权力统治的无能，而现在在这里则是完全不需要了。那么，还有什么是比塔奎更可耻的呢？因为在战场中，战士们都拒绝接受他的高傲。当他感到即便借助维京人（Veientines）和拉丁人的帮助，他也不可能恢复他的王位时，据说他撤退到了库迈（Cumae）。在这座城

---

① 西塞罗引用的是帕库维乌斯的米都史（the Medus of Pacuvius）悲剧。在该悲剧中，埃厄忒斯（Aiήτης，Aeetes）被他的哥哥皮尔色斯（Perses）剥夺了王位，因为他丢失了金羊毛。在米德亚（Medea）帮助下，杰孙（Jason）赢得了胜利。参见附录二。

② 狄欧尼色乌斯是一个年轻人。在公元前367年，他继承了他父亲的王位。在西塞罗心中，不仅有埃厄忒斯·塔奎（Tarquin），而且还有朱留斯·凯撒（Julius Caesar）。

市里，由于年迈体衰和心力交瘁，他被带入了坟墓。

13. 这样，你是否还认为这个智慧之人能够有可能战胜悲哀，或者说战胜痛苦呢？其实，当一切纷扰都是悲哀时，"痛苦"就意味着我们实际上已经被绑在了一个架子上了。贪婪涉及情感，狂热涉及轻浮，恐惧涉及堕落。而悲痛涉及的则是不好的事物，它意味着衰落、折磨、痛苦和丑恶；悲痛撕破了灵魂，让灵魂慢慢地腐烂，直至最后消失。除非我们消除和丢掉悲痛①，否则，我们就不可能摆脱痛苦。

而且非常清楚，悲伤是由一些极大恶的感觉引起的，这些恶好像紧密地把我们围住了。为此，伊壁鸠鲁认为由恶的观念所产生的悲伤都是自然②的结果。从这种意义上说，任何人，只要他能够不断地沉思一些恶，那么他就能够感受到悲伤，如果他能够想象他就处于恶的包围之中的话。而居勒尼学派（Cyrenaic）则认为并不是所有的恶都会引起悲伤，引起悲伤的仅仅是某种意外和没有想到的恶。确实，一般的恶在增强悲伤上是没有什么作用的。因为所有突然出现的天灾好像比一般情况中的天灾要严重得多。因此，下面这些文字是对此恰当的赞誉③：

> 我是他们的父亲，我在养育他们时也为他们养育了死亡。
> 为了保卫和维护希腊，我也把他们送到了特洛伊（Troy），
> 我清楚地知道我送给他们的并不是去吃盛宴而是去死亡。

14. 因此，对于未来的预期缓解了对将要来临之恶的损害程度。所以，欧里庇德斯（Euripides）告诉特修斯（Theseus）④ 的那些话是值得赞

---

① 参见 II. §20。

② "自然的"就是必然的，希腊文是"φυσικῶς"。而斯多亚学派认为悲伤却是同自然的和自愿的相反。

③ 通过居勒尼学派（Cyrenaic），参见 II. §15，可以看到预期的恶还不能够引起悲伤，只有那些无法预期的恶才能引起悲伤。这些文字来自恩尼乌斯的特勒莫（Telemo）。在那里，特勒莫正在同他的儿子阿加克斯（Ajax）和特乌色尔（Teucer）说话，因为他将要把儿子送到战场上去。见附录二。

④ 《忒修斯》是欧里庇德斯一部失传的悲剧。在普鲁塔克的《道德论从》第 112D 节可以见到所引用的希腊文，位于该书的第 563 页。参见［古希腊］普鲁塔克《道德论丛》（第 1 卷），席代岳译，吉林出版集团有限责任公司 2015 年版，第 19 页。

第三章 论减轻悲伤

美的。因为按照我们的日常实践，它们可以被翻译为下面的拉丁文译文：

> 自从我在智慧之人那里学习了这一课之后，我就会反思我心中将会出现的疾病：
> 过早的死亡或为了驱除疾病的斗争，
> 或者其他灾难的负担等等。反思之后的我会赞同这些看法。
> 如果根本的变化会带来灾难，那么我就算再小心都不能够对此有所准备。

通过这一课，特修斯说他已经了解了欧里庇德斯这位智慧之人。他上的这一课就是认识他自己，因为他曾经是阿拉克萨哥拉（Anaxagoas）① 的学生。根据历史流传下来的故事，当他听说他儿子去世时，阿拉克萨哥拉说道："我知道我又有了一个凡人。"这样的说法表明死亡这样的事情只是对于那些没有怀疑死亡的人才是残酷的。因此，这种说法认为，并不是人所想到的一切事情都是可疑的。因为，如果恶的出现是无法预料的话②，那么恶就是一种较大的悲伤。虽然恶并不是最大悲伤的唯一原因，但是，人应该考虑人身上全部运气的所有变化，因为预测和预防在痛苦的教育上是非常重要的。毋庸置疑，这里可以看到那种超凡入圣智慧的最高形式，即在全面研究和理解人的这些变化时，人们会对由于这些变化使得事物彻底丧失而感到无比惊讶。在此之前，人们总是在思考一切能够感受到的事物。

> 因此，当命运向他微笑时，任何人都会感到快乐，并马上在心里会想到他为什么还会承受痛苦的折磨呢？
> 让他去想想他从国外回来时所遭遇到危险、失败，儿子的犯罪、妻子的分离、可爱女儿的疾病；
> 为了避免我们的心灵被陌生的东西所打击，想想那些一般人幸运

---

① 参见 I. §104。
② 在古罗马历的 4 月 15 日前的一个晚上，凯撒与勒皮杜斯（Lepidus）共进晚餐时，勒皮杜斯问了一个问题："如何死亡是最好的？"在考虑了一下后，凯撒大叫地说道："突然死亡就是最好的。"

时经常会发生的事情吧。

这样，我们就可以按照预期获得我们希望的幸运。

15. 当特伦斯（Terence）① 对于从哲学中获得的感受给出了一个睿智的表达时，难道我们就不能够用更好的术语来表达它吗？也不能够更加清楚地感到哲学吗？现在让我们来看看智慧之人吧，来看看曾经智慧的人吧。据说苏格拉底的妻子粘西比（Xanthippe）过去经常对苏格拉底的穿着提出要求，因为她说过，她看见外出后回到家里的苏格拉底的服饰没有任何变化，他绝不是像老克拉苏（M. Crassus）② 那样看起来很严肃。根据卢色里乌斯（Lucillius）的说法，在他的生活中，苏格拉底总是会受到嘲笑。不过，苏格拉底始终会平静地面对这些嘲笑，他总是看起来很爽朗。因为历史告诉我们：良好的平静看起来总是相同的。因为即便受到外面作用，其心灵状态是没有任何改变的。

因此，对我来说，在面对生活的变化和机会时，我确实接受了居勒维学派的思想，这使得我能够将他们提出的思想作为武器来应对这些情况。为了避免自己在生活中受到攻击，以前长时间我都在思考其中的原因。我认为我们所谓的"恶"就藏在我们的信念，而不是在我们的本性之中的。因为如果恶是完全实在的，那么为什么一点都不能够对此给予预测呢？不过，另一种更为合理的说法也是可能的。如果我们首先考虑伊壁鸠鲁（Epicurus）的观念的话，他提出所有人都应该能够感到悲哀，如果他们认为恶就存在于他们周围的话，无论是在此之前能够预测和料想到，还是通过长期努力而观察到的恶。根据伊壁鸠鲁的观点，恶既不会在一段时间中减少，也不会因为考虑得周全而减轻。此外，他还认为有一些人是愚蠢的，因为他们还在详细考虑恶有可能现在出现或也有可能在将来不会出现这样的问题。他说到，所有的恶，当它出现时，都是非常可恨的。但是，恶会终身伴随着那些总是考虑灾祸出现的人。因为如果恶完全不是命中注定要出现的，那么人就必然不会成为一位带给自己痛苦的受害者。人总是

---

① 他的喜剧《福米欧》第 2 卷第 1 节第 11 行。
② 老克拉苏是当时罗马的首富（Agelastus, ἀγέλαστος），公元前 105 年元老院的议员，三巨头之一克拉苏的祖父。

会经历痛苦或受到痛苦反应的折磨。然而，伊壁鸠鲁发现，减轻悲伤的方式有两种：一种是让灵魂摆脱对于烦恼的思考；另一种是回忆①起对快乐的关心。因为伊壁鸠鲁认为灵魂是能够服从理性并接受理性指导的。因此在他看来，理性会阻止人们去关注烦恼，不再对痛苦非常敏感，试图保持思想中的静思，极力推进人们去发现多种快乐，并用心灵的全部能力去享受快乐。所以，按照这位哲学家的看法，智慧之人的生活总是充满了对过去快乐的回忆和对未来快乐的希望。我们已经用我们的风格阐述了这样的观点。而伊壁鸠鲁却用他的方式在阐述观点。现在让我们来看看他的观点，我们可以忽视其阐述方式中的一些问题。②

16. 首先他对以前关于恶的看法的批评是错误的，因为反思一种没有可能在长期生活中发生的事情是根本不可能减轻和缓解悲伤的。作为人，对于我们国家的关注、对于我们生存法则的研究以及对于服从生存法则的服从等研究都是无用的。这些认识的作用并不是要让我们总是感到悲伤，而是要预防在我们生存中的悲伤。因为那些思考自然或本性、思考生活变化以及人类弱点的人并不是在思考这些事情时就感到悲伤的，而是在做这些事情时他才会感到悲伤的。所以在思考这些问题时，人必须要体现出智慧的作用。因为人肯定能够从哲学这种特殊的作用中获得快乐，假如他去反思人类生活的变化的话。在遭遇不幸时，有三种方式能够帮助人摆脱不幸：第一，人一直都在思考不幸或苦难，但这并不是一种减轻和消除所有苦恼最好的方式；第二，人在思想上必须认可命运的安排；第三，人只能看到这是一种犯罪，而不能够看到这是恶的表现。不过，这时人还没有受到伤害，也就不存在犯罪的问题了。

至于伊壁鸠鲁提出的所谓"回想"，其目的就是不让我们对于恶进行反思，对此我是不同意的，因为这样的回想既是无效的，也是空洞的。当我们受到恶的环境刺激时，恶是隐蔽的，还是被遗忘的，都不是我们能够控制

---

① Revocatio 是一个军事比喻，意思是"带回、撤回或回想"等。例如"表示对听过东西的回想"（Receptui signum aut revocationem a bello audire non possumus）。参见 II. §48，该词用来说明人又回到了他开始的合理进程中去了。

② 这是一种没有教养的表述，因为伊壁鸠鲁说过："亲爱的孩子们，远离一切教育吧！"（Παιδείαν πᾶσαν, μακάριε, φεῦγε.）

的。环境把我们分裂，使得我们焦虑和冲动，焦虑和冲动的作用都是狂热的。① 它们让我们处于狂热状态之中。伊壁鸠鲁，你要命令我"忘记"吗？尽管遗忘是同本性相反的。然而，你歪曲了我的意思，我的意思是痛苦是长期存在的，因为这是由痛苦的本性决定的。确实，对于痛苦的治疗是一项缓慢的工作，但是只有通过长期的治疗才能够有效。你让我只去想善，而不去想恶。假如你能够感到一些对人而言最有价值善的事情的话，那么，你还是说了一些问题，就像一个伟大哲学家说了一些有价值的事情那样。

17. 假如毕达哥拉斯、苏格拉底或柏拉图对我说："为什么你不会感到沮丧？或者说为什么你没有悲伤？或者说为什么你会乖乖地服从命运？"尽管它们有可能会压痛和刺痛你，但是它们还没有从根本上成为决定你的力量，因为在你的德性中还有一种坚强的力量。但是，如果德性有可能沉睡了，那么你就会感到沮丧、悲伤和宿命。这样，你首先就会想到德性是最重要的，我的意思是刚毅。刚毅之人就是那种具有这样一种精神之人，这种人轻视让自身陷入其中的命运，从来也不会去考虑命运的安排；其次就是节制德性，节制之人也是自我控制很好之人。不久之前，我还称之为"朴素"之人②，节制德性会使得你不去做那些丢脸和卑鄙的事情。那么，什么事情比一个男人的娘娘腔更不光彩和卑鄙的吗？正义德性将阻止你去做那些娘娘腔的丢脸和卑鄙之事；在这种情况下，这个娘娘腔的人好像没有什么需要了。不过，这种人仍然会认为你显然是不正义的。尽管你也知道人都是要死的，但是，我们还是需要一种像神那样永恒不死的态度。你总抱怨收到礼品后要给出回报，就好像你已经得到了一笔贷款而不想给利息那样。这时，你很希望那笔贷款不是你自己的贷款，而且当这种人告诉你，对他们来说，为了不仅要过幸福生活，而且还要过好生活时③，他们会认为这时的德性对他们来说就是一种自我约束。那么，你是怎样理解的"节制或谨慎"的呢？如果谨慎或节制是与外部事物相关的话，如果它取决于外部事物的话，那么，谨慎或节制就既不能在他们身上形成，也不能回到他们本身上去。这样，在完全独立的状态中，他们就找

---

① 参见Ⅱ.§61。
② §16。
③ 这是本书第5部分的主题。谨慎或节制的作用就是要区分好坏的问题。

不到任何德性的东西了。我不理解为什么人们会认为他们的言语中还有对情感崇拜的价值，或认为在他们的行为中有一种热切的探寻。如果你让我回忆起好的事情，伊壁鸠鲁，那么，我服从、我遵守，我将你看作我唯一的指导老师，我也将"忘记"恶，就像你命令我那样。不过，我们还要多多准备去思考恶的问题，因为我认为他们对恶的思考还远远不够。不过，现在你又让我的思想回到了快乐上面。那么，什么是快乐呢？① 我想，那是指记忆或期望中身体上存在的快乐而已。除了这些快乐，难道就没有其他什么快乐了吗？我能对你这样的观点给予真实的说明吗？他的弟子说不能，因为他们坚信我没有能够理解伊壁鸠鲁的思想。伊壁鸠鲁确实这样说过。一点也不刚烈的芝诺（Zeno）②，便是在他们之中最聪明的人。我听说在他的晚年，他就一直坚持公开地说他是幸福的，因为他始终都在享受着快乐。他也确信在他全部生活过程之中，或者说在他大多数生活里都没有痛苦的影响。即便是在生活中出现了痛苦，那也是非常罕见的，是短暂的。如果痛苦的时间很长，那么这就会暗示恶比快乐更多③；如果按照这样的思路，痛苦也会给予他幸福。特别是如果他对先前愉快的好事都感到满意的话，那么他就不会对死亡或神感到恐惧了。你接受了伊壁鸠鲁关于幸福生活的观念，因为芝诺用他自己的语言表达了这样的观念，所以，这些都是一些不可拒绝的观念。

18. 是吗？生活中这样的观念和思想能够减轻我在前面提到过一些人，比如梯厄斯忒斯（Thyestes）、埃厄忒斯（Aeetes）的痛苦吗？能够减轻忒拉蒙（Telamon）被他的祖国驱除而作为流放者的痛苦吗？同样地，它们还能不能减轻贫穷者的痛苦呢？一想到这些人，人们便会感到惊讶：

---

① "肠胃的快乐是一切善的源泉和根本，若是美好能带来德性快乐，它们就有价值。"（ἀρχὴ καὶ ῥίζα παντὸς ἀγαθοῦ ἡ τῆς γαστρὸς ἡδονή · τιμητέον τὸ καλὸν καὶ τὰς ἀρετὰς καὶ τοιουτότροπα, ἐὰν ἡδονὴν παρασκευάζ），这是伊壁鸠鲁说的，见雅典 [Athenaeus（Deipnosophistae）]。

② 芝诺是一位同西塞罗同时代的伊壁鸠鲁主义者。人们称他"为伊壁鸠鲁的代言人"。他称苏格拉底为"阿提库斯的蜗牛"（scurra Atticus）。他经常谈到克利西波斯（Chrysippus），轻蔑地称他为"斯多亚学派之父"。见荷腾西斯《麦克比乌斯的农神节》第 1 卷第 3 段第 127 节："我们能够说克里西波斯是那个学派之父吗？"（Non nosti, quid pater, inquit, Chrysippus dicat?）

③ 参见 II. §44。

在这里的我们看到了著名的忒拉蒙提升了上天的荣誉,
人们注视着他,希腊人与他不再是面对面地交流了吗?

但是,如果任何人发现,正如同一首诗中所说的那样,"由于命运的作用,精神突然堕落了",人就应该从过去那些热情的哲学家中,而不是从那些对愉快的热衷者中寻找治疗的方法。对于那些不务正业之人,那些丰富的善的意义会有什么作用呢?假如你愿意认为至善就是缺乏痛苦,尽管至善并不是快乐这个术语①——而现在不需要研究任何事物——这是不是会引导我们去认识悲伤的信念呢?如果你愿意,那就应该承认痛苦是最大的恶。如果一个人摆脱了恶,他就不会受到痛苦的折磨,那么他这个人是不是马上就能够享受快乐呢?伊壁鸠鲁,为什么我们要回避这个问题呢?为什么我们不承认我们所谓的"快乐"就像你经常说的那样呢?你说过快乐不过是把所有羞耻的感觉都丢掉。这些话是你说的吗?例如,在那本包含着你全部教诲的书中(因为现在我只是想翻译这本书,这样,就不会有人认为那些思想和观念是我提出的),你是这样说的:"对我而言,如果我将善去掉的话,我只是通过味觉而得到快乐的话,我只是通过听音乐而得到的快乐的话,我只是通过眼睛看到的那些变化的事物的美的话②,或者说在整个人身上只有能够获得由于感觉形成的快乐的话,那么,我是不能够在善这个术语上发现其意义的。确实,没有同感觉相关的善是不可能产生的——心灵的快乐总是被认为是同善相联系的。因为我只有用心才能够理解善。情况只能是这样的,当善有一种希望时,这种希望就是所有我称为善的——这种希望中,其本性将是自由地享受这些快乐,而在其中没有任何痛苦的成分或因素。"我引用了这么多伊壁鸠鲁说过的话,这样,你就可以请那些乐意去认识的人知道什么是伊壁鸠鲁所说的"快乐"。那么,再说一点,"我经常问",他说道,"那些被称为聪明之

---

① 因为这是一个中间状态,既不快乐也不痛苦。

② 例如,赫罗第阿斯(Herrodias)女儿的舞蹈。见马修斯的教训第14节第6段。伊壁鸠鲁自己的话是这样说的:"如若去掉来自味觉的快乐、来自情欲的快乐、来自听觉方面的快乐或五彩斑斓的运动给视觉带来的快乐,对我来说,我就不能思考善了。"(οὐ γὰρ ἔγωγε δύναμαι νοῆσαι τἀγαθὸν ἀφαιρῶν μὲν τὰς διὰ χυλῶν ἡδονάς, ἀφαιρῶν δὲ τὰς δι' ἀφροδισίων, ἀφαιρῶν δὲ τὰς δι' ἀκροαμάτων, ἀφαιρῶν δὲ τὰς διὰ μορφῆς κατ' ὄψιν ἡδείας κινήσεις)

人，在善之中满意的是什么呢？如果去掉所谓利益的话，除非假定他们希望对于没有意义给予惩罚，我是不能够从这些人中学到任何东西的。如果他们继续选择在'德性'或'智慧'① 上含混不清的话，他们仅仅是说明了一种导致我称之为"快乐东西"的方式。"在那本书里②，从整体上说，也是同我的想法相同的。该书讨论了至善，整个书里充满了类似的语言和感觉，这就是英雄式拉蒙因为他的痛苦信念能够让你"回忆"起的生活吗？如果你发现你的亲戚都被这样的信念影响了，那么，你会给他一份鱼子酱③，而不让他接受苏格拉底的治疗方式吗？你会让他去听水利风琴弹奏出来的音乐，而不是读柏拉图的著作吗？你会拿一些不同的花让他欣赏吗？你会将一束花或那一种烧焦的东西放在他的鼻子下让他去闻，在他的花环上配饰一些花圈或玫瑰吗？如果确实可以做另外一些事情④，那么显然你会将他眼睛上的所有水都擦干净。

19. 伊壁鸠鲁应该承认，他的这些观念要么是已经从我逐字翻译他的书中去掉了；要么就是要把他那本书整个销毁了，因为该书处处都是快乐。然而在人们的讨论中，我们应该研究的是，人如何才能摆脱痛苦，而不是快乐。

此刻，真正的运气是不能对我产生影响的，只有高贵的出生才能有影响。因为一旦我拥有王位，那么这只是向人们表示我是来自高贵而自豪的地方而已。就我来说，权力的自豪、财富的丰富、幸运等，这些都是同我的命运相悖的。⑤ 这是什么意思呢？一方面，我们应该强迫那个可怜的人用一个高脚酒杯或类似的东西来制止他的恸哭吗？另一方面，这里，你可以看到如此的诗句：

---

① 他们夸张地谈论着德性，其唯一的思想就是德性对于获得快乐是有用的。见《论至善与至恶》（ *De Fin* ）V. §80："按照伊壁鸠鲁的说法，智慧之人总是幸福的，不过，事实上，有时也不是这样的。"（Dixerit hoc idem Epicurus, semper beatum esse sapientem; quod quiden solet ebullire nonnunquam）也可见马达维（Madvig）的注释。

② "周而复始"（Περιτελους）。

③ "旧时吃鱼是最高贵的"（Apud antiquos piscium nobilissimus）。见老普林尼. IX. 17. 27。

④ 粗俗的伊壁鸠鲁主义使得西塞罗很高兴地避免提出这一点。

⑤ 参见附录二。

现在一旦力量增大，赫克托（Hector），你的目的就会丧失①。

当她要求我们帮助她时，我们就应该给予她帮助。

在何处可以找到或发现这些帮助呢？我们又如何满足她的要求呢？

我是希望让她战斗，还是希望让她撤退呢？

要塞和城市已经被占领了，我还可以向谁求助呢？

我的国家所有的神坛都在原来的位置上坍塌，都已经被破坏，都已经被扭曲了。

庙宇被大火所吞没，坚实的城墙上到处都是火焰，

一切都被破坏了，一切的外貌都被改变了，松树制作的横梁已经弯曲……

你是知道接下来还会发生什么的，下面这些诗句表达了这些情况：

父亲啊，我的国家。啊，帕尔马皇宫（Prima，帕尔马是特洛伊的国王）。

这个庙宇的中央，回声嘹亮。

我只能在这些残留的华丽中看到了你。因为皇宫中先前用象牙和黄金装饰过天花板或屋顶已经被腐蚀，已经破烂不堪了。

哦，这是一些多么美妙的诗句呀！无论如何，我们这些现代模仿欧福里翁（Euphorion）②的人应该说是没有多少价值的。他对那些不期而遇而要忍受的悲伤都是非常敏感的。这样，在那副价值连城的皇家画的后面，能够永久承受的是什么东西呢？

在燃烧的火焰中，我看到了这一切，

我看到了帕尔马短暂而残酷一生，也看到了被鲜血染红③的朱比特（Jove）神庙的高贵。

---

① 这些话语来自恩尼乌斯的《阿德罗马卡》（Andromacha）。见附录二。
② 公元前3世纪卡尔斯基（Chalcis）的欧福里翁。在西塞罗时代，欧福里翁喜欢古罗马时代的诗人恩尼乌斯，他也是恩尼乌斯的仰慕者之一。欧福里翁属于模仿亚历山大主义学派之人。
③ 参见 I. §85。

这是一种高贵的悲伤。在这个故事中展现的都是忧伤、修辞和节奏。让我们来消除这个故事的忧伤。怎么办呢？我们想睡到一张羽毛床上，有一把竖琴，点燃一束味道甜蜜的香，喝一滴镇静用的糖浆水，再拿一些东西来吃，最后做一件能够消除最悲伤痛苦的好事。因为在此不久前，你说过你不能理解一些人的想法。因此，我是同意伊壁鸠鲁在善上面从悲伤到反思的所谓"回忆"之说的，因而"回忆"便是一种义务，如果我们都认可善是有意义的话。

20. 有人会说：是这样的吗？你认为伊壁鸠鲁会这样来说这类事物，或者说他的观点是有些放纵的吗？我肯定不会这样认为的，因为我认为他的言词中说出了某种朴素而又带有一些高贵的精神。[①] 因此，正如我已经说过的那样，所要讨论的问题并不涉及伊壁鸠鲁的道德，而是同他的智力相关。然而，他又对他赞美过的快乐给予了很多的嘲讽。我会记住，伊壁鸠鲁认为快乐就是最高的善，因为他不仅使用了"善"这个术语，而且还清晰地阐述了其中的含义。他说道："人们用眼睛所看到的风味、拥抱、奇观、音乐以及对象的外表等都有可能产生快乐的印象。"我不是在创新，也没有误传他的思想，是吗？我只是想反驳一下而已。如果伊壁鸠鲁在所阐明的任何问题上都具有某种真理的话，那么我也可能受到了伊壁鸠鲁的影响。然而，请等一下！伊壁鸠鲁说过，当痛苦消除时并不会增加快乐；他也说过最大的快乐就是没有痛苦。在这些话中有三个错误：第一个错误是他的话是自相矛盾的。因为现在他说他从来没有感知过任何通过"善"而产生的快乐；相反地，现在他又说能够感到的最大快乐就是毫无痛苦。这不是有可能自相矛盾吗？第二个错误是因为有快乐、痛苦和既不痛苦又不快乐这三种自然状态。因此，他认为快乐和既不快乐又不痛苦是相同的。这样，快乐与无痛苦之间就没有了区别。第三个错误是他同一些哲学家[②]所共有的。因为他们认为尽管德性是我们热切追求的对象，而且创立哲学被认为就是用来追求这些对象的，但是伊壁鸠鲁还是将最高的善从德性中分离出来了。"是的，他经常赞美德性。"在伊壁鸠鲁得到了一

[①] 例如，"一个人不可能快乐地生活，除非他明智、美好而正义地生活着；一个人也不可能（明智、美好而正义地生活着），除非他快乐地生活着"。第欧根尼·拉尔修：《明智言行录》第10卷第140节。

[②] 居勒尼学派（Cyrenaics）和其他一些哲学家。

大笔救济钱并将这笔钱像流水一样消耗掉后，他确实如此。C. 格拉克乌斯（C. Gracchus）也是这样认为的，甚至在他的言辞里，仍然可以看到他好像是一位财产的保护者。如果在我看到之前，我已经有了行动，那么为什么我还要去听这些话呢？著名的皮索（Piso），他姓福鲁吉（Frugi），始终坚持要反对《谷物法》。① 尽管当《谷物法》通过时，他还是执政官，但是，他还是在那里接受了《谷物法》。格拉克乌斯注意到了皮索站在一群人之中，他问皮索是否听说了罗马人民即将通过他所反对的那个关于谷物的法律。"我不喜欢它，格拉克乌斯，不要让这样的想法进入你的头脑：在公民之中分割我的财产。如果你这样做了，那么我就应该分得我自己的那份。"那个严肃而又精明的人已经清楚地表明利用《森泊诺尼亚法》，将公共遗产已经挥霍了。读格拉克乌斯的演讲，你会说他是财产的保护者。伊壁鸠鲁会说如果没有德性陪伴，快乐的生活将是不可能的。他说机遇对于一个智慧之人来说是没有用的，他宁愿吃简单的食物，也不愿意吃过多的食物。他说一个智慧之人没有理由是不幸福的，一个哲学家所有有价值的思想就在于对于快乐问题有不同的认识。"他并没有说出快乐的观念。"如果他感到快乐，就要让他说出快乐的含义。当然，他会认为有一类快乐是同德性无关的。这样，如果我们不能够理解快乐，那么，我们还能够理解痛苦吗？因此，我要说借助于德性而用痛苦标准来衡量最高恶的人还是不能够知道快乐的。

21. 不过，伊壁鸠鲁主义者都是一些极为优秀之人，因为他们从来不会耍心机。他们抱怨我把伊壁鸠鲁说成了一位固执之人。然而，他们真是一些优先之人的话，那么，我就认为我们之间的争论还是一种有意义的争论。② 在我看来，最高的善在人的灵魂之中存在，而对于伊壁鸠鲁主义者来说，最高的善只能在人的肉体之中存在；对我来说，最高的善在德性之中存在，而对伊壁鸠鲁来说，最高的善则是在快乐之中存在。是的，这正是伊壁鸠鲁学派之人要忠实地为他们的信徒论证和显示的。是的，正是伊

---

① 公元前123年通过了《谷物法》，它要求谷物只能很便宜地分配给公民。该法被森普洛尼乌斯·格拉克乌斯（C. Sempronius Gracchus）批准而获得"低价谷物法"这个名称。介绍皮索（Piso）的轶事（见§16）是想说明《谷物法》是不好的这个结论。

② 在一种政治性争论和一种非哲学争论中，鼓励和打击都是没有意义的。

壁鸠鲁学派的人在战争中很快聚集在一起，显示出了他们所阐明的观点①：我应该是一个有烦恼之人。我将他们看作一些能够按照自己方式解决自己问题的人。② 这样做有危险吗？这是一个同迦太基（Carthage）战争相关的问题吗？当加图（M. Cato）和伦图鲁斯（L. Lentulus）在这个非常重要问题上③持有完全相反的立场时，在他们之间就绝不可能有激烈地争论。这些伊壁鸠鲁主义者曾经都表明过一些过度激烈的观点，但是，他们指出的观点并不是一种能够激励人们慷慨热情的观点，因此，他们不会在议事会中、在公共大会上、在军队面前或在执政官面前，冒险阐述他们的观点。让我们花一些时间来研究一下这些上流人士。不过，在任何情况下，这样谈论的人都不是想要进入上流的人员，他们都是一些乐意接受真理话语的人。我仅仅想提出这样的观点：如果一个智慧之人采用身体为标准来判断一切事情绝对是真的话，或者说这是恰当的话，那么，这除了对于人有利之外，它就没有任何意义，或者如果一个人根据他自己的优势来判断任何事物的话，那么，这样获得的真理就不可能获得人们的普遍赞同。这样，他们就只能自己欣赏他们的快乐。因此，要让他们停止对此自吹自擂。

22. 现在还有居维勒（Cyrenaic）学派的观点，他们认为悲伤是由于意想不到的事情发生而引起的。正如我在前面说过的那样④，这一点是很重要的。我也知道克律西波斯（Chrysippus）的观点，对于那些能够给人们带来残酷震惊的事情在事前都是不能够预测的，人们并不是对所有的事情都会感到惊讶，确实是这样的。人们对敌人突然增加兵力感到的惊恐要比按照预计增加兵力大得多。人们在海上突然遭遇的风暴要比预计到的风暴恐慌得多。有很多这样的事例，但是，研究这些突发事件如何发生的本性或自然，你将会一无所获。你只能夸大这些事例，其原因有两个：第一个是因为确定这类事件的程度和范围是不可能的；第二个是如果由于充分

---

① 在伊壁鸠鲁主义者的号召下，所有那些想为快乐寻找理由的人都聚集起来，相互帮助。

② 这段文字的表述是对下面一段话的模仿：他们应该走他们自己的路，其他任何事情使他们感到烦恼都是没有意义的。见 Tyrrell on Cic. ad Fam. 16. 23. 1。

③ 加图的观点表现在他那著名的"摧毁迦太基"讲演之中；而伦图鲁斯则反对这一观点。尽管在帝国政治中这是一个问题，但是，对此的争论还是温和的。

④ 参见§§28，30，即参见该书第28节至第30节。——译者注

预测的显示，好像也事先做好了充分准备，但是，恶还是产生了，就如同羞愧那样，那么这种情况产生的痛苦就会更大一些。尽管这样的恶始终是存在的，但是，时间的流逝会减轻这样的痛苦，不仅可以减轻这些痛苦的程度，而且还能减少这些事例的数量。① 在罗马，很多迦太基人（Carthaginians）成了奴隶，在国王（Perses）被俘虏后②，很多马其顿人（Macedonians）也成了奴隶。在我年轻时，我在伯罗奔尼撒半岛（Peloponnese）也看到很多柯林斯人成了奴隶。在《安德洛玛刻》（Andromacha）中，这些奴隶唱着相同的挽歌：

我看到了这一切……③

但是在那段时间，我看到他们好像都停止吟诵哀歌了，他们的外表、谈吐、所有的服饰和动作都会让人觉得他们就是一群像安格斯（Argos）和西慈龙（Sicyon）一样的自由人。看到柯林斯突然的毁灭④，对我要比对那里的居民产生的影响更大一些，因为长期对柯林斯的沉思已经很难在他们的灵魂中产生作用了。我读过这本书：在书中克莱托马库斯（Clitomachus）⑤ 在迦太基被毁灭后，他对他捕获的公民战俘很人道。在这本书中，克莱托马库斯在他的教科书中收有一篇卡尔尼德斯的演讲稿，其中讨论过当自己的国家毁灭时，智慧之人是不是会感到痛苦这样一个问题。卡尔尼德斯是反对这个观点并提出了自己详尽的论述。因此，这位哲学家提到的近来遇到灾难时有效治疗痛苦的方式就是在长时间的灾难中逐渐让人们忘记他们的需要。如果几年后把同样的书送给那些俘虏，那么，该书不仅对于治疗没有任何作用，反而会给他们带来伤害。一步一步地，慢慢地，痛苦就会随着时间变轻，而同外在条件的一般改变或能够改变都无

---

① 然而，在西塞罗被流放的公元前58年那段时间里，他在给安体库斯写的信中这样说道："痛苦会随着时间的流逝而逐渐减少。"（Dies non modo non levat luctum humc sed etiam auget.）
② 罗马人在公元前168年皮得纳之役（Battle of pydna）中征服了希腊。
③ 参见§45。
④ 柯林斯是在公元前146年被围攻和攻陷后而毁灭的。
⑤ 克莱托马库斯是迦太基人，卡尔尼德斯（Carneades）的继承人，在公元前215年卡尔尼德斯属于新学院派，他是芝诺的对手。

关。然而，以前是理性告诉我们道理，现在是经验告诉我们道理。理性总是会将事情夸大，而一旦事情被夸大，其痛苦就会比实际的痛苦要小很多。

23. 那么有人会说，当我们希望减轻悲伤人的痛苦时，通常我们需要什么样的安慰观念呢？因为我们已经强调过这样一条规则："任何事情都是可以预料的。"因此，对于那些已经预料到某些事情将要发生的人，他们怎么会失败呢？从实际的恶来看，我们所谈论的事情中就不会有恶，因为人们预料这种情况本身即不会发生。然而，这样的事情对我们就是一些安慰。我愿意承认这种情况的作用也是很大的。因此，不能够预测的事情在引起人们痛苦时，其作用是不大的。应该说，只有那些引起人们感到震惊的事情才是严重的。但是，人们对此并没有感到很严重。人们感到严重的只是他们印象中生动的，而不是他们印象中突然出现的事情。因此，寻找真理的方法有两种，因为不仅从看起来是恶的事情中，而且也可以从看起来是善的事情中找到真理。这样，第一种，我们可以去研究实际情况的特征和它们的数量，例如，我们在涉及财产问题时所做的——通过说明财产很少，生活必需品也不多，我们就可以论证出财产的多少。我们是可以抛开那些事例中一些微小差异的。现在让我们来引证苏格拉底和第欧根尼（Diogenes）的一些说法。卡伊色里乌斯（Caecilius）[①] 有这样一段著名的话：

甚至在底层人那张破旧的斗篷下面都会隐藏着智慧。

正如贫穷是汇总起来的压力一样，什么样的原因会使得法波瑞克乌斯（Fabricius）[②]可以忍受贫穷，而另外一些人却认为贫穷不能够忍受呢？

获得安慰的第二种类似的方法就是要教导人们接受这样的观念：一切产生出来的东西对于人的生活而言都是自然的。这样的观念不仅包含着对人的条件的认识，而且还指示了人已经忍受的和正在忍受的事情。

[①] 卡伊色里乌斯（Caecilius），罗马的喜剧作家，公元前168过世。参见附录二。
[②] 法波瑞克乌斯（Fabricius），像色林纳特乌斯（Cincinnatus）一样，是古代罗马德性的典范，他在公元前280年拒绝贿赂皮洛斯（Pyrrhus）。

24. 在贫穷问题上可以列举出很多能够忍受的事例，而很多人却对官位很冷漠。由于没有得到官位，很多人也感到幸福。因为他们明确地赞美隐退的个人生活，而不会赞美公共事务的生活。不要忽视那位最强大的国王阿伽门农抑扬顿挫的话语。① 在他的那些话语中，他赞美了一个老人，尽管他祝福这个老人命中注定到死都没有获得过任何荣誉。② 同样要注意的是，那些已经失去了孩子的人，他们肯定会有悲伤。不过，与其他一些人经历过的痛苦事例比较，可以减少这些人的过度悲伤。这些人忍受的不是灾祸的大小，而是他们第一次面临这些灾祸带给他们的痛苦。因此，通过这些实例，那些具有反思能力的人逐渐认识到了他们信念中存在着一些巨大的虚假性。而且，著名的特拉蒙（Telamen）指出了其中的道德意义：

我只能依靠自己。③

特赫色乌斯（Theseus）说：

在我的心里充满了即将到来的疾病。④

阿那克萨戈拉（Anaxagoras）说："我知道我是必死的。"⑤ 然而一些人，经过长期反思人类很多事情之后，都知道在生活日常的信念中绝不应该对死亡过分恐惧。但在我看来，事先深思熟虑的智慧之人与那些总是在害怕时间流逝的人，在对死亡的考虑上，会得出完全相同的结果。其区别仅仅在于智慧之人是通过推理相信这点，而其他人则是通过自然相信这一点的。但是，一旦人们能够了解问题的实质，那么在生活中，人们是绝不会期望用任何恶去摧毁人们幸福生活的。因此，我们需要这样的结论：非

---

① 参见 II. §37。这个国王就是阿伽门农（Agamennon）。
② 欧里庇得斯（Eurip）的《伊菲格纳亚在奥里斯》（*Iph. in Aul.* 15）；"阿伽门农：比起那些名声显赫的人，我倒是羡慕那些日子过得平平安安的人，虽然他们默默无闻，没有荣誉。"参见《古希腊悲喜剧全集》（第3卷），张竹明、王焕生译，凤凰出版传媒集团、译林出版社2007年版，第5—6页。
③ §28.
④ §29.
⑤ §30.

常重要的就是那些完全没有预料的震惊。这并不像居勒尼学派（the Cyrenaics）认为的那样，当两个人同时遇到了相同的不幸时，只有那个对这样的不幸没有预料的人才是痛苦的受害人。所以，据说人们已经告诉过一些人很多日常经验痛苦的事实，然而，当痛苦到来时，他们仍然会感到巨大的痛苦。这是我们进入这个世界的法则，因为没有人能够在这个世界里永远逃离痛苦。

25. 当我看见我的朋友安提欧库斯（Antiochus）[①]时，我就知道了卡尔尼德斯（Carneades）经常责备克瑞色普斯（Chrysippus）的原因了。因为克瑞色普斯同意欧里庇得斯（Euripides）悲剧中这节著名的文字：

  这里没有不死的人，人寻找到的只有痛苦和悲伤；
  很多人都在埋葬他们的孩子，培养出新的子孙。
  只有死亡能够终止这一切；
  尽管这些事情确实激发了不同种族人们的斗志，但是，做这些事情都是枉然的。

尘土应该回归于尘土。这样，所有人才能够收获生活，就像收获庄稼一样。所以生活才是必需的。[②]

卡尔尼德斯说这样的说法一点也不能减少痛苦。因为在他看来实际的悲伤都是来源于我们遇到了无法避免的残酷。欧里比德斯的说法只能会让那些不怀好意之人感到快乐，这些人都是一些赞美恶的人。然而，我的看法与他们是根本不同的。很多人都应该防止我们伪装成神的思想，因为这样的思想好像是说我们是反对神的。我们也应该警惕我们不过是人的思想。这样的反思就能够极大地减轻痛苦的悲伤。证实的具体事例并不能够给那些病态的心灵带来快乐，但却可以引导悲伤之人去思考他应该承担的责任，这些责任就是他看到有些人在巨大的精神压力下已经承担过的责

---

 ① 安提欧库斯（Antiochus）是叙利亚人，菲洛的学生，西塞罗的朋友。他试图用学院派的思想来调和斯多亚学派和漫步学派之间的矛盾。参见 V. §21。
 ② 来自已经失传了的欧里比德斯的悲剧"海普色皮拉"（Hypsipyla）。这后一行必需（Necessitas）的希腊文是"ἀνάγκη"，指的是独立于神的意志或人的意志，由自然建立起来的一种复杂秩序。

任。可以说，我们应该在各个方面都能够为那些已经被痛苦彻底击败而不能够站立起来的人提供支撑。因此，克瑞色普斯认为，痛苦应该是这样的称谓——"λύπη"①，其表示整个人的分离。当我们已经清除这种情况时，我们就必须从根本上消除这样的观念，正如我一开始所说的那样。因为这些都不过是一些瞬间表现出恶的观念和信念。因此，当我们能够看到面前的善会被实现时，我们就能够忍受身体的痛苦。因为它不过是一种因为过分痛苦而形成的刺痛。这样，如果我们能够完全过上一种高贵而优雅的生活，那么，过这样生活的人就不会感到痛苦，即便痛苦对这些人的灵魂会带来一点刺激，那也是很肤浅的刺激。

26. 当我们想到罪恶观念的同时，我们也会产生履行义务的观念，这是对的。其实，义务就是消除那些不幸的事情发生时②我们感到痛苦的一种责任。在此之前，那些巨大的痛苦使得人感到恐慌。由于这样观念的影响，人们便会形成不同应对痛苦的不良形式：对人的冷漠、女人脸上凌乱、胸部、大腿和头部等都留有被痛苦打击而留下来的痕迹。因此，荷马诗歌里对著名的阿伽门农（Agamennon）和阿克齐乌斯（Accius）的描写是这样的③：

在他的悲伤里，痛苦经常撕开了他那还没有修剪过的头发。

这句话引出了庇农（Bino）④ 的妙语。他是这样说的，愚蠢的国王会在痛苦时剪掉自己的头发。因为他相信，在世界之中只有秃头才能够减轻悲伤。不过，这一切都是因为相信减少痛苦就是一种义务。因此，在他的女儿去世之后的一周，埃斯基涅斯（Aeschines）⑤ 抨击德摩斯梯尼（Demosthenes），说他在感恩节上为神献祭是一种罪行。"用修辞的技巧、华

---

① "λύπη"是从希腊文的"λύω"（διάλυσις）分离出来的。就像柏拉图在《克拉底鲁》419c 所做的那样，把 λύπη 追溯至 λύω（διάλυσις）参见《柏拉图全集》第 2 卷，第 106—107 页。
② 例如，我们的亲戚和朋友过世时。
③ 《伊利亚特》10.15。参见《伊里亚特》，陈中梅译，中国戏剧出版社 2005 年版，第 206 页。也可见阿克齐乌斯的一部剧。
④ 波尔伊斯特恩斯的庇农（Bino of Borysthenes）是公元前 3 世纪一位居维勒学派（Cyrenaic）的哲学家。他的说法受到普遍的赞扬。
⑤ the speech contra Ctesiph。

第三章 论减轻悲伤

丽的语言、准则的多样性、多种短语等来掩盖罪行！"这样，人们就可以看到这位修辞家说了什么。他所做的这一切没有人会赞同的。人们只会赞同这样一个根本的看法：一切好人，当他们的亲人过世时，他们都会尽可能地表现出他们最大的悲伤。因此，当亲人过世时，人们便会认为亲人那颗灵魂是痛苦的，他们中的一些人便会去寻找一个人单独待着的地方。正如荷马对柏勒罗丰（Bellerohhon）所说的那样①：

在阿勒安平原上，由于悲伤，他孤独地游荡，
悲伤吞噬了他的心，他尽力避免让人看出他悲伤的痕迹。

我猜想，一方面，人们只有将尼俄伯（Niobe）②想象为一块石头，才能够表现出他对悲伤永恒的沉默；另一方面，人们又认为特洛伊皇后赫库巴（Hecuba）灵魂的残忍和狂暴会把人想象为一条母狗。③ 而且还有一些悲伤者，他们只有在同孤独的对话中才能够找到快乐，就像恩尼乌斯所说的那名著名的保姆一样：

我现在悲伤到了极点，
很想跑到这里来把美狄亚的困境（Medea's woes）告诉天地。④

27. 在悲伤时刻，一切事情都需要按照某种正确的、合适的或服从的观念而做出。依据某种义务的信念而做出的行为充分表明了这样一个事实：如果人认识到他的悲伤，还去说一些人情世故或说出一些快乐的话，那么这些行为便会妨碍他们对悲伤的表露。这样，他们会重新做出悲伤的

---

① 参见《伊里亚特》，第131页。在图里亚（Tullia）过世后，西塞罗告诉阿提库斯（Atticus），"意大利伴随的就是孤独"。（Itaque solitudinem sequor）参见与阿图鲁斯通信集第12封信中23段。

② 当阿波罗和阿尔忒弥斯（Artemis）杀死了尼俄伯（Niobe）的孩子们后，她就变成了一块石头。参见《伊里亚特》，第551页。

③ "但只能张开犬腭撕咬"（"Sed torva canino latravit rictu"），*Juv*, X. 271。

④ 参见附录二和《罗念生全集》（第4卷），《欧里庇得斯悲剧五种》，第92页。

举止并谴责那些不妥当的行为。其实，母亲们和老师们都习惯惩罚那些在家庭内出现悲伤时，不恰当地在行为和语言上表现出快乐的孩子。这些大人不仅用言语责骂这些孩子们，甚至还会用鞭子抽打他们，强迫他们为家庭的悲伤流下眼泪。这是什么意思呢？当悲伤实际停止后，人们便会发现，除了有一些伤痛外，人们从悲伤中其实什么都不能够得到。这个事实难道不能说明悲伤不过就是一个同意志相关的事情吗？什么人才是那些自我痛苦的人呢？——在希腊文中有"$ἑαυτὸν\ τιμωρούμενος$"，它在泰伦斯的剧里（In Terence）就是这样说的：

> 克瑞美斯（Chremes），我从内心确定我只能这样行动，
> 一旦我遭到了不幸，那并不是我那位朋友的过错。[①]
> 他消除了不幸。你能够认为通过意志人就能够消除不幸吗？

生病的意义就在于我能够认识我自己。如果人没有遭遇"不幸"，那他能够认识到"生病的意义"吗？因此，你会发现恶是来自信念而不是本能。在这些情况下，哪些人能够防止不幸产生呢？例如，在《荷马史诗》里描述了很多日常生命死去的情景，对此，人们要用哀悼来表示他们对死者的安慰。我们能够看到下面这些句子：

> 每天，我们总是能够看到很多生命的死去，因此，悲伤而产生的痛苦总是不能够停止的；
> 不过，我们能够做的就是尽快将在战车上死去的人埋葬。对此，不要有怜悯之心。因为只有等到将来的某一天，我们才能够为他们的死而哭泣。[②]

因此，当人愿意按照时间的安排而行动时，人就有能力摆脱悲伤。由于在任何情况下，悲伤都同我们自己相关，那么，如果我们不考虑时间因

[①] 第147—148行。
[②] 伊利亚特，19.226。参见《伊里亚特》，第432页。

素，我们就不能够摆脱悲伤吗？正像人们谈论的那样，那些看到庞贝（Cn. Pompeius）①因为受伤而倒下的那些人，当他们目睹了这一残酷且让人心酸的这一场景时，他们感到他们自己的安全受到了极大的威胁，因为他们已经被敌人的舰队包围了。他们除了奋力同敌人血战才能够保卫自己的安全外，不可能再做其他任何事情。只有当他们到达泰伦（Tyre）后，才能够尽情地表达他们的悲伤，他们才能够为庞贝的战死而恸哭。因此，畏惧是一种能够摆脱悲伤的能力。那么，智慧之人难道不应该具有这种摆脱悲伤或痛苦的能力吗？

28. 然而，摆脱悲伤有什么作用呢？它可以使得我们认识到这样的事实：悲伤不会带给我们任何益处，放纵悲伤也没有任何用处。这样，如果我们能够摆脱悲伤，我们就有可能限制或约束我们对于悲伤的放纵。因此，应该承认悲伤就是放纵意志和信念的行为。这也就意味着一些人在经过很多人生经验之后，他们对于遭遇的不幸会采取屈服和忍耐的态度，而另外一些人则认为经过艰苦卓绝的努力之后，他们最终会战胜命运，正像欧里皮德斯（Euripides）剧中的人物那样：

> 好像悲伤一天开始光照到了我，
> 由于大海的风暴，我很久都不能靠岸。
> 就像一根双轭哥特式船杆在摇摆那样，我对好运的希望已经动摇，
> 最近遇到的事情就是需要忍受悲伤。
> 这样的悲伤使得我不再畏惧什么，我已经变得麻木了。

由于悲伤带来了疲惫，引起了一些痛苦。因此，悲伤应该这样来理解：悲伤本身不是不幸，它仅仅是痛苦形成的原因。那些还没有达到"智慧"状态中最卓越才能的哲学家们不知道他们处于一个完全为恶的困

---

① 在埃及，公元前48年。

境之中吗?① 由于他们还不是"智慧的"②，所以他们才接受没有智慧才是最大恶的观念。可是，他们并不悲伤，为什么呢？因为正是他们认为没有智慧是恶，所以他们不会接受"智慧"是一种义务的观点，而只接受感到悲伤才是一种义务的观点。于是，我们确实可以得到这样的观念：痛苦是同悲伤相关的，悲伤是所有恶中最大的恶的观念。

　　亚里士多德批判了这些观点。一方面，他认为这些哲学家们的思维太陈旧了。在他看来，这些哲学家具有极高的天分，他们的思想也很完善，因此，一旦他们表现出愚蠢和自负，就应该对此感到内疚。接着，他说道，在过去几年中，哲学已经取得了伟大的进步，哲学已经相当完善了。另一方面，据说泰奥弗拉斯托斯（Theophrastus）③ 临终时谴责了自然本性，因为自然本性没有让他活得更长一些，让他在生命中起到更多的作用。④然而，生物对于自然给予它们活得长还是活得短是没有区别的。但是对于人来说，生命的长短则是有很大区别的。人都在尽可能地延长他们短促地生命。这样便可以使得人的各个方面有可能更加完善，通过学习使得他们的生命丰富多彩。因此，泰奥弗拉斯托斯抱怨道，他只看了一眼这片乐土就死去了。那么，那些最优秀的、最有影响的哲学家们都会承认他们还有很多东西不知道，他们还要很多东西需要不断地学习，这难道不是真的吗？虽然他们认识到他们很快会陷入愚蠢的困境之中，没有什么比这样的困境更坏了。但是，他们仍然没能克服悲伤。他们的思想还不丰富。他们只是具有义务，需要悲伤这样的观念而已。没有这样观念的那些人能够表现出他们的悲伤吗？例如，马克色姆斯（Q. Maximus），他将他当执政官的儿子埋葬；鲍尔卢斯（L. Paullus）在几天之内就失去了两个儿子；

---

① 按照斯多亚学派（the Stoics）的看法，没有获得智慧之人肯定是痛苦的，他们的生活同人类最坏的生活是没有区别的。由于这是一些矛盾的观点，为此，西塞罗嘲笑了他们。

② 最好的哲学家们认为他们的知识是不完善的，世界是呆板的。但是，他们不能够克服他们的悲伤。因此，考虑到哲学今后的发展可以克服这些不完善，亚里士多德便感到了一些安慰。所以泰奥弗拉斯托斯（Theophrastus）（约公元前372—约前287，古希腊哲学家、自然科学家）有这样的思想：人活得越久，人就越完善。

③ 泰奥弗拉斯托斯（Theophrastus）是漫步学派哲学家，柏拉图和亚里士多德的学生。参见§21 和 I. §45。

④ 参见 I. §77。

卡图（M. Cato）① 失去了当执政官的儿子；还有也像我在《论安慰》中已经提到过的那些人。因此，他们会认为悲伤和痛苦对人是不好的，他们有痛苦吗？一些人习惯于让他们直接屈服于悲伤，因为他们认为悲伤是好的；另一些人则要消除悲伤，因为他们具有悲伤会使得人堕落的观念。由此可见，悲伤或痛苦都不是自然的，而是同信念或观念相关的事情。

29. 与此相对立的观点也是很重要的：谁会如此疯狂，能够自愿地选择让自己痛苦呢？痛苦的产生都是自然的，人们都说，你们的克兰托尔（Crantor）② 认为我们都应该消除痛苦。因为痛苦对家庭的打击是很大的，是不能够忍受的。所以，虽然索福克勒斯（Sophocles. 公元前495—前406年古希腊三大悲剧诗人之一）③ 剧中的英雄奥伊琉斯（Oileus），当他得知阿加克斯（埃阿斯，Ajax）过世时，他还去安慰了特拉蒙（Telamon）。然而，当他听说自己的儿子死去时，他立马就崩溃了。据说他的心灵发生了这样的改变：

  谁也没有减轻悲伤的智慧。
  温柔的言语可以减轻别人的悲哀，
  而当时运出现转折时，人便会被自己的悲伤所击败。
  这样，一些智慧的人会说，人总是会被自己的悲伤击败。

同样地，他们④认为他们的目的就是要证明没有任何方法能够抗拒自然。所以，他们承认，人是痛苦的受害者而不是自然力量的受害者。不过，他们所说的"疯狂"是什么意思呢？我们向他们提出这个问题，就像他们提给我们的问题一样。

---

① 马克色姆斯（Q. Maximus）是公元前218年执政官，也是独裁官。有人也译为"费边"（Fabius）；鲍尔卢斯（L. Paullus）是马其顿的占领者；卡图（M. Cato）是监察官。

② 参见Ⅰ.§115。学院派和漫步学派哲学都认为悲伤或痛苦都是自然的，而冷漠则是残酷、野蛮的。漫步学派认为人既不能不受影响（ἀπαθεῖς），也不能过度受影响（δυσπαθεῖς）。希腊文的"无感觉的"是"ἀπαθεῖς"而"使人痛苦的"的希腊文是"δυσπαθεῖς"。

③ 《埃阿斯》是他的一部失传的悲剧。

④ 那些反对者会说："谁能够如此疯狂地自愿选择痛苦呢？"他们也承认，感到痛苦的人都不是自然需要所造成的，而是人为选择的结果。这样，西塞罗说道："那么，人还能够如此'疯狂'地自愿选择痛苦吗？"

成为痛苦的受害者的理由不止一个。首先是已经说过的信念。人们会认为有些事情是恶的。因为当看见一件事情时，人们自然而然地就会具有它是恶的信念；另外，人们也认为过分的悲伤会将人致死。此外，还有少许的迷信思想等。如果人们承认他们会被一种无法抗拒的灾难所毁灭和征服的话，那么，他们更愿意献身于永恒的神。然而，多数人并不明白怎样才能够坚持这样的信念，他们赞美那些在他们看来安静死去的人。任何人无论做什么，只要他干涉了一个人安静地死去，人们都会认为这个人是会受到谴责的，好像从任何意义上说都是这样的。正如人们在说到爱时那样，任何人都应该爱他人超过爱自己。爱是一件美好的事情，如果你深入地研究它，那么你会发现，不仅爱我们自己，而且还要爱那些对我们来说是最亲近的人，这也是正确和正义的事情。在友情中，要么是我的朋友爱我多过爱自己，要么是我爱他多过爱我自己，这些都不是值得关注的。因为如果是那样的话，就会给生活带来不安，就会破坏义务的履行。

30. 不过，这个问题又同另外一个时间问题相关，因为现在不仅我们失去了朋友，而且还要让我们控制住自己的悲伤，因为人们会担心将来我们的爱不是对他们的爱，不是那种爱他人超过爱自己的爱。

至于他们安慰的对象①，多数人都不能够从安慰的话语中得到帮助。此外，这些安慰者也承认当他们受到打击时，他们也会感到悲伤。应该承认，这些情况都会受到反驳。这里出现的错误并不是自然的，也不是因为感到惭愧而产生的，你对此批评或喜欢都是愚蠢的。批评或喜欢这两种人都不能够得到帮助，他们的痛苦都是自己造成的。不过，他们所遭遇的不幸在思想上又是不同的。与其他人比较，他们为自己进行了辩护。一般来说，这些人并不比那些自己责备自己有贪婪的人或者责备自己有野心的人更坏，因为总是指出别人的错误而忘记自己的错误是一种典型的愚蠢特性。但无可争辩的是，由于人们都会同意，痛苦需要很长的时间才能够被消除。其主要的依据②基于这样的事实：并不仅仅是时间终结了悲伤，而是持续的沉思才能够终结悲伤。如果环境相同，人也一样，那么对于悲伤的感觉会不一样吗？因为这里既没有引起悲伤的不同环境，也没有对悲伤

---

① 参见 §.71。
② 悲伤不是因为自然而是因为我们自己才产生的。

的不同感觉。因此,并不是只有随着时间的流逝才能够终止悲伤,不断地沉思也可以终止悲伤,因为持续的沉思可以知道任何环境中都没有恶。这样,沉思就能够逐渐减轻痛苦的作用。

31. 在这一点上,他们让我面对了他们的"中间"(MEAN)① 的情况。如果这些情况都是自然的话,那么,还需要给出什么样的安慰呢?因为自然本身能够确定自己的限制。如果痛苦是由信念而产生的,那么,就让我们完全放弃这样的信念。我认为人们一直在坚持悲伤是恶的观念,因为人们认为悲伤是同恶相关的。因此,人就有一种感觉悲伤的义务。

给出另外一种合理观念的人是芝诺(ZENO),即他提出恶是一种"生动"② 的东西。不过,他的追随者们对"生动的恶"给出了这样的解释。按照他们的看法,这种"生动的恶"不仅是在先前很短的时间内发生的,而且构想出它的恶,那么,其中就有某种生动的力量并保持着可以说是某种"新鲜性"③(Geenness)的东西,这就是"生动的恶"的意义。例如,著名的阿提米色娅(Artemisia),她是卡里亚(Caria)国王摩梭鲁斯(Mausolus)的妻子。她曾经在哈利卡纳苏斯(Halicarnassus)修建了一个永久纪念性的陵墓,她一直生活在悲伤之中。在悲伤之中,她慢慢地衰老了。因为对她来说,由于悲伤,每一天都处于"生动的恶"(Fresh)之中。不过,随着时间的流逝,这样的"生动的恶"在不停地消失。因此,随着时间的流逝,最后这种观念便不会再产生"生动的恶"的东西了。

因此,这些都是安慰者的义务:扫除悲伤的根源及其影响,或者是缓解悲伤的程度,或者是只要可能就要尽量地减少悲伤,或者是不要加深悲伤,或者是不要让悲伤转向到其他任何地方去,等等。于是,一方面,那

---

① 参见§22:"中道"(μεδιοπάθειαι)。因为在亚里士多德的伦理学Ⅱ.6中,在"痛苦"(πάθη)和"报复"(πράξεις)之间就有"中道"。在情感中,同样在实践中,也有"中道"。正确的情感和正确的行为就在于过度和不及这两个极端之间的"中道"。

② 根据斯多亚学派,情感(πάθη/ Perturbationes/emotions)是自发的而判断(κρίσεις)则依赖于信念(δόξα)的。时间可以削弱它们的效果,但是,如果它们保留着它们生动的活力,那它们就应该算是"新鲜的"或新形成的想法。

③ 参见 Hen. Ⅳ.Ⅱ.Ⅰ. 中的短语"使得骨头变绿"或福斯塔夫(Falstaff's)的"新鲜伤口"。

些认为清除悲伤仅仅是安慰者一种义务的人坚持认为根本就没有恶，正如卡里尔特斯（Cleanthes）[①] 所说的一样；漫步学派的一些人则赞同恶并不是一个严重的问题；还有一些人认为，如伊壁鸠鲁那样，人应该去关心善而不是去关心恶；而居勒尼（Cyrenaics）学派的人则认为没有什么是不可以预料的，这是非常明显的；另一方面，克利西波斯（Chrysippus，公元前280—前207年）认为将上面描述的观念清除，则是一个安慰者需要对悲伤者的心理做的主要工作，如果他认为要免除他那些应该服从的义务的话。还有一些人赞同去关心一切能够带来快乐的方法（因为一个人有一种方法，另一个人有另一种方法），这几乎是同我在我的《自我安慰》一书所说的一样。在该书中，我提出了自我安慰的方法来消除悲伤或痛苦，因为我的灵魂一直处于一种兴奋状态之中。我试图尝试治疗悲伤或痛苦的多种方法。

　　灵魂疾病的治疗是必要的，正如身体疾病的治疗是必要的一样。灵魂疾病的治疗要选择合适的时间。正如人们去问著名的普罗米修斯（Prometheus）时的情况那样：

　　　　普罗米修斯，我想你是知道的，那个说话的自然学家有一颗愤怒的心，

普罗米修斯回答道：

　　　　是的，如果人能够知道正确治疗时间的话，他就不会用沉重之手去医治伤口。[②]

32. 因此，灵魂安慰治疗的第一步就是要证明痛苦根本就不是恶；第二步是要讨论人们的共同生活和很多痛苦的个体表现出来的特点；第三步

[①]　Ⅱ.§60.
[②]　埃斯库罗斯，《被绑的普罗米修斯》（Aesch，*Prom.*）Vinct. 377. 俄开阿诺斯：你可知道，普罗米修斯，对烦乱的心魂，话语是治疗的药丸。普罗米修斯：是的，假如在合宜的时节，安抚心灵，但不要试图用他裹挟暴烈，平慰腾盛的怒气。参见《埃斯库罗斯悲剧全集》，陈中梅译，上海译文出版社2016年版，第205页。

是要认识到痛苦不可能带给人们任何好处,而不是去证明痛苦的治疗是无效的,因为那样的证明是相当愚蠢的。正如同克里安西斯(Cleanthes)[1]安慰那些没有得到安慰的那些"智慧之人"一样。因为你可以成功地证明痛苦者中并没有恶,也不是可耻,你也可以成功地消除愚蠢而不会有痛苦。然而,现在讲述这些训诫的时机是不合时宜的。

但在我看来,克里安西斯说得还不十分清楚。有时痛苦的情感是由他本人所认可的那些恶中最恶的事情所引起的。对此,我们还能够说什么呢?人们告诉我们,苏格拉底说服亚西比亚德(Alcibiades)时说他还不是一个真正的人。因为尽管他获得了很高的地位,但是他和那些可怜的脚夫之间是毫无区别的。因此,他感到很痛苦。他痛苦地恳请苏格拉底教给他德性,以便消除耻辱。这时,我们还能够说什么呢,克里安西斯[2]?在亚西比亚德感到痛苦的情况下,我们不能够确定其中没有恶吗?还有一点:里科说这样的话是什么意思呢[3]?为了减少痛苦,他便说痛苦就是无价值的事物,又说痛苦就是时运的不济以及身体的不舒服等,而不是说由灵魂中的恶所致的。这样,我问你——亚西比亚德,你感到的痛苦确实不是来自灵魂上的恶或者灵魂上的缺陷吗?对于快乐,伊壁鸠鲁的看法在前面已经充分地说明过了。

33. "你不是唯一的"这个短语甚至都不能够起到安慰的作用,尽管在日常使用中,这个短语还是能够取得一些安慰效果的。不过,这个短语的表达还是相当真实的。正如我已经说过的那样,它还是有作用的。只是它并不是在所有情况下都是有效的,因为有一些人会轻视它。不过,在使

---

[1] 西塞罗挑选了§76。克里安西斯的安慰表明痛苦的时机不是真正的恶,只有卑鄙才是恶。而那些不卑鄙的"智慧之人"则是考虑过于多了。用痛苦是不能够消除痛苦的。因此,应该向人们表明痛苦不过是在错误的时间中形成的一种愚蠢而已。

[2] 这个可能在柏拉图著作中找不到。它是在奥古斯丁的《上帝之城》(C. D.)ⅩⅣ中提出的。参见奥古斯丁《上帝之城》(上卷),王晓朝译,人民出版社2016年版,第595页。苏格拉底向亚西比亚德表明,由于他自己的愚蠢,他感到痛苦。亚西比亚德则是因为他没有得到应该得到的而感到痛苦,即他不知道羞耻。因此,克里安西斯说这是所有恶中最坏的恶。克里安西斯只是说"智慧之人"能够摆脱恶,因此,他们就不会感到痛苦或悲伤;利科(Lyco)说痛苦是由无价值的琐事引起的。对于亚西比亚德来说,这两种说法有什么意义呢?他的痛苦是不是真实的呢?痛苦真的是由于"恶"引起的吗?对于奥古斯丁,痛苦(Tristitia)是同上帝之痛相关的。《哥林多前书》第2章第7节第10段,§7。

[3] 里科(Lyco),佛里吉亚(Phrygia)人,漫步学派的领袖。

用它来治疗时还需要根据不同的情况来确定。我们不得不指出那些智慧之人能够承受并想方设法地消除痛苦,但是我们不能够说明在艰苦条件下消除痛苦的那些种种困难。克里西波斯(Chrysippus)① 提出最可靠的安慰方法却与此相反。他提出解决痛苦的方法主要是时间,要向痛苦者证明他的痛苦是由于他自己应该这样做,而选择结果则是很困难的一件事情。毋庸置疑,在法庭审判过程中,我们并不总是接受相同的态度②(在辩论中表明争论界限的一个术语),我们会采取一种限制,限制时间、论辩的角色、当事人的人格等。我们的行为完全是要减少痛苦,因为我们不得不考虑在每一场审判中特殊的双方都可以接受的论辩方式。

但是,我们的讨论在某种程度上已经偏离了我们所讨论的主题。你的观点是智慧之人认为有耻辱就有恶,或者认为恶是不重要的。用智慧就可以加以克服,甚至可以完全加以消除,因为智慧之人不会提出任何支持痛苦的虚假信念,或者认可悲伤去残酷地折磨自己,使得自己变软弱的观念是正确的。智慧之人认为,没有事情可以让人丢脸。因此,我们讨论的过程,在我看来,虽然没有提出具体的实际问题,但是,此刻我们也讨论了恶的问题。只要一件事情被认为是耻辱的,那么这件事情就是恶的。而我认为,我们应该发现,如果痛苦中有恶,那么,恶就不是自然形成的,而是由于意志的判断和错误观念导致的,但又是必须解决的,而且我们已经讨论过痛苦最悲伤的形式之一。为了消除痛苦,我们还会再去考虑研究那些其他复杂的悲伤形式。

34. 对于习惯地使用财产有一些明确的词语,而对于在生活中没有得到职位和荣誉也有一些明确的词语,在涉及流放、国家的毁灭、奴隶、软弱、轻率和每一种事故时,也有一些非常明确的词语,它们都是可以用"灾难"这个词来表示的。这些主题,希腊人用不同的方式都讨论过了,也在相关的书籍中有过论述。不过,他们特别注意的是这些主题所涉及的问题。尽管如此,这些讨论仍然是很有吸引力的。不过③,正如自然学家

---

① §76.

② "Status"或者"Constitution"是一个用来限制法庭辩护范围的术语,它应该是事实问题(Coniecturalis)、判决问题(Iuridicialis)、采用的罪名问题(Definitiva),等等。"Status"(ιστάσς),是指战斗之前部队的安排,或在摔跤之前摔跤者要牢记的规则。

③ 虽然这些讨论看起来好像是不必要的。

所做的那样，如果身体以前遭受痛苦，那么，他们就会注意到整个身体，但只去医治其中最小的部分。所以，当要从整体上消除痛苦时，哲学就会清除所有由于特殊原因而造成的错误观念，比如说由于财产、耻辱的痛苦、流放的悲惨阴影、我已经提到过的那些导致灾难的所有可能性，等等。不过，也有一些在这些特定情况下的安慰方式。

  对此，当你在准备讨论这些问题时，你就会听说这些实际的方式。① 在任何情况下，我们都应该回到问题的根源处才能够将问题讲明白。也就是说，智慧之人都是远离所有痛苦的。痛苦对于他们来说是毫无意义的，也是不起作用的，因为痛苦不是自然形成的，而是由于判断和信念行为引起的。当我们的心灵中存在着义务并能够感到义务时，我们就会形成那种称之为痛苦的东西。如果能够完全将意志行为消除，那么，我们已经提到过的由于悲伤而产生的痛苦就会立即消除。尽管如此，在这种情况下还是会在人的心灵中留下一些由于心灵颤抖②而形成的微小痕迹。假如"痛苦"这个术语不是同残酷、丑陋和悲伤相关，那么，他们就会说痛苦是相当自然的，因为痛苦这个术语是不能够同智慧相连的。可以说，从很多方面看，它都同习惯无关。这对于痛苦根源的论证多么深刻、多么系统、多么激烈呀！当提出了这些主要问题③之后，如果需要，便可以与不同的人讨论这些被挑选出的问题。无论如何，现在我已经可以完全享受闲暇④这样的便利了。所有的痛苦都是有根据的，痛苦的名称有很多，忌妒⑤是一种痛苦；其他痛苦还有较劲、妒忌、同情、麻烦、悲痛、悲伤、病痛、哭泣、激动、悲伤、烦劳、折磨和失望，等等。我所列出的这些斯多亚学派给出的术语表示了每一种痛苦的形式。但是，似乎它们的含义又是不同的。我们将在另外一处讨论其中的区别。然而，在我一开始谈到问题的根源时，在对它们的看法上就有很多分歧。因此，应该允许人们将它们挑选出来，以免漏掉任何一种形式。

  谁能够否认这是一项重要而艰辛的工作呢？不过，重要工作难道不都

---

① 本书第四章。
② 参见第343页。
③ 主要是指困惑和痛苦，其他的都是枝节。
④ 因为这时西塞罗已经从公共生活中退出来了。参见Ⅰ.§1。
⑤ 参见§7。

是艰辛的吗?① 尽管如此,哲学认为它将会成功。让我们赞同哲学的方式或治疗方式,至少迄今为止都是这样的。正如你经常希望的那样,无论在一个问题上还是在其他问题上,这一切都将是为你而准备的。

---

① "好的事情是困难的",即"好事多磨"($ὰχαλεπ\ τὰ\ καλά$),这个格言是梭伦(Solon)提出的。

第四章　论灵魂持久的纷扰

1. 布鲁图斯（Brutus），有很多理由让我一直对我们公民的才能和德性感到惊讶，对此，我做了一些研究。我们的公民是经过相当长的一段时间才把才能和德性作为追求的目标，它们是从希腊人那里传入我们国家的。虽然人们称赞我们从建立罗马城开始便有了实用的占卜、宗教仪式、人民议会、法庭上诉、元老院（the Council of Father），部署了骑兵和步兵以及整个军事体系——在某种意义上也可以说是依靠法则建立起来了——甚至在王制时期，这些措施就已经很盛行了。以后一旦这个国家摆脱了专制僭主的统治，这个国家就会朝向更好的方向进步，形成新的观念。在这里，我并不是要讨论我们祖先的风俗习惯和他们采用的规则以及这个国家的形成和构成，我将在另外的地方详细地讨论它们，特别是在我的第六本书中的第一部分，即我已经写过的《国家篇》中的第一部分。

不过，现在我要考虑那些人自己提出的一些理由，说明为什么他们能够依靠外部力量便得出才能和德性不仅表现为他们追求的目标，而且成为他们始终关心的对象性观念。这一观念并不陌生，因为我们的祖先毕达哥拉斯（Pythagoras）就是这样的一个例子。他是前苏格拉底时期的优秀之人，以智慧闻名。他生活在意大利——布鲁图斯，同时也是你祖国的奠基人。他让自己的国家获得了自由。由于毕达哥拉斯的思想获得了广泛而深入的传播，现在这些思想也已经进入我们的国家之中。为此，在我们的国家中，这些思想不仅仅是一些思想，还有大量的证据证明了这些思想的正确性。在那个时期，意大利境内有许多希腊人建立起来的伟大、强大的城市，希腊人自豪地称之为"大希腊"（Magna Graecia）。毕达哥拉斯本人以及后来以他名字命名的毕达哥拉斯学派对这些城市产生过深刻的影响。人们会认为，我们这些公民听到的是同他们的智慧一致的吗？我还认为，对于毕达哥拉斯学派赞誉的一个根据就是人们认为努马国王（King Numa）是毕达哥拉斯学派的后裔，人们认为他们是从毕达哥拉斯学派那里受到教育后才认识了国家的一些法则，从他们的祖先和努马国王那里知道了正义的意义。但是，在过去很长一段时间里，他们对这些过去历史事件的时代①总是处于无知的状态之中。因为他们相信努马的卓越智慧只是因为他是一名毕达哥拉斯学派的学者而已。

2. 这些确实都是一些推测，虽然可以将毕达哥拉斯学派的很多特征联系起来证明这一点，但是，我不会过度地使用它们，因为这不是我现在要讨论的对象。这些特征②据说是他们的习惯。人们告诉我们，他们习惯于谨慎地③用诗文形式来传递思想的教诲，沉思人们的歌曲和竖琴上的音乐，并从中提炼出他们的思想，用以安慰他们的心灵。卡托（Cato），一位最伟大而权威的作家，在他的《开端》（*Origines*）④中说这些都是我们祖先在宴请时的习惯。那时，在长笛的伴奏下，为了桌子上的客人，人们不停地唱歌，一首接一首地唱，以表达主人对这些尊贵客人品行的赞美和崇敬。由此可见，在那个时代，歌唱家的唱词都是用诗歌、歌曲和音乐写成的，这说明在那个时代，歌曲的创造经常都是从实践中获得的。《十二铜表法》也突出地说明了这一点。因为《十二铜表法》是公开颁布的，所以它就绝不会对其他人造成任何伤害。⑤这绝不是说明那个年代没有管弦乐器，因为在那个时代，诸神的庆典⑥和法官们的宴会上，弦乐总是出现在开头，这是我已经说过毕达哥拉斯学派教育中的一个显著特点。在我

---

① 珀皮里鲁斯·努马（Numa Pompilius）生平是公元前715—前673年。毕达哥拉斯的生平是公元前580—前500年。

② 这里是指"那些痕迹"。

③ "一些毕达哥拉斯学派的成员常说，毕达哥拉斯的整个教导并不适合于每一个人。"（ἒ λεγόν τε καὶ οἱ ἄλλοι Πυθαγόρειοι μὴ εἶναι πρὸς πάντας πάντα ῥητά）参见《明哲言行录》第八卷8.15节，第398页（Diog. Laert. Ⅷ.15）。这些门徒分成两种人：一种是内传弟子（ἐ σωτερικοί）；另一种是外传弟子（ἐσωτερικοί）。

④ 参见Ⅰ.§3。

⑤ 第八条："以文字诽谤他人，或公然以歌唱的歌词侮辱他人都要判处死刑。"参见附录二。

⑥ 庆典（Pulvinaria）是一些表达。在庆典时，议事会命令这些要表达的人，每两个人一起将神的塑像放下来，庆典都是为这些神而举办的。这种庄严性，用拉丁文就叫作"诸神的节日"（Lectisternium）。

看来，阿庇乌斯·卡阿苏斯（Appius Caecus）的那首诗①是毕达哥拉斯学派的。帕奈乌斯（Panaetus）在给图贝罗（Q. Tubero）的一封信里高度赞美了这首诗。我研究过在我们使用的古代词汇中，有很多都是从毕达哥拉斯学派那里借用的。这就说明我们并不是从其他来源了解到这些词汇的，我们总是为了我们自己去寻找这些词汇。还是让我们回到主要论题上来吧，看看是什么原因让在如此短暂的时间之内出现这样多的诗文和如此著名的演说家！这很容易让我们这样去想，只要我们这些公民希望这样去行动，那么，我们这些公民就有能力在各个方面都获得成功。

3. 在其他地方，我们还将要说到诗文和演说等其他问题。如果需要，我们会经常这样做的。我已经说过，对于智慧的研究在我们公民之中一直是一个热门话题。尽管如此，我发现在拉埃里乌斯（Laelius）和大西庇阿（Scipio）之前，还没有我能够真正称为"哲学家"的人。我知道，在他们还年轻的时候，斯多亚学派的第欧根尼（Diogenes）和学院派的卡尔米德斯（Carmeades）作为大使②被派往去了雅典人的议事会。但是，他们从来没有参加过那里的公共生活，因为他们其中一个是居勒尼人（Cyrene），另一个是巴比伦人（Babylon）。他们从来没有创办过学校，也没有担任过任何职位，他们只能做一些在那个时代同卓越罗马人相似的哲学研究而已。虽然他们也写过一些主题性文字、一些民法规则、一些讲演稿、一些对于他们祖先的纪念性文章等，但是，他们最为丰富的成果还在于他们过着合适的生活。其实，他们是用他们的生活方式，而不是用他们写出的文字加深了人们对于如何过上合适生活的认识。这样，由苏格拉底所创立的那种真正而严格的哲学到漫步学派为止，才建立起来哲学的家园的（与斯多亚学派③对同一事物还在用两种语言来说一样，学院派也用两种语言来讨论两种相反的问题）。这时，几乎没有纪念性文字，或者即便

---

① 当在考虑可能构成道德准则时，据说"法波卢蒙具有时运"（Fabrum esse suae quemque fortunae）也是一条道德准则。阿庇乌斯·克劳狄·卡阿苏斯是公元前 312 年的执政官，他修建了阿庇亚大道（the Via Appia）。

② 公元前 155 年，斯多亚学派的第欧根尼（Diogenes）和学院派的卡尔米德斯（Carmeades）和漫步学派（Peripatetic）克里托劳斯（Critolaus）是驻雅典的大使，他们不能够被称为公民。

③ 在西塞罗的第四本书《论菲里布斯》中，他认为斯多亚学派的奠基人芝诺（Zeno）公民提出了这样的主张：他继承了前辈的这一思想思想——仅仅用不同的语言来谈论问题是不会有创新的。

有也是很少是用拉丁文写成的。无论是需要概括伟大的实践过程中民族的经验，还是他们那些不被无知的读者所赞誉的思想，都是如此。为了弥补这样的裂痕，罗马人在静静地等待阿玛菲里乌斯（C. Amafinius）声音的出现。当他的著作出版后，人们对此的兴趣重新被点燃了。他们又重新热情地关注他提出的思想，而不再去关注其他学者了，其原因就在于他的思想很容易被理解，他的思想给人一种愉快感。还有一种可能，那就是因为他不是依靠良好的教育方式，而是突出了思想本身真实性的重要性。在他之后，出现了大量相同思想体系的模仿者。他们的文字在意大利形成了一场风暴，主要的表现就是他们不用精致的谎言来阐述他们的思想。实际上，他们让思想变得很容易理解，而不需要太多的学习。这样简便的方式便是他们传播思想的主要方式。

4. 每一个人都会对自己的观点进行辩护，因为每个人的判断都是自由的。我将坚持我的原则而不是要将我的原则同任何一种单独思想流派的法则相关联。尽管我还是会认可这些思想流派，但我总是想找到解决问题最合适的方案。由于在一些场合中我总是要做一些事情，因此，最近在图斯库兰我的房子里，我也认真地做了一些事情。这样，三天的讨论已经被安排满了。这本书也包括了第四天的谈话内容。正如我们以前一样①，当我们来到那个健身房时，我们也会按照以下程序来讨论。

M：那么，先让愿意陈述自己观点的人提出他所希望讨论的问题。

A：在我看来，智慧之人并不是能够摆脱灵魂无纷扰状态之人。

M：但是，昨天的讨论表明智慧之人是没有痛苦之人，即便是考虑到现实问题，你也应该同意我的观点。

A：当然是这样的。因为你的整体论证本身给我提出了另一条非常重要的方法。

M：那么，你认为智慧之人是没有痛苦之人吗？

A：这确实是我的观点。

M：如果这样的情感都不能够给智慧之人的灵魂带来纷扰的话，那么，就没有任何东西可以使得灵魂产生纷扰了。请告诉我，智慧之人害怕灵魂的纷扰吗？其答案只能是：害怕的是对事物的感觉而不是事物的表

---

① 参见 II. §9。

象。不过，只有事物的表象才能够引起痛苦。因此，摆脱痛苦也就摆脱了害怕。始终存在着两种纷扰：一种是纵欲，另一种是贪婪。因此，如果智慧之人身上没有这两样东西，那么，他们的灵魂将总是安静的。

A：我就是这样的观点。

M：那么，你会选择怎样的行动路线呢？我们要立即开始我的航行了吗？或者就像船员们用船桨很快将船摇动离开码头那样吗？

A：这话是什么意思？我不明白。

5. M：因为克利西波斯（Chrysippus）[①]和斯多亚学派在讨论灵魂的纷扰时用了相当多的时间来具体细分和定义这些纷扰，所以，对于灵魂纷扰的治疗部分，他们认为就在于不要让任何东西，哪怕是很小的东西去引起灵魂的忧虑。相反，漫步学派则列举了大量使得灵魂安静的论据，特别是论证了纷扰的细分和定义这样棘手的问题。因此，我提出的问题是，是否立即用修辞法开始论证或者是用辩证法作为船桨开始论述呢？

A：那就用后一种方法吧，因为我提出的这个问题的每一个方面都完全可以用这两种方法来讨论。

M：后一种方法确实要好一些。如果有任何含糊之处，你随后应该提出问题来。

A：对我来说，我会准备的。同样地对你来说，你应该比希腊人更加清楚地阐述那些本身还比较含糊的思想。

M：当然，我会尽可能做到的。不过，需要特别注意，如果我们忽视了恐惧中某一点的话，那么，整体的恐惧就会变成一个个碎片。既然我们宁愿用"纷扰"（Disorders）而不用"疾病"（Diseases）这个术语来替代希腊文的"πάθη"。那么，对我来说，为了搞清楚问题，我将按照时间的顺序，先研究毕达哥拉斯[②]，再研究柏拉图。他们将灵魂分成了两个部

[①] 参见Ⅰ.§108。

[②] 毕达哥拉斯教导到所有的动物都有本能（νοῦς）和激情（θυμός），只有人才有思想（φρένες）、审慎（τοφρονιμον - τὸ φρόνιμον）和理性。它们是永恒的。"人的灵魂分为三个部分，即感知、理性和意愿。感知和意愿也存在于其他动物身上，理性则为所独有。灵魂的统治从心脏延伸到大脑，意愿位于心脏不好，理性和感知位于大脑不好。诸感觉就是由之而来的结晶。理性是不朽的，其他则是可朽的。"第欧根尼·拉尔修：《明哲言行录》，徐开来、溥林译，广西师范大学出版社2010年版，第402页（Diog. Laert. Ⅷ.30）。对于柏拉图来说，参见Ⅰ.§20，Ⅱ.47。

分：一个是分享理性的部分；另一个是不分享理性的部分。分享理性的部分起着平息灵魂的作用，即保持灵魂安静而无纷扰的持续状态；不分享理性的部分则会产生愤怒和欲望等强烈的情感，它们同理性刚好相反，甚至敌视理性。这样，我们就有了一个起点。不过，让我们来解释这些斯多亚学派在细分和定义时所使用的"纷扰"。在我看来，正是斯多亚学派在处理这个问题时，才表现出了相当深刻的思想。

6. 这里有芝诺对"纷扰"的定义，他使用的希腊文是"πάθos"。*它是指灵魂受到了扰动，偏离了正确的理性而同自然相吻合。① 一些哲学家将"纷扰"简洁地定义为一种过分强烈的渴望，然而，他们所谓的"渴望过于强烈"又同他们定义的"平静是自然的"相差太大。而且他们认为依据两种预期的善和两种预期的恶，从形成上可以对"纷扰"进行分类。它们总共可以分为四类：欲求、快乐、恐惧和痛苦。欲求和快乐都同善相关，快乐表示现在的善，欲求表示未来的善。这些哲学家们又认为，恐惧和痛苦是同恶相连的，恐惧是未来的恶，痛苦是现在的恶。在他们看来，一方面，未来的恐惧在一定条件下是可以引起痛苦的；另一方面，愉快和欲求都是依据对善的期望而产生的，因为欲求是由于不受到表面善的诱惑而形成的；快乐是因为最终获得了对某些对象的喜爱而显示出来的那种生机勃勃的狂喜本身。按照自然法则，所有人都会追求明显善，避免与此相反的恶；按照正确理性的规定，只要这些明显善的表现是相似的，那么，其本性就会让人们去追求和保护这些明显善。为了找到一种稳定而智慧的方式，斯多亚学派对于这样的渴望② 使用了希腊文"βoύλησις"来表示，而我们则使用"希望"（wish）这个词来表示。他

---

* "πάθos"是塞浦路斯岛西岸的一个城市，英文是 Pafos，即帕福斯。参见罗念生、水建馥编《古希腊语汉语词典》，商务印书馆2014年版，第 627 页。

① "他们说灵魂有八个部分：五种感知能力、语言能力、智力能力（心灵自身）、生殖能力，它们都是灵魂的某一部分。由于错误，会在心灵中产生悖谬，由此进一步生起许多激情和导致混乱的原因。在芝诺看来，激情本身是非理性的和违背自然的灵魂运动或过分的冲动。"参见《明哲言行录》，第 348 页。

② "此外，他们还说有三种好的情绪，即高兴、谨慎和意愿。他们说高兴是快乐的反面，它是合乎理性的昂扬。谨慎是恐惧的反面，它是合乎理性的规避，如智慧的人从来不感到恐惧，但他却谨慎行事。他们说意愿是渴望的反面，它是合乎理性的欲求。"参见《明哲言行录》，第 350 页。

们认为，只有在智慧之人身上才能够找到这样的渴望。他们是这样定义这种渴望的：渴望是对一切事物合理的希望。不过，如果希望偏离理性或者过于强烈就会成为欲望或没有节制的欲望。在愚蠢之人身上可以看到这些没有节制的欲望。当我们具有某种善时，我们才能够感到满足。获得这样的善有两种方式：第一种方式是当灵魂理性地具有了这样的满足后，灵魂就处于一种宁静而无纷扰的状态之中，这时就可称之为快乐（Joy）①；第二种方式是灵魂处于强烈而无意义的狂热之中，这时灵魂具有的满足则被称为"极度或过分的快乐"。那些人认为这也就是灵魂非理性的激情状态，因为正如同我们自然就厌恶恶一样，我们自然会渴望善。这样的渴望，如果有理性的指导，那么它就被称为"谨慎"（Precaution）。② 这种谨慎可以在智慧之人身上看到。而与理性无关只同小气可耻的胆怯相连的渴望，被称为"恐惧"。因此，恐惧是偏离理性的谨慎。不过，智慧之人是不会受到现实恶影响的，愚蠢之人才会感到痛苦，感到预料到的明显恶的影响。他们的灵魂是颓废而软弱的，因为他们违反了理性的指导。所以，痛苦的第一个定义是灵魂中面对理性的诸多矛盾③而形成的畏缩。这样，灵魂就会有四种纷扰状态和三种宁静状态④，因为宁静并不是同痛苦相对立的。

7. 他们认为所有的纷扰都是同判断和观念相关的。据此，他们严格地定义了纷扰。在他们看来，不仅要认识到灵魂的纷扰是如何产生错误的，而且还要认识到在我们控制之下这些纷扰的程度。如此，现在便形成了痛苦就是当下恶的观念。这样的观念认为痛苦就是感到灵魂的颓废和畏惧，快乐就是现在当下形成的善的观念，这样的观念认为快乐灵魂能够感受到喜悦。而恐惧则是一种被恶威胁的观念，其含义是不能够承受的恶。欲求是一种对预期善的观念，其含义是在当下就能够得到的善。但是，他

---

① "快乐，指的是面对看起来值得选择的东西而生起的非理性的昂扬，包含在它下面的有：陶醉、幸灾乐祸、欣喜、情不自禁。"参见《明哲言行录》，第349页。

② "谨慎是恐惧的反面，它是合乎理性的规避，如智慧的人从来不感到恐惧，但他却谨慎行事。"参见《明哲言行录》，第350页。

③ "收缩"（Contraction），参见§66；Ⅰ.§90，相应于希腊文"节省或收缩"（συστολή）。喜悦是扩张，忧伤则是收缩。在Ⅱ.§41中，"Contrahere collum"是被用来表示对于刀枪危险的畏惧。

④ 希腊文是"εὐπάθειαι"。

们并不认为灵魂的纷扰仅仅是同纷扰者的判断和观念相关的,正如我已经说过的那样,他们还认为这样的纷扰同纷扰者灵魂的结果相连。这就是说,痛苦是由于某种剧烈的疼痛引起的;畏惧是由灵魂中的退缩和斗争所引起的,欲望就是灵魂的放纵。而且他们认为,那些已经包含在我们前面已经定义中的信念行为(Belief)就是一种对软弱的默认。①

不过,根据不同纷扰者的主要特征,可以将同一层次上的纷扰分成不同类型。例如,在痛苦的名义之下是"Invidenlia"(忌妒)[1]② (我们应该使用这个词的日常明确的含义,因为 Invidia 即忌妒,不仅是指有忌妒的人,而且也指被人忌妒之人),还有争斗(Rivalry)[2]、猜忌(Jealousy)[3]、怜悯(compassion)[4]、焦虑(Anxiety)[5]、忧伤(Mourning)[6]、悲伤(Sadness)、烦恼(Troubling)、悲痛(Grief)[7]、悲哀(lamenting)、颓废(Depression)、苦恼(Vexation)、难过(Pining)[8]、失望以及其他一切相关的东西。而且,在畏惧的名义之下,有懒惰(Sluggishness)[9]、羞耻(Shame)[10]、害怕(Fright)[11]、胆怯(Timidity)[12]、惊恐(Consternation)[13]、优柔寡断(Pusillanimity)、困惑(Bewilderment)[14]、懦弱(Faintheartedness)等等。在快乐名义之下,有恶意(Malice)[15](在其他人的邪恶中得到快乐或者是包藏祸心)、狂喜(Rapture)[16]、炫耀(Ostentation)等。在欲望名义下,有气愤(Anger)[17]、疯狂(Rage)[18]、仇恨(Hatred)[19]、敌意(Enmity)[20]、贪婪(Greed)[21]、渴望(Longing)[22]等。

8. 而且他们是用这样的方式来定义这些术语的:他们说,忌妒是对邻居家的昌盛引起的痛苦,尽管忌妒对那个被忌妒的人并不产生伤害。如果人对他人的昌盛感到伤心,那么这样的人自己又设想他会受到伤害,而

---

① 斯多亚学派用"赞同"(Adsensio)这个拉丁文表示,即判断的赞同,希腊文是 "συγκατάθεσι"。参见本书前面的"概述"第 xvi 页。

② 这些大多数的希腊文词汇都是西塞罗从第欧根尼·拉尔修的《明哲言行录》中第 7 卷中第 111 节里获得的,下面是这些希腊文的词汇,一共有 22 个。它们是:
Invidenlia ($φθόνος$)[1]、Rivalry ($ζῆλος$)[2]、Jealousy ($ζηλοτυπία$)[3]、Compassion ($ᵃλεος$)[4]、Anxiety ($ᵃχθος$)[5]、Mourning ($°δύνη$)[6]、Grief ($°νία$)[7]、Pining ($ᵃνόχλησις$)[8]、Sluggishness ($°κνος$)[9]、Shame ($αἰσχύνη$)[10]、Fright ($ᵃκπληξις$)[11]、Timidity ($δεῖμα$)[12]、Consternation ($ᵃγωνία$)[13]、Bewilderment ($θόρυβος$)[14]、Malice ($ᵋπιχαιρεκακία$)[15]、Rapture ($κήλησις$)[16]、Anger ($°ργή$)[17]、Rage ($θυμός$)[18]、Hatred ($μῆνις$)[19]、Enmity ($μῖσος$)[20]、Greed ($σπάνις$)[21]、Longing ($ἵμερος$)[22] 等。

且这个人就不应该说是羡慕人而只能说是忌妒人。例如，据说阿加门农（Agamennom）对赫克托（Hector）就有忌妒。不过，虽然邻居的昌盛没有伤害到任何人，但是，那些对看到邻居昌盛到伤心的人确实会形成羡慕的纷扰。竞争（Rivalry）① 是在两种意义上被使用的。这样，一方面竞争就有好和坏的两种意义。第一种意义是竞争是对于德性的模仿（不过，这里不是指它的含义，而是使用它来指值得赞赏的东西）；第二种意义是竞争也是一种痛苦，如果竞争是对那些渴望对象的占有，而人又不能够得到它的话。另一方面，我所理解的猜忌或忌妒（Jealousy）是希腊文"ζηλοτυπία"这个词，痛苦是由于他自己渴望的东西不仅是他本人不能够得到，而且还被他人所有了；怜悯（Compassion）是由对邻居遭到痛苦感到可怜而产生的痛苦，因为没有人会对杀人犯或叛徒的惩罚感到怜悯；焦虑（Anxiety）② 是一种沉重的痛苦；忧伤（Mourning）是由于可爱对象突然过世而产生的痛苦；悲伤（Sadness）是饱含热泪的痛苦；烦恼（Troubling）是一种繁重的痛苦；深切的悲痛（Grief）是折磨的痛苦；悲哀（Lamenting）是伴随着哭泣的痛苦；颓废（Depression）是伴随着郁闷的痛苦；苦恼（Vexation）是一种持续的痛苦；难过（Pining）是身体上的痛苦；失望（Despondency）是一种毫无希望改善的痛苦。同样以这样方式命名的畏惧有这样的分类：懒惰（Sluggishness）是对艰苦工作的畏惧；羞耻（Shame）③ 是担心引起血液流失；害怕（Fright）是一种麻痹的畏惧，它会引起苍白、颤抖和牙齿打架，正如羞愧会引起人脸的发红一样；胆怯（Timidity）是一种接近恶的畏惧；惊恐（Consternation）是扰乱精神平衡的畏惧。因此，恩尼乌斯（Ennius）有这样的划分④：优柔寡断（Pusillanimity）是在害怕之后出现的畏惧，它们是相互伴随的。困惑

---

① 这个词的希腊文是"ζῆλος"，意味着"对抗"（Emulation）或"竞争"（Rivalry）之义，经常被用于好意。在《圣经·加拉太书》第五节第 20 行中，它和"ἔχθραι, ἔρις, θυμοί"一起，同属于保罗所列的肉体的作用。保罗的出生地梅尔辛（Tarsus）是斯多亚学派的中心，安提帕特（Antipater）是斯多亚学派的领袖之一，也是来自梅尔辛这个城市。参见 V. §107。

② "焦虑"的希腊文是"λύπη βαρύνουσα"。

③ 羞愧（Pudor）的定义应该是同懒惰（Pigritia）相关的，但是现在已经被遗忘了。所以，斯多亚学派说道："羞愧是害怕出现不好的结果。"（αἰσχύνη εἶναι φόβον ἀδοξίας，其拉丁文则是 Pudorem metum infamiae）

④ 参见附录二。

(Confusion)是一种麻痹思想的畏惧。懦弱（Fainteartedness）持续的畏惧。

9. 而且，愉快也是以这样的方式来划分的：有恶意（Malice）是一种愉快，一种看到由于邻居的恶没有给他本人带来利益而形成的愉快。狂喜（Rapture）是一种愉快，一种听到美妙声音而让灵魂得到安抚的愉快。通过听觉产生的愉快同那些通过视觉、嗅觉和触觉产生的愉快非常相似。它们好像融合成了愉快的液体，如果我可以这样说的话，那么我就可以说，让灵魂浸泡在愉快之中。炫耀（Ostentation）是一种愉快，一种外在仪态上表现出的过分自信。在贪婪名义下的分类也是用这样的方式来定义的：一方面，气愤（Anger）是一种对某个人贪婪的惩罚，因为这个人被认为不应该去伤害其他人；另一方面，疯狂（Rage）是立即产生并突然表现出来的气愤，希腊文是"θύμωσις"。仇恨（Hatred）是一种根深蒂固的气愤。敌意（Enmity）是一种想寻找机会复仇的气愤。震怒（Wrath）是心灵深处里所产生出来最大痛苦时而形成的气愤。贪婪（Greed）是一种贪得无厌的欲望。渴望（Longing）是一种对关注当前不在的某人而形成的贪婪。不过，它们还同渴望另外一种含义相区别，这种渴望是指某人或一些人对未来的确定的渴望（逻辑学家们使用这样一个希腊文 κατηγορήματα 来表示）。例如，人们渴望财富、希望获得荣誉等等。而贪婪则是对现实事物的渴望，例如对名誉或金钱等的渴望。① 并且，他们说一切纷扰根源都是放纵造成的，放纵就是对一切心灵和正确理性指导的背叛，完全是偏离了理性的控制，让灵魂的渴求不能够受到理性的指导或限制而产生的。因此，节制总是需要的，节制使得那些渴望会服从正确的理性，让心灵的判断保持周全。所以，无节制会使得渴望敌意、搅乱和动摇灵魂状态，其结果就会形成痛苦和畏惧以及一切其他的纷扰。

10. 正如当血液不好、血液太稠，或胆汁太多时②，身体就会出现疾病一样，灵魂出现了疾病，就提醒我们要注意观念的败坏作用，不要让这

---

① 斯多亚学派喜欢这样的精细分类。拉丁文"Desiderium"或希腊文"πόθος"都是用来表示对事物本身的渴望，例如，"渴望城邦"（Desiderium, urbis）。为了使得句子更清楚，"Desiderium"有时要同"力比多"（Libido, sit）一起使用。而"力比多"又是同"想要"（Indigentia, est）一起使用的。

② 这四个幽默，参见Ⅰ.§56。

样的败坏作用在人们中间形成对于灵魂健康的不好影响，从而引起混乱的疾病。而且从病人来看，首先是生病了（疾病这个词的希腊文是"νοσήματα"）。除此之外，还会产生一些与疾病相应的病情，比如说不良的厌恶和憎恨等。再就是会产生不健康。斯多亚学派使用的希腊文是"ἀρρωστήματα"，它们是同厌恶相关的，也是厌恶的对立面。① 对此，斯多亚学派给予了很多研究，主要是克利西波斯对此有过深入的研究，他将灵魂的疾病与身体的疾病进行了类比。现在让我们不要再关注他们论证的过程，而只去关注他们论证的精髓。所以，让我们这样理解他们的思想：当观念或意见在反复无常的困惑中摇摆时，灵魂一直会处于不断的变化之中。不过，当灵魂中的狂热持续不断，停留在了我们的静脉和骨髓之中时，灵魂就会出现疾病和不健康，这就是与疾病和不健康相对立的厌恶。

11. 同时，一方面，在理论上，我说到疾病之间是有区别的；另一方面，至少从实践上讲，这些疾病又是结合在一起的，因为它们都是由贪婪和愉快形成的。当觊觎金钱而没有及时用苏格拉底式的治疗方法对这样的欲望加以限制时，在静脉里就有恶在流动，恶会依附在人体的关键器官上，相继产生疾病和不健康。只要这些疾病和不健康长期存在而不被清除，情况都是如此的，这样的疾病就叫作"贪婪"。类似的其他疾病，比如对于名声的渴望、对于女性的热爱等，希腊文都叫作"φιλογυνία"。其他所有的疾病和不健康也有相似的原因，并且人们认为畏惧都是来源于它的对立面恨，比如来源于对女性的恨。例如，在阿提里乌斯（Atilius）② 的"恨世者"（Μισόγυνος）中就可以看到畏惧与恨的这种对立。泰门（Timon）③ 用希腊文"恨人类的"（μισάνθρωπος）让我们知道了"对人类的恨"；又例如，"冷漠"（Inhospitality），灵魂里所有这些不健康都是来源于人们对尽量想避免和憎恨事物的畏惧。进一步说，他们将灵魂的不

---

① 灵魂的疾病和不健康来自混乱的贪婪和快乐，例如，对于荣誉的喜欢，它们都是厌恶和反感相反的术语。厌恶和反感都是由于混乱的畏惧产生的；比如，人类的仇恨就是同人类的爱相反的。在逻辑对立的关系中，黑是与白、爱与恨是对立的；疾病和不健康分别对应于厌恶，厌恶是同疾病和不健康相反的，它们是对立的。

② 阿提里乌斯（Atilius），大约公元前200年的喜剧诗人。他可能翻译了米南德（Menander）的喜剧《恨世者》（Μισογύνης，也译作"仇恨女人的人"）。

③ 泰门（Timon）是苏格拉底时代的人。

健康定义为一种强烈的具有持久和深厚根源的信念，这种信念会将没有价值的事情看作很有价值的事情并加以坚持。厌恶也是同样如此的，它也是具有持久又有深厚根源的一种信念。这种信念将不应该避开的事情当作避开的事情而加以坚持。这类信念是由于人使有混乱的知识而进行判断造成的。下面是不健康的一种分类形式：贪婪、野心、对女性的喜爱、固执、对好生活的喜爱、陶醉、过分讲究等相似的事情。贪婪也是一种持久而深厚的强烈信念，它将金钱作为首要的价值来追求，其他那些不健康的定义也是如此。此外，厌恶（Aversion）也可以定义为一种冷淡的类型，这种冷淡也是一种持久而深厚的强烈信念。想认识这些观念的人都应该小心避免这些信念。对于异性的喜爱和对人类的仇恨也有相似的定义，比如说要像希波吕托斯（Hippolytus）和泰门那样。

12. 现在先让我们用类似的方式来分析健康，然后再将健康与不健康进行比较（这可能比斯多亚学派还要保守一些）。当一些人容易得一些疾病，而另一些人则容易得另一些疾病时，我们则会说一些人容易感冒，而另一些人容易得疝气，这并不是因为他们是偶尔得了这样的病，而是因为他们经常会得这样的疾病。同样的，一些人容易畏惧；另一些人容易混乱，在这种情况下，我们就会说这些人具有暴躁脾气。因此，他们就是一些暴躁的人。同肝经火旺有区别的是愤怒。在这样的情况下，有一些是肝火很旺，而另一些则是愤怒。正如暴躁脾气与暴躁情感不同一样。它们之间也是有区别的，因为并不是所有有时暴躁之人就是脾气暴躁之人，脾气暴躁之人也并不是总是情感暴躁之人。正如醉酒之人并不总是好酒之人一样。一些事情是敢于去做；另一些事情则是喜爱去做的，这其中也是有区别的。当然，一些人容易得一些疾病；另一些人容易得另一些疾病是很普遍的。因此，这一状态可以适用于任何混乱者身上。显然，这一状态还存在着更多的缺点①，只是人们没有给这些缺点名称而已。因此，对于混乱者来说，由于他们固有一种混乱的趋向而不是因为他们匆忙的行动，他们就被称为既有嫉妒和恶意，又有畏惧和怜悯之人。于是，每个人自己特殊的混乱有可能就同身体上被称为"不健康"的情况相类似。因为我们可以将这样的可能性理解为"不健康"。在从善的情况下，由于一些人会更

---

① 对于焦虑（vitia）与忧虑（Perturbationw）的区别，参加§30 的开始部分。

好地适应某种善，另一些人会适合另外一些善。因此，这些人这时的行为不能够说受到"趋向性"（Proneness）的影响，而只能说这些行为受到称为"爱好"（Inclination）的影响。在从恶的情况下，这样的适应性应该叫作放弃"趋向性"。在既不从善也不从恶的情况下，它们都是早期对于这些现象的术语。

13. 身体是容易生病、不健康，或有缺陷的；灵魂同样如此。疾病（Disease）这个术语是用来表示整个身体的中断；对于疾病来说的不健康（Sickness）就是身体的虚弱；缺陷（Defect）是指身体各个部分不能够对称，不能够保证身体主干的弯曲自如，身体看起来是扭曲的和丑陋的。这三个术语的前两个，即疾病和不健康，是由于整个身体健康被震动和混乱。而缺陷可以凭借自身特征来加以识别，虽然整个健康并没有受到伤害。在灵魂里，我们只能够在理论上将疾病和不健康分开。有缺陷（Defectiveness）[①] 是在整个生活中出现与生活本身不一致和不和谐的一种习惯或趋向。所以，一方面，错误的信念不仅产生了疾病和不健康，而且还产生了与生活本身的冲突和混乱；另一方面，因为并不是所有的缺陷都形成同样的不一致，因而当一些趋向性是不智慧时，这些趋向性确实同人们生活本身相差很大了。不过，这种状况并不是被歪曲或误解所产生的。[②]

[①] 即道德缺陷，同在§34中"恶意"的含义相似，指的也是所有不适合的情况。

[②] 理解这段话是有些困难的。西塞罗好像想区别两种道德缺陷：一种是"习惯性的"；另一种是"趋向性的"，两者都是因为信念的歪曲形成的。不过，坏"习惯"意味着恶行（Depravity）；而"趋向"则仅仅意味着不一致，有时指多一点，有时指少一点的不一致而已。长期放纵的趋向则会形成"习惯"。一方面，当哈纳哈·摩尔（Hannah More）劝约翰逊（Johnson）博士喝点酒时，博士这样回答道："孩子，我一点点都不能喝。""因为我是从来不喝酒的。"因为博士没有将"趋向"变成为"习惯"。另一方面，约翰逊认为他自己是一位"狂热的喝茶人"，因为这时他已经将"趋向"变成了"习惯"。贺拉斯（Horace）认为这是恶行"习惯"和喜欢做邪恶之人之间与趋向于恶行之间人的区别。然而，在战争时期，它们都体现在一个人身上。《讽刺诗集》第2卷第7节第6行。（Sat. Ⅱ.7.6）

* Pars hominum vitiis gaudet constanter et urget Propositun; pars multua natat, modo recta capessens, Interdum pravis obnoxia. 英文是：Some men persist in their love of vice and stick to their purpose; the greater number waver, now aiming at the right, at times giving way to evil. (H. R. Fairclough) 或者是 One part of humankind enjoy their vices and persist in them following with dedication the path they have chosen; many instead swim now toward the Good, now in the wake of some depravity. (Sidney Alexander)。中译为："一些人为了达到他们的目的喜爱他们的声音，而更多的人喜爱上帝而远离邪恶。"也可参见塞涅卡（Seneca）的《道德书简》第75节。

由缺陷所引起的疾病和不健康还可以进一步的细分。但问题是,这样的细分是不是一种混乱的细分呢?因为缺陷有可能是永久的,而混乱则是会改变的。所以,缺陷的细分就不能根据永久的趋向性来划分。而且,同在恶行中一样,身体与灵魂本性在善行上也是类似的。对身体而言,其值得赞赏的是漂亮、强壮、健康、活力和活泼,灵魂也同样如此,这些特征也是灵魂上值得赞赏的。就像在身体上那样,构成我们身体的各个部分能够和谐地调节一致,这时就是身体的健康。同样,灵魂的健康也是意味着这样一种状态:灵魂的调节能力与灵魂中的信念是一致的,这样健康的灵魂就是德性。有人说这样的德性只有节制[①],也有人说是服从节制的指导,严格按照节制的指导做事。他们说,如果只有这样一种德性或其他另一种德性存在的话,这样的德性仅仅只能存在于智慧之人身上。当心灵的活动经过医治后,即便在不智慧之人身上表现出来的快乐也是一种灵魂健康的表现。在身体上,构成身体各个部分都呈现出一种对称形式,表现出某种特殊的魅力,为此,人们称之为身体美。灵魂中也有美,灵魂之美表现出了灵魂的一种平衡或一种信念和行为的一致性,体现出灵魂一种持久而稳定的状态。这种灵魂的美也就是按照德性或德性的本性的行为。所以,灵魂的力量与身体的力量、体力以及其效用等是相似的,都可以用相似的术语来表示。身体的活动也可以用"敏捷"这个术语来表示,这个术语暗含了某种称赞,指出了身体中的某种"机智"。因为灵魂在很短的时间内就可以很快地观察到很多事物。

14. 不过,灵魂与身体还是有一些不同的。尽管强壮的灵魂同强壮的身体一样,不会受到疾病的入侵,但是,强壮的灵魂中也会产生自然恶意或敌意而没有愧疚。[②] 它与因轻理性而产生的疾病和混乱所引起的

---

① 参见 §22。
② 参见《威尼斯商人》第四幕,第一节,夏洛克说:由于没有使用可靠的理性。为什么他就不能够忍受那只肥猪呢?为什么他就不能够忍受那只没有伤害的猫呢?为什么他就不能够忍受那支杂音的风笛呢?这样的习性就是自然而没有羞愧的敌意。不过,在下面这些语句中表现出来的则是轻视灵魂中原因的敌意:我不需要理性,也不愿意使用理性,因为我有很多的恨和一些厌恶,我忍受安东尼奥(Antionio),这样,我损失一件衣服也要反对他。参见《莎士比亚喜剧悲剧集》,朱生豪译,裘克安等人校,译林出版社 2003 年版,第 139 页。

灵魂敌意或恶意是不同的。因此，它们只能在人身上才能够发现。将这些行为同动物行为比较就可以发现，动物是不会受到灵魂疾病和混乱侵害的。然而，在机智和木讷之人之间还是有区别的。对于机智的人来说，他们受到疾病的侵袭是缓慢的，但复苏却是很快的，就如同柯林斯的青铜那样，即便受到腐蚀也是缓慢的。而木讷之人则不是这样的。无论如何，机智之人的灵魂是不会受到任何疾病和混乱侵袭的，因为它做一切事情都不是野蛮的和丑陋的，它只是在怜悯、痛苦、畏惧或最初的外貌等方面才会产生混乱。而且人们认为清除灵魂的疾病和不健康比清除德性对立面的缺陷要困难很多。如果疾病持续存在的话，缺陷也许将会被清除，因为清除缺陷比治疗疾病快。现在你已经知道了斯多亚学派关于混乱或疾病或不健康（Disorders）论述的基本思想了，他们称这些思想为"逻辑的结论"。因为在他们看来，这些思想都是通过特别的严格的推理而得出的。在某种程度上来说，既然我们的观点也按照自己的方式提出来了，那么，其中有争论的相关论点①也是很清楚的。如果我能够给出更清晰的说明的并考虑到这个问题的难度的话，那么，让我们继续来这个讨论这个问题。

A：那当然好。如果还有其他观点需要研究，那么，我们可以找其他时间来再讨论。因为现在我们只有待你进一步讨论这个问题并要清楚地给予说明。

15. M：偶尔我会说一些看法，但是通常我的说法都是一致的（因为有很多问题都是同生活和道德相关的。这些问题的关键之处都涉及德性问题）——由于德性是灵魂的稳定而和谐的性质，所以，人们认为正是这些性质使得灵魂具有了价值和意义。德性就是灵魂本身的本性，其本身是有意义的。暂且不考虑其他相关的问题，仅仅就善而言，趋向性、选择和行为等这一切都是正确理性的结果，虽然德性本身确实就是正确理性做得好的说明。这样，与德性相对立的就是"邪恶"（我提出的术语是"恶

---

① 参见§9。西塞罗用辩证的方式对这些问题进行了讨论。这些讨论清楚地表明了所有问题之所在，以及斯多亚学派对此的认识。在这里，西塞罗比较了解决这个问题上的不同方法。既然西塞罗已经轻松并清楚地说明了，因此，他就能够完成他的论证。

意"，希腊文是"κακία"①。"恶意"只表示一种具体的恶，而"邪恶"则表示所有的恶）。恶意或邪恶的出现会破坏灵魂的秩序，给灵魂的运动带来麻烦，使得灵魂偏离理性，完全不利于心灵的安宁和平静的生活。对此，我们在不久前已经讨论过了这一点。而斯多亚学派则说明了灵魂中的焦虑、残酷的痛苦和绝望以及畏惧如何使得灵魂变得软弱。他们也说明了引起情感渴望的原因。有时他们称这种渴望为"欲望"，有时又称之为"贪婪"，这些都是灵魂中要控制的类型，都是同灵魂中的节制和自我控制不一致的类型。如果灵魂对对象有某种渴望的话，那么，这时的灵魂将产生渴望，这时的灵魂在做任何事情时都"不存在任何规则"。正如那位认为"灵魂过分的快乐就是愚蠢"②的诗人所说的那样。对于这样的恶只能够用德性去治疗。

16. 还有什么东西不仅使得人绝望后更加痛苦，而且还会使得人更加堕落和丑恶，从而使得人更加软弱、更加无力呢？这样的痛苦状态可能就是人因为畏惧一些恶而产生的。这时人的灵魂由于悬念而变得麻木了，它也是恶的力量象征，诗人们认为这种力量就像一块巨石将坦塔罗斯（Tantalus）压在世界的底层③：

惩罚他的罪恶、自我膨胀的欲望和自我吹嘘。

通常这是一种不高明的惩罚，因为当心灵畏惧理性时总会产生这样一些明显的恐惧。而且正是这些心灵中使人产生烦恼的纷扰，我的意思是痛苦和畏惧，它们都是同心灵问题相关的，都是一些轻松的情歌——欲求总是对某种东西的贪婪，空虚的渴望也会给人生动的愉快。因此，人们要认识到现在我说明的人的特点，这些特点有时表现为压制、有时表现为冷静、有时表现为节制、有时表现为温和和谦虚。我打算用"坦诚"（Fru-

---

① 希腊文"κακία"意思是"恶"；相反的"ἀρετή"，意思是"优秀"。"κακία"的复数则是"缺陷"，对应的拉丁文则是 vitia。参见Ⅲ.§7。

② 引自特拉比（Trabea），一位罗马喜剧作家。他生活在大约公元前200年。部分来源于西塞罗的《论至善和至恶》第4卷第13节。参见《论至善与至恶》，第148页；部分来源于西塞罗的《关于修辞致赫热恩尼乌斯信》。

③ 参见Ⅰ.§3。

gality）这个词来表现这些所有人的特点，因为它是这些特点的主要来源。① 只要在这个术语中包含有德性，那么，这个格言"一个坦诚的人能够正确地做所有的事情"才能够被广泛而普遍接受。严格地说，这个坦诚之人就是斯多亚学派称为"智慧之人"的人。不过，当他们这样说的时候，他们的这些言语多少是有些夸张了。

17. 因此不管是谁，只要他的灵魂受到限制和保持内在的和谐，那么，他的灵魂才能够平静。人是自己使得自己平静的。这样的话，人既没有因为痛苦而产生的焦脆，也没有因为畏惧而产生的绝望，更不会耗尽野心作用而形成的那些追求的渴求，不会使得那些丰富的意义变得脆弱——这种人就是我们研究的智慧之人。他也是幸福之人，因为他认为任何沮丧，他都可以忍受。任何狂喜和过分的快乐，他都会节制。在人看见和认识这个广阔的宇宙之前，什么才是人永恒追求的呢？而且，在人的野心之中，或在我们的信仰生活中的那个短暂时间里有什么东西是智慧之人追求的呢？智慧之人的灵魂甚至会注意防止所有意想不到、没有预料到的或奇怪事情的出现吗？他还会受到指引到处去寻找这样的日常目标——保证生活远离烦恼和焦虑吗？无论是幸运还是不幸运，他都会忍受吗？他会平静地承担着一切重负。这样，他不仅摆脱了痛苦，而且还摆脱了一切纷扰。当灵魂摆脱了这些纷扰时，人就会完全而彻底地幸福了；当人搅动和放弃确定而完善的理性时，他不仅失去了灵魂的和谐，而且也失去了心灵的健康。

因此，当他们认为灵魂必然会受到纷扰时，人们认为漫步学派（Peripatetic）的观点和表述应该是软弱和柔弱的。因为在他们看来，没有方法可以消除这样的纷扰。你要求我说明对恶的限制吗？或者是说如果拒绝服从理性，会形成恶吗？或者是在教导上理性会如此无用吗？或者是情感欲望或过度的欣喜若狂不是善吗？再或者，在不能够消除或几乎不能够坚持的压力下的负担不是恶吗？过度悲伤或过度快乐的实例都是欺骗产生的吗？如果在愚蠢状态中的一段时间内的欺骗都是软弱的表现的话（尽管欺骗仍然在进行，其结果就是他们要么长期会忍欺骗，要么是只能够忍受短期的欺骗），那么，智慧之人对此应该不涉及太多。我问道，至于漫步

---

① 参见Ⅲ.§16。

学派提出的"约束"（limit）是什么呢①？让我们以他们特别关注痛苦的"约束"为例来说明这个问题。根据法尼乌斯（Fannius）②记载，当他知道他的兄弟没有能够被选举为执政官时，鲁皮里乌斯（P. Rupilius）感到非常痛苦，但是他仍然没有限制他的痛苦，因为他就死于对此事的懊悔之中，他应该对此有更多的限制。假如在这样的打击下，他可以表现出一些节制的话，那么，当他的孩子去世时，他还能够表现出节制吗？那时肯定会产生一种新的痛苦。为此，即便是这样的结果，还是需要节制的。与此相应，假如身体上出现了剧烈的痛苦，假如丧失了财产，假如成了盲人，假如被人流放等，这时候都要提倡节制。如果每一种痛苦相对于不同而独立的恶，那么，这将是完全不能够忍受的。

18. 因此，人们认为希望寻找"节制"的那些人就如同将自己抛入莱夫卡斯岛上（Leucas）的人一样。尽管他不想掉入海中，但是，只要他被抛入水中，就不能够阻止自己掉入海里。正因为这是不可能的，因此，纷扰和激动的灵魂，尽管它希望自我控制或者阻止其纷扰和激动，但是，这也是不可能的。一般来说，在变化中具有破坏性的事物从起源上说都是邪恶的。而且所有的痛苦和其他任何纷扰的形式，当它们变得强大时也都是绝对致命的。当人们亲身经历时，他们就会因为那些致命的不安而形成他们的性情。当他们没有理性的指导时，他们就会受到他们本性的强迫。这时，在他们身上就会产生自我放纵的弱点。按照这样的弱点行事，人们就像是在一片大海上盲目航行的小船一样，没有任何方向感，也没有任何方法可以让那只小船停下来。因此，无论漫步学派赞同对于纷扰或不正义节制、赞同节制懒惰，或是赞同节制的不节制等，其中的含义都是一样的，因为提出节制恶的人便承认了一部分的恶是存在的。无论是说恶是存在于仇恨之中，还是为了仇恨，这两者的含义也都是一样的，它本身就是一种仇恨。将很多痛苦奠基于恶的基础之上都是不可靠的，一旦奠基在这样的根基上，这些痛苦就会轻松地滑向山脚而没有任何方式可以加以阻挡。

19. 另外，漫步学派同样需要论证那些我们认为需要根除的一切具有

---

① 西塞罗继续研究漫步学派的"界限"问题。
② 法尼乌斯（Fannius）是拉伊里乌斯（Laelius）的女婿。写过历史或编年史，与提比略·格拉古（Tiberius Gracchus）是同时代的人。鲁皮里乌斯（P. Rupilius）是公元前132年的执政官。

第四章 论灵魂持久的纷扰

相同作用的纷扰。这些纷扰不仅是自然的,而且还为了某些实用目的,通过我们的本性而被赋予我们的。这是他们使用过的话语。首先,他们详细地称赞了易怒(Irascibility)①。他们把易怒称为"勇敢的磨刀石"。他们说愤怒之人对敌人或不忠诚的公民会表现出更多的愤怒。其次,有些人冷静地提出了这样的观点:"进行战争是正确的,为了法律,为了自由,为了国家的战斗都是合理的。"但是,在他们烦琐的逻辑中,他们没有给出任何根据。因为只有当由于一时的愤怒形成了鲜明的勇敢时,这样的言语才能够有意义。他们也没有讨论焦虑,他们认为,在困难之时绝不会下达严厉的命令,暴躁是不会决定任何事情的。最后,他们也不赞同演讲者的说法,除非是暴躁刺痛了这个演讲者,这时,这个演讲者不仅会控诉,而且还会有一些捍卫自己的行为。尽管愤怒并不是真实的,然而他们认为,在言语和举止上还是要将愤怒伪装一下,因为演讲者所传递出来的东西是要引起听众的愤怒。总而言之,他们认为他们没有关心那些作为人②而又不知道自己是如何愤怒的人,他们也不关心我们称之为"温和"③的东西,因为他们使用这个术语时并没有将它同恶的意义区别开来。确实,他们不仅赞美这种类型的贪婪(因为正如我在不久前定义的那样,愤怒是一种仇恨的贪婪)④,而且他们还认为贪婪是一种同愤怒完全相同的情感,并称之为"贪心"⑤或"欲求"。这样的情感是从人的本性上为了最大的功利目的而产生的。因为除非人有贪婪,否则,人是不能够将事情做好的。有一个夜晚,特米斯托克力(Themistocles,前525—前460年)在一

---

① "突然的愤怒表示了我们本性上的自我保护……有很多这样的事例。……在这些事列中都是没有时间去沉思。然而却可以有效地给予指导。"巴特勒主教(Bishop Butler, 1692 – 1752),参见《论仇恨》。

② "人可以大胆地说在世界里人是很难满足的,但是,人又想得到满足(有时人就会有节制的愤怒或者怨恨)。"参见巴特勒的《论怨恨》。

③ 在亚里士多德的《尼可马克伦理学》中,过分愤怒的希腊文是"ὀργιλότης",拉丁文是"Irqcundeiq";不足愤怒希腊文"ἀοργησία",拉丁文是"lentitueo",适度愤怒的希腊文是"πρᾳότης",拉丁文是"lenitas"。

④ 参见§21。

⑤ 西塞罗不得不用"Libido"这个术语来表示虚假的愤怒。因为"Libido"在§14节中表示愤怒、爱等情感类型之一。西塞罗将它同"Cupiditas"联系起来。如果单独使用"Cupiditas",西塞罗会说"Nisi quod cupiat"。不过,如果选择使用"Libido"的话,西塞罗会说"Nisi quod libeat"。

处公共地方散步，他说自己睡不着，在想一些问题。对于获得像米提亚德（Miltiades）一样的胜利，他要保持一种清醒的认识。谁没有听说过德摩斯梯尼（Demosthenes）的失眠呢？如果在休息日之前他看到劳动者加倍地勤奋，那么，谁都会说他一定是痛苦的。最后，在那些著名哲学家的研究中，他们绝不会给出没有热切渴望的很多劝告。人们告诉我们毕达哥拉斯、德谟克利特和柏拉图都是到过天涯海角之人，因为他们认为他们有义务去任何值得学习的地方，无论这些地方在何处。我们能够认为这些义务没有深刻的情感渴望是可以实现的吗？

20. 至于痛苦，我们已经说过是需要尽量避免的，因为它可能会成为主宰我们的一位可恨而野蛮的主人。漫步学派认为这样的痛苦是由很多利益相关的本性引起的。这样，在惩罚、责备和耻辱时，人类就会因为亵渎而负疚，从而感到痛苦。为了不给那些由于冒犯的人惩罚，我们只有认定没有痛苦，一些人才能够做出耻辱和羞愧事情而不受到惩罚。但是，他们还是会受到惩罚的，这就是良心上的责备。因此，生活中阿福拉尼乌斯（Afranius）说的话是真的。当那个挥霍的儿子说：

啊，多么不幸呀！

他那位严厉的父亲这样回答道：

是的，痛苦来临了。让痛苦始终保持下去吧。

他们也一直认为要保留一些有用的情感。例如，怜悯可以给我们帮助，让我们相信人是有不幸的，而人是不应该去做让自己不幸的事情的。尽管当那些感到敌意或嫉妒情感的人发现他既不能够从敌意中获得益处，也不能够从嫉妒中增加自己的益处。然而，在他们看来，这些敌意或嫉妒的情感也不是没有用处的。如果一个人成功地摆脱了畏惧，那么，在很大程度上，人们就会认为在生活中他就会彻底摆脱了小心翼翼的行为，因为这样的人也已经摆脱了对法律、对法官、对财产、对耻辱、对死亡以及对痛苦等的畏惧。这样，根据他们的分析，他们认可必须要有一把剃刀来把这些畏惧清理干净。不过，他们又认为完全清除畏惧既无可能，也没必要。他们认为在任何情况下，"中道"（Mean）才是最好的。当他们说明了这些观点后，你认为他们是不是对所有的事情或者是没有对任何事情给出解释呢？

A：对我来说，确实是这样的，它说明了一些事情。因此，我在等待，看看你如何回答。

21. M：或许我可以找到一种方式。不过这仅仅是开始。你见过学院派后来那些追随者们保留下来的一些值得称赞的观点吗？[1] 他们明确地说明他们认可那个目的，这是斯多亚学派对漫步学派的回答。让这些学派在生与死的斗争问题上去争论吧，我所关心的问题仅仅是找到一种最有可能解决这个问题的方法，否则，其他问题都是没有意义的。通过研究可能性的意义问题，我们可以在这个问题里发现什么呢？还不只是这些问题，还要研究人的心灵不能够规劝等问题。我认为只有芝诺才正确地使用了"纷扰"这个词。因为他说的"纷扰"[2] 是指灵魂偏离了理性而受到本性的作用，"或者更简单地说"，纷扰就是一种对过分暴力的渴望。然而，这样过分的暴力应该被理解为一种严重干涉心灵平静的渴望。我要问漫步学派提出过什么意见来反对这样对"纷扰"的理解呢？此外，斯多亚学派主要是讨论了在智慧和洞见关系上的争论，该学派还有一部分人涉及修辞中热情比喻的问题[3]："灵魂的发光和德性的磨刀石。"或者是"勇敢的人不勇敢了是因为他开始失去了他的本性"，这是事实吗？是的，对于角斗士来说，这是事实。不过，在同角斗士相同的人中，我们也能够看到一种平静的精神：

> 谈话使得他们遇到，在一起提出和讨论了很多问题。[4]

因此，他们看起来好像更多的是冷静而不是愤怒。不过，如果你愿

---

[1] 西塞罗希望表明学院派的追随者们，他自己也是其中一个，不会努力去支持一种假定的意见或从事学派之间的争斗，而是想找到离真实最接近的观点。

[2] 参见§11。

[3] 庞帕（Pompa）是一只整齐的队伍，在队伍中人们拿着横幅和一些装饰物。

[4] 这段引文不知道出于何处。

意，我们可以假定在这些人身上存在一种卢西鲁斯（Lucilius）① 所描述的帕西德亚鲁斯（Pacideianus）的精神：

> 如果你要这样问，那么，对我来说，我将杀死他，我将征服他。
> 这是我想出来的计划：我要在他的脸上看到这个计划的实现。
> 在我的剑刺向他那卑鄙的内脏或肺之前，
> 我随即感到了仇恨，在愤怒中角斗，不再等待。
> 我们每一个人都紧紧握住我们右手中的剑，
> 在我自己狂热的愤怒中我感到了仇恨是那样强烈的一种情感。

22. 在荷马②的史诗中，我们发现阿贾克斯（Ajax）并没有角斗士的暴躁，而是带着巨大的快乐同他的对手赫克托（Hector）进行角斗的。在角斗场上，他不停地挥动着他的手臂，将快乐带给朋友，将死亡带给敌人。按照荷马的描述③，赫克托本人内心已经在发抖，因为他已经为参加这样的角斗比赛感到非常懊悔。而且在他们相互贴身格斗之前，他们的交谈都是彬彬有礼的，甚至在实际的格斗中，他们也没有表现出某种暴躁和狂怒。我不认为那位赢了托夸图斯（Torquatus）④ 名称的著名战士，在取掉高卢人脖子上的那条金属项圈时是愤怒的。我也不认为马塞勒斯（Marcellus）⑤ 在克拉斯提第蒙（Clastidium）战场上表现出来的勇敢是出于他的愤怒。当然，我们对非洲（Africanus）⑥ 的征服者知道得更多，因为人们在心里对他的记忆是很多的。即便在战场上他用盾掩护阿里鲁斯·培里

---

① 卢西鲁斯（Lucilius）是一名讽刺作家。作为骑士参加了公元前 133 年的鲁曼提亚战争（Numantine war）。他死于公元前 102 年。帕西德亚鲁斯（Pacideianus）是一位著名的角斗士，贺拉斯曾经提到过他。参见《讽刺诗集》第 2 卷第 7 节第 96 行。参见附录二。
② 《伊里亚特》Ⅶ. 211。参见《伊里亚特》，第 150 页。
③ 荷马说发抖的不是赫克托，而是特洛伊人（Trojans）。
④ 在公元前 361 年，曼里乌斯·托夸图斯（T. Manlius Torquatus）在一场单人的格斗中杀死了一名高卢人，并将他带的那条金属项圈从那个高卢人的脖子上取了下来。
⑤ 克洛诺斯·马塞勒斯（M. Claudius Marcellllus）是第二次布匿（Punic War）战争中的一位英雄。在公元前 222 年的克拉斯提第蒙斯战役中杀死了高卢人的国王维里多马鲁斯（Viridomarus），成了罗马第三位神。拉丁语是 Spolia pima，也就是朱庇特（Jupiter Feretrius）。
⑥ 普布里乌斯·科涅利乌斯·小西庇阿（Publius Cornelius Scipio Africanus Minor），公元前 146 年迦太基的占领者，公元前 133 年努曼提亚（Numantia）的占领者。

格乌斯（M. Allienus Pelignus）时，即便他用剑冲入敌军阵地的中心时，我都能够确定他是没有任何暴躁的。但是，我不能够确定 L. 布鲁图斯（L. Brutus）也是如此的，或许是对于僭主①的深仇大恨使得布鲁图斯怒气冲冲地冲向了阿鲁恩斯（Arruns）。因为据我所知，他们都被对方手中的剑刺伤而倒在了地上。为什么在这里你不谈论愤怒呢？还有，你会认为赫尔库勒斯（Hercules）在同埃里曼瑟斯山（Erymanthus）的野猪或尼米亚猛狮（Nemea）格斗时，是愤怒的吗？他可是由于同样的勇敢而升入天堂之人。他的这种勇敢，在你看来，有可能被认为是暴躁的吗？或者当他紧紧抓住马拉松公牛的角时，你会认为特色鲁斯（Theseus）也是愤怒的吗？要记住，勇敢中是没有任何一点狂怒的，暴躁是完全没有意义的，因为所有的勇敢都是由理性指导的。

23. 当人们通过判断而在思想中建立起了对道德生活中偶然性的鄙视、对死亡的轻视以及对痛苦和艰辛等要能够忍耐的原则时，这时就会显示出我们所追求的那种强大而持久的勇敢。否则，有可能我们就具有这样的观念：将冲动的、愤怒的、兴冲冲等勇敢行为看作暴躁的行为。在我看来，甚至大祭师西庇阿（Scipio）②，尽管他证明了斯多亚学说的真理性，但是，当提比略·格拉古（Tiberius Gracchus）离开这位阴沉的执政官并号召所有那些希望国家安全的人都跟随他时，西庇阿并没有产生愤怒。我不能说我自己在公共生活中就有如此勇敢的行为，因为我不知道我的勇敢行为是不是出于愤怒，或是一切行为都是由于心灵的无序而不是因为愤怒呢？恩里乌斯（Ennius）将"心灵无序的起源"称为真理。那么，有序的心灵又有什么表现呢？在皮肤的颜色、声音、眼睛、呼吸、说话的方式以及行为上与无序心灵有什么不同吗？在荷马的阿喀琉斯（Achilles）与阿伽门农（Agamennom）的争吵中③，我们要鄙视阿喀琉斯而不是阿伽门

---

① 西塞罗又一次暗示他希望将马尔库斯·布鲁图斯（Marcus Brutis）比作凯撒（Caesar）。参见§2。

② 科内里乌斯·西庇阿·塞拉皮奥（P. Cornelius Scipio Serapio）是公元前138年的执政官，公元前133年，他策划了杀死提比略·格拉古（Tiberius Gracchus）。

③ 《伊里亚特》第1卷第122节。因为阿伽门农将布里塞伊斯（Briseis）从阿齐里斯手中抢走了。参见《伊里亚特》，第12—13页。

农吗？我不需要再说阿贾克斯（Ajax）① 了，因为最终正是狂怒使得他死去了。因此，勇敢是不需要以暴躁为基础的，勇敢本身是需要装备、准备和武装的。无疑，我完全可以说在某种意义上醉酒同勇敢相似。它是心灵偏离的作用。因为疯子和酒鬼经常做的很多事情都是异常冲动的结果，阿贾克斯经常都是勇敢的，但是最勇敢的是他在狂怒时做出的事情。

当迪南的军队（Danaan ranks）后撤时，他做出了一种高贵的行为。为了阿卡基人的安全，在愤怒中他又重新开始了战斗。②

24. 因此，我们是不是可以说心灵的无序还是有用的呢？检查一下勇敢的含义，你就会发现在勇敢中是没有暴躁的。勇敢就是心灵按照最高法则忍受世间坎坷的品质，或者说，勇敢也是对一种稳定判断的坚持。这样判断的坚持即便在遭遇人生最大的坎坷时也能够战胜这样的坎坷。或者说，无论是人生中遇到最大的坎坷或没有这些坎坷，勇敢都完全不会去考虑的。坚持对这样的坎坷进行稳定的判断，更简单地说，正如克里西波斯（Chrysippus）所说的那样［先前那个定义是史菲鲁斯（Sphaerus）③ 给出的。他是一位按照斯多亚学派的观点提出这个定义非常杰出之人。无论在任何情况下，他们的这些定义之间都有一种共同的家族相似性。不过，他们多少还是说明了他们所提出这些定义的普遍性］。——那么，克里西波斯是如何说的呢？他说到勇敢是对忍受坎坷的认识，或者说灵魂遭遇和忍受坎坷的一种品质，一种没有畏惧地服从我们内在最高法则的品质。我们可以批判这个人④，正如对人们对卡尔尼德斯（Carneades）的批判一样。我有一个疑惑，我不知道他们是不是仅有的真正哲学家。因为在他们给出的勇敢的定义中，我还没有看出我们所具有勇敢这个观念的意义，好像是这个观念的意义还隐藏在一块幕布的后面，当勇敢被显示出来时，谁还会要求给予战士、将军或演讲者更多的帮助，认为他们没有狂怒就不能够做

---

① 参见《奥德赛》XI.542，563。在这场战斗中，由于阿喀琉斯·尤利西斯（Achilles Ulysses，又译为"俄底修斯"）阻止了阿贾克斯，因此，阿贾克斯由愤怒变得暴躁了。参见《荷马史诗——奥德赛》，第201、202页。

② 这段引文可能来自帕库维乌斯（Pacuvius）的一个悲剧，这是阿贾克斯从船上击退特洛伊人的故事。在《伊里亚特》XV.742中："耻辱和恐惧揪住了他们的心。"

③ 史菲鲁斯（Sphaerus）是一位出生于色雷斯多亚学派的哲学家，他是芝诺的学生。

④ 批判斯多亚学派就像卡尔尼德斯批判克里西波斯那样。

出勇敢的行为呢？还有，不是斯多亚学派，而是另外一些人说，在我们给出的实例中可以得出"没有智慧的所有人都是悲伤的"这样的结论吗？消除纷扰和上面所提到的暴躁，于是他们谈论的好像都是废话了。① 照此看来，在斯多亚学派的观点中，他们断言所有的傻瓜都是痛苦的，同样他们也是令人讨厌的。但实际上并不总是如此。② 认清了这一点，你就会看到真相。相似地暴躁的人并不总是愤怒的，把他叫醒吧！这时你将看到他的怒气。另外，你们这样好斗的暴躁③，如果在家庭之中，对于你们的妻子、孩子或其他家庭事务，会有什么影响呢？或是你们认为这样好斗的暴躁不仅在战场上有用，而且还在家庭中也有用吗？是不是纷扰的心灵比安静心灵做事情更好？有没有心灵无纷扰而又能够愤怒的人吗？因此，这一切恶行都是"道德上的缺陷"。我们的同胞用了一个更好的术语来专门指代那些暴躁之人："忧虑人"（Morose）。因为暴躁还不是一种恶。

25. 在所有人中，演讲人应该是不会暴躁之人。演讲人假装暴躁还是可能的。你认为我在法庭上进行辩护时是不是暴躁的呢？是不是比平时更愤怒、更暴躁呢？在审判结束后，我还要写出我的讲稿，你能够确定这时我还是同我事前写讲稿时一样愤怒吗？

　　　　没有人受到惩罚吗？带上枷锁！④

　　难道人们真不认为索普斯（Aesopus）在这部剧中⑤不是十分愤怒的吗？或者是当阿克齐乌斯（Accius）在写索普斯时，阿克齐乌斯不愤怒吗？如果他仅仅是一位演说家而不是一名演员的话，这位演说家可能会把这部分内容演讲得更好。但是，在剧中演出这部分时却由于缺乏了痛苦而表现出来的不过是心灵的安宁。赞美贪婪是多么荒唐之事呀！你提出了地

---

① 斯多亚学派的结论包括了灵魂纷扰所有的原因。灵魂的纷扰就是一种疾病，一种使得没有智慧之人遭遇纷扰而使灵魂陷入悲伤的疾病。但是，他们又认为暴躁或任何其他的纷扰又是合理的、有用的。因此，斯多亚学派这样的讨论又是无意义的。

② 参见§28。

③ 这是漫步学派所赞赏的。

④ 这段文字引自阿克齐乌斯的阿特柔斯（Atreus），参见附录二。

⑤ "如果伽里克（Garrick）真的相信自己是一个像理查三世那样的怪物，那么，他做的每一个行为都应该被吊死的。"博斯维尔的约翰（Boswell's Johnson）。

米斯托克利（Themistocles）和德摩斯梯尼（Demosthenes）作为实例①，然后来讨论毕达哥拉斯、德谟克利特和柏拉图的相关思想。你这是什么意思呢？你是要求人们热爱贪婪吗？所谓的"热爱"，正如你举出的实例中所表现的那样。但是，如果贪婪最终的目的还是为了让心灵镇静和平静，那么，哲学家们能够赞美所有疾病中最严重的疾病痛苦吗？不过，你可以说②，阿菲利加努斯（Afrannius，即大西庇阿）曾经巧妙地说过：

一旦痛苦来临，就让它来临吧。

是的，他谈及堕落而放荡的年轻人，但是，我们关心的是那些勤奋而智慧之人。当然，可以让百人队长或旗手或其他称呼的人③产生漫步学派所赞美的那种愤怒。在演讲中不用提到这些人。只有这样，才能防止我把修辞学家们的秘密公开出来。一方面，对于那些不能够提高论证而只能提供灵魂具有情感论证的人来说，这不过是一种权宜之计罢；另一方面，正如我经常论证的那样，我们还是要问什么人才是智慧之人呢？

26. 也有人认为，感到敌意、嫉妒和怜悯还是有用处的。为什么如果人能够给予帮助而不给予帮助还要遭人嫉妒呢？为什么我们不能够慷慨还要怜悯呢？由于我们自己是不能够分担他人痛苦的，因此，我们应该做的——相信其他人也是在感到痛苦时要去做的，如果我们能够的话。有什么东西在对邻居的嫉妒里呢？有什么东西在敌意的竞争里（这个词"Emulation"同"Vivalry"意思相似）呢？如果一个人意识到他不能够拥有邻居的东西，那么由此产生的焦虑就是"敌意"的标志；如果人意识到不仅自己拥有邻居的东西，而且其他人也拥有，那么由此产生的焦虑就是"嫉妒"的标志。有谁能够允许自己痛苦而不去努力获得他想要的东西呢？想要拥有而又不去做任何事情完全是一种心灵的失常。在想做坏事情况下，有谁还能够恰当地处于"中道"状态之中呢？如果人怀有贪婪或垂涎，有谁又不贪婪或垂涎呢？如果人拥有愤怒，有谁能够不暴躁呢？如

---

① 作为里比多（libido）的实例可以参见§44。
② "引用阿菲利加努斯来说明痛苦还是有用的"是漫步学派提出的。
③ 西塞罗提到了演说家，他自己也是一名演说家。修辞学家教导人们，演说要根据不同的人做不同的演说；而哲学家们却只关心一种所谓的"智慧之人"。

果人拥有焦虑,又有谁能够不焦虑呢?如果人有了畏惧,有谁能够不畏惧呢?因此,我们能够认为智慧之人是贪婪的、暴躁的、焦虑的和畏惧的吗?在智慧之人的优点之中,据说确实有很多同你将有的优点一样,既全面又广泛。简单地说,也许可以这样说,智慧就是对于事物和人的神圣性或本性的认识,就是对事物和人的每一种原因的认识,就是对智慧产生结果的认识;智慧被认为是一切人所关心的。但是,它的价值比德性低很多。因此,你能够说,在你看来,我们已经论证过的智慧还会产生纷扰吗?就像一只船遇到大风后毫无办法那样吗?什么样的力量能够产出如此严重而持久的纷扰呢?你认为纷扰是由不可预见的或偶然的机会形成的吗?这样碰巧出现的机会能够使得人提前知道所有将落在他身上的纷扰吗?有人说这样的机会就是要消除过度①,保留自然过程,那么我要问,如果能够调整一些过度,经过调整后的过度还能够称为"自然"吗?因欺骗形成的所有纷扰②都应该被彻底根除和消灭,而不是修正和修改一点。

27. 我认为在你的讨论中使用的实例并没有太多直接涉及智慧之人问题(因为你认为智慧之人都是完全摆脱了纷扰之人,你希望如此)。现在让我们来看看哲学是如何能够有效地治疗灵魂疾病的这个问题。因为确实存在着一些治疗灵魂疾病的治疗方法,但是,自然并没有让我们非常痛恨人类的敌人,以便从中能够让我们发现很多治疗身体健康的方法。更没有提供一种治疗灵魂疾病的方法,自然只能为治疗灵魂疾病提供一些良好的服务条件而已。因为身体疾病的治疗是一种外在的治疗,而灵魂疾病的治疗则要通过灵魂自己才能够达到目的。灵魂越是伟大,越是神圣,它就越是需要更多、更大的治疗。因此,要更好地利用并更清楚地看到治疗灵魂最好的方法。如果我们不重视研究这样的方法,那么,我们的灵魂就会被很多事情欺骗。对你提出的问题,现在我应该给出我的完整看法了。你自称一直在研究智慧之人,然而,也许你研究的就是你自己而已。我列举了很多平息灵魂纷扰的方式,因为并不是每一种纷扰仅只有一种平息的方

---

① 这里说的是漫步学派的论点。他们认为万物中只有"中道"才是最好的,才是自然的,一切过度都不是自然的而是应该被调整的。

② 由欺骗而形成的纷扰,比如快乐、贪婪、痛苦、畏惧等,都应该被消除。

式。治疗悲伤的人用一种方法，治疗怜悯的人或嫉妒的人又要用另一种方法，还有四种被认为有区别的纷扰。① 总体上说，我们已经很好地论述了②这些纷扰。在我们看来，这些纷扰要么是忽视了理性，要么是渴求残酷的行为，或者是由单独的纷扰所致的。例如，像畏惧、贪婪以及其他纷扰等都是这样的。这就是说，在感到的纷扰之中，由于某种特别的原因，才使得人们认为纷扰是没有价值的。或者说，一切原因引起的纷扰都要被彻底清除。例如，一个人由于贫穷而纷扰，那么问题就是，你认为财富是一种恶吗？或者是认为一个人在任何情况下都不应该被纷扰吗？无疑我们会认为后者是对的。因为如果一个人不能让自己相信财富是恶的话，那么这个当事人就不会产生纷扰。所以，一旦用我们昨天③谈论的合理方式消除纷扰的话，那么根据同样的方式④，我们也能够将财富是一种恶的观念消除掉。

28. 不过，一方面，这类灵魂所有的纷扰都应该用信念的方式被清除。这种信念认为快乐和渴望既不是善，也认为畏惧和痛苦不是恶；另一方面，无论是自然的还是必然的，纷扰本身都是错误的，也是虚无的。我们从中可以找到治疗纷扰确定而有效的方式。例如，当我们面对那种灵魂虚弱的悲伤者时，当我们赞美那些只会顺从而从来不会暴躁的人是高尚和执着时，我们发现痛苦本身将会减弱。这种情况经常可以在那些认为痛苦就是恶之人身上看到，因为这些人从来不认为他们能够平静地忍受痛苦。一方面，一些人认为快乐是一种善；另一方面，一些人认为金钱是一种善。同样地，一些人要求人们消除过度的放纵；另一些人则希望摆脱我已经说的那些贪婪。然而，我们提到过的方式⑤和谈论过的方法应该还是适用的。这些方式和方法，一方面消除了很多信念；另一方面也消除了很多痛苦。不过，在一些实例中也有不成功的，因为它们不能够运用到一般人

---

① 参见§Ⅱ。欲求（Libido）、快乐（Laetitia）、畏惧（Metus）和悲伤（Aegritudo）。
② 试图找到安慰的方式等。
③ 参见Ⅲ. §§77，78。
④ 尽管并不需要特别论述财富。
⑤ 在已经论述的方式中，人们会认为欲求或快乐并不是善，畏惧或痛苦也不是恶。这样，对于那些面对财产问题的人，如果他们认为财产不是一种恶的话，那么财产对他们几乎是不起作用的。

的身上。因此，还应该有另一种痛苦，对于它们的治疗是同信念无关的。例如，在一个人的身上①，由于没有德性、没有精神、没有义务感、没有品行，他感到了痛苦，那么，他确实也会感到焦虑，因为他会认为这是一种恶。不过，在这种情况下，对他的治疗应该使用多种方式。对此，所有哲学家都是一致赞同的。他们不同意的只是在使用哪些不同的治疗方式上。因为在他们之中都会同意灵魂的纷扰就是由于灵魂偏离了正确的理性出现了错误所致。这样，如果畏惧和痛苦都是恶，而欲求和快乐都是善的话，那么灵魂自身的纷扰则是错误的。因为我们希望我们谈论的人应该是一个勇敢的、具有高尚而又平静灵魂的人。这样的人不会受到任何生活坎坷的影响；这样的人既没有悲伤、畏惧、贪婪，又没有过度的快乐；这样的人的典型特征就是他们认为德道生活远比他们的灵魂更重要。

29. 这就是我在前文谈过的，为什么所有哲学家们都认为治疗灵魂疾病只有一种单一方法的原因。他们对于灵魂纷扰的情况什么都没有说。他们说的仅仅是抨击对痛苦本身的感觉而已。

这样，首先涉及的是欲望里实际的情感问题。由于仅有的欲望对象将会扼杀这样的情感。因此，我们不应该问引起贪婪的原因是善的还是恶的，而是要确定这样的情感是否是符合道德的，或者确定它是否是快乐的，再或者确定它是否是这两者的结合，确定它是不是那三种类型②之中最高的善。我们要问贪婪的实际情感本身是不是也应该被扼杀。不过，即便是对于德性本身具有过分强烈的渴望，所有人都会采用相同的谈论方式找出某种威慑物来控制人的情感。而且，如果我们能够恰当地去研究人的本性，那么我们会发现在人的本性之中存在着一切能够平息灵魂的方式。为了容易地看到灵魂中显然存在着的想象力，必须要检查生活中的法则和生活的条件。这样的认识不是没有根据的，在欧里庇得斯（Euripides）创作的俄瑞斯特斯（Orestes）剧中的前三行，他告诉我们苏格拉底曾经就说过这样的话语：

在谈话中不要去说恐怖的事情，

---

① 参见Ⅲ.§77。
② 在灵魂、身体和运气三个方面。参见V.§24。

> 因为上天的愤怒既不会给人的本性带来运气，
> 也不会使其产生疾病。

而且他还要让人相信人是能够和应该承受命运的偶然性，这样的解释对于那些已经遭受过命运打击的人是很有帮助的。虽然在昨天的讨论中，我提出了一些平息灵魂的方式，我也在我的《论安慰》（Consolation）一书中谈到过同样的方式，但是，现在我仍然是这样认为的，我是在悲伤和痛苦中撰写出《论安慰》一书的（因为我不是一位"智慧之人"）。我使用了克里西波斯（Chrysippus）禁止使用的方法。在他看来，这样的方法会引起灵魂的纷扰。因此，他认为必须强行改变灵魂的本性，让医学的力量战胜我悲痛的力量。[①]

30. 还是要讨论一下畏惧问题，因为它是同痛苦密切相关的。不过，我们已经充分讨论过痛苦了。由于痛苦是一种当下的恶，而畏惧是一种即将来到的恶，因此，一些人会说畏惧是一种特殊的痛苦；另一些人则会说畏惧是一种忧虑的感觉，因为这些人认为畏惧是人会遭遇忧虑的征兆。[②] 所以，根据相同的理由，人们会重视当下的恶，而忽视即将来到之恶。我们对于这两种情况都是非常重视的。因此，我们是不会忽视吝啬、胆小、软弱、丧德、羞辱以及堕落等情感的。虽然我们应该提出畏惧本身所表现出来的矛盾、软弱和浅薄等特征，但畏惧又是因为忽视了引起畏惧的实际事物而直接产生的。因此，通常无论畏惧是偶然的还是被想出来的，第一天我们首先应该谈论引起最大畏惧的对象，例如死亡和痛苦，然后在随后的几天中再去讨论相关的问题。如果我们能够获得一致同意的结论，那么，我们便可以找到消除畏惧最好的方式。

31. 我们一直都在谈论恶的信念。现在让我们来讨论善的信念，即快乐和欲求。对我来说，我认为关于灵魂纷扰的推论都依赖于这样一个事

[①] 参见Ⅲ.§76。当西塞罗的女儿去世时，他认为他只能放纵自己的悲伤。而克里西波斯则认为安慰那些受到痛苦折磨的人，就是要给他们讲明悲伤不是一种义务，因而是不能够放纵的。

[②] 拉丁文"Praemolestia"只能用在这里，它表示的是"一种对即将到来忧虑的感觉"。

实——灵魂的纷扰都是在我们控制之内的。因为所有灵魂的纷扰都是由我们的判断行为引起的，都是我们自己做出的。因此，一旦消除我们思考中的虚假成分，拒绝某种信念之后，我们的灵魂就可以平静。这样，当我们预计会有恶出现的情况时，我们就希望能够忍受恶；当我们预计会有善出现时，我们会认为引起善的对象是非常重要的。于是，我们应该将快乐看作一种平静的精神状态。除此之外，善恶还有这样一种特性：如果现在很难说服某个当事人相信引起他灵魂纷扰的事物不存在善恶之分的话，那么，我们应该让他相信不同的情感需要有不同的治疗方式。应该用某种方式消除敌意，用另一种方式可以消除放荡；用一种方式消除焦虑，用另一种方式消除畏惧。这样，现在在我们根据善恶的本性来推论就可以得出最合理并能够获得一致同意的结论，那就是认为不智慧之人也是能够感到快乐的。对于任何人来说，这都是很容易接受的。因为无论何时，不智慧之人也是能够拥有善的一切。如果你愿意的话，现在让我们用语言去思考一般被给予的事情，它们被认为都是善的。例如，地位、富裕、快乐，等等。然而，过多和过分地获得这些满足自我的东西又被认为是可耻的。正如人们可以允许人笑，但是，狂笑则应该是不能接受的。因为有这样一个问题：灵魂在快乐中显示高兴，在痛苦中显示畏缩，过度的渴求快乐就会使得灵魂变得软弱①，就会将享受当作快乐。由于人总是会因为困难而带来过度的压力，因此，因快乐而形成的过度得意便都会被人们合理地当作弱点和无价值的东西。一方面，因为痛苦可以使得一个人产生嫉妒；另一方面，因为对快乐的满足也可以使得另一个人产生恶。一般说来，这两种状态都是不对的。因为人们认为这两种状况都是不人道的，也是野蛮的。而且当人们产生警惕而不是害怕时，人们就会形成快乐而不是享乐。显然，我们将快乐（Joy）和享乐（Delight）做了区分。② 我们在前面已经论述过灵魂的畏惧问题了。③ 我们认为灵魂的畏惧完全是没有道理的，灵魂的兴高采烈也是没有道理的。在莱维乌斯（Naevius）④ 的剧中，赫克托

---

① 参见Ⅰ.§95。拉丁文"快乐"（Levitas）的反义词是"Gravitas"，表示"沉重或不幸"等意思。罗马人是非常重视拉丁文含义的"快乐"，英文中没有一个单词可以有对应的含义。

② 参见§13。

③ 参见§14 和Ⅰ.§90。

④ 关于莱维乌斯，参见Ⅰ.§3 和附录二。

(Hector) 就表现出一副兴高采烈的样子：

> 你给了我享乐，我赞美你，父亲，你是一个值得赞美的人。
> 我是一位穿高贵托加（Trabes）的英雄，
> 我将到一个地方去享乐；
> 只有在那个地方，把铜币放到老鸨的手里，她就将顺从我愿望和渴求。
> 如果我用我的手去敲她们的门，她们就会开门让我进去。
> 当那里的克丽斯（Chrysis）看到我意外站在她房间里时，
> 她将急切地见到我，我温暖的手将会将她紧紧的拥抱，
> 她会将她的一切都给我。
> 这位满怀希望之人的话是多么公平呀：
> 我的幸运之神将降临在我身上。

32. 要密切地关注享乐的堕落，让所有人充分地去思考这个问题。正如那些享受性快乐会使得感到享乐的人堕落一样，那些具有狂热灵魂之人便是野蛮之人。事实上，整个普遍的情感可以被称为"爱"（Love）（但愿上天可以帮助我使用其他术语来表示它）。① 而"爱"就是一种高于日常情感的情感。而日常情感，我认为对它的研究，什么也不能够得到。对于爱，凯基利乌斯（Caecilius）② 表达了这样的看法：

> 谁会认为诸神不是最高的神，
> 生活中愚蠢的人或许就是现在没有这样认识的人。
> 因为爱有一种能够使得人疯狂的能力，
> 它既可以使得人智慧或愚蠢，还可以使得身患疾病。
> 但是，人还是想要爱、还是在渴望和寻求爱。

因诗歌的魅力而改变的生活是多么荣耀呀！因为诗歌认为爱既能够带

---

① 希腊文有"φιλεῖν"和"ἐρᾶν"这两个词。
② 参见Ⅲ.§56。

来羞耻和浅薄，也能够陪伴着诸神住在同一个地方中。我完全不能赞同这样的说法，因为根本就不存在这样的情况。因此，我们确实不赞同爱会产生羞耻的看法。阿尔戈英雄（Argonauts）的领导人在那部悲剧中说了些什么呢？①

> 因为爱超过了荣誉，
> 这就会使得我安全而不会受到伤害。

然后，这位领导人还会说些什么呢？被美狄亚（Medea）点燃的爱是多么巨大的灾难呀！不过，在另外一部诗集里②，她敢于告诉她的父亲，她已经有了丈夫：

> 他的爱既比一个父亲强大，也比一个父亲有力，还比一个父亲更好。

33. 让我们承认诗歌中是可以表达出快乐的。诗歌中的那些故事让我们看到了朱庇特（Jupiter）私下流露出来的羞愧，也让我们去求助于德性的老师们，即哲学家们——他们会说爱之中是绝对没有任何一点的放荡成分。在这一点上，他们与伊壁鸠鲁是势不两立的。在我看来，伊壁鸠鲁并没有说太多的假话。③ 所谓朋友之间的爱又是什么爱呢？为什么没有人能够同一个年轻而丑陋的人或者是一个帅气的老年人产生爱呢？我认为这样的实践行为起源于希腊的健身房。在那里这类的爱是自由而没有任何限制的。恩里乌斯（Ennius）说得好：

> 羞耻开始于男性公开脱去自己衣服的时候。

正如我认为的那样，虽然这样的爱带有质朴性，但是，这些爱将会产

---

① 参见附录二。
② 帕库维乌斯（Pacuvius）的戏剧《美狄亚》。参见附录二。
③ 伊壁鸠鲁不同意爱是一种贪欲或男女之乐的观点（ὄρεξις ἀφροδισίων），他把爱定义为"情欲"。

生很多焦虑和麻烦，因为它们有着自己不受他人约束的法则。除了女性的爱，还可以认为这些爱从本性上看都应该是带有极大宽容的。有这些爱的人既可以怀疑那些诗歌中伽倪墨得斯（Ganymede）强奸传说的意义，也可以不理解拉伊俄斯（Laius）在欧里庇得斯剧中说的那些话的含义和他的欲求。① 在他们的诗歌中，那些具有很高文化和诗歌造诣的人对他们的生活最终要揭示出什么呢？勇敢的阿乐凯奥斯（Alcaeus）② 记录了他自己国家中的很多事情，写出了那样多的年轻人的爱！当然，我还没有提到阿那克里翁（Anacreon），他所有著作都是爱的诗歌。然而尤其重要的是，从他写作的文字上就可以清楚地看到，雷吉亚的伊比库斯（Ibycus of Rhegium）也是一名赞同情感的爱情之人。

34. 事实上，我们发现在所有给出的实例中，爱都带有欲求性。我们的哲学家们加强了爱的重要性［确实在这种重要性上，柏拉图③对于狄凯阿科斯（Dicaearchus）的指责并不是不公正的］。其实，斯多亚学派也认为智慧之人是可能有爱的，也能够确定什么样的人能够承受爱。在他们看来，爱是被相关东西中的美引起的一种友谊。在现实世界中，如果能够找出因为爱而摆脱了忧虑、渴求、焦虑和叹息的一个实例，那么，便可以证明爱的存在，如果你希望如此的话；因为在这样的爱之中是没有任何贪婪成分的。不过，一方面，我们谈论的是贪婪；另一方面，如果④正如已经说过的那样，确实存在着爱，那么，爱就应该被看作心灵还处于或者完全处于不健全的状态之中。例如，在"琉卡斯的姑娘"（Leucadian Girl）⑤一剧中，那个人说道：

　　啊，哪些神在何处，

---

① 这是欧里庇得斯失传的一部剧，剧名是"克里西波斯"（Chrusippus）。这是一个年轻人的名字，是希腊神珀罗普斯（Pelops）的儿子。

② 莱斯沃斯岛的阿乐凯奥斯（Alcaeus）是一名抒情诗人，阿那克里翁（Anacreon）也是一名抒情诗人，他是萨摩斯的波利克拉特斯（Polycrates of Samos）法庭上的诗人。

③ 他提到的是柏拉图的《会饮篇》和《斐多篇》。

④ 这不能看作一个 if 的从句。正如在§77开始的那个不完整的句子一样，这也是一个语法变动的实例，这是西塞罗在图斯库兰谈论集里所采用的一种适当的风格。

⑤ 特皮里乌斯（Turpilius）是一本戏剧。他是一位年老的戏剧作家，该剧是根据希腊故事改编的。

谁能够来关心我呀！

在这个实例中表现的是他想让诸神都要关心他想得到的快乐的爱。

啊，我多么不幸呀！

然而，这不是真实的。因为他会对其他人这样说道：

突然痛哭的人是明智的人吗？

甚至他自己家里人也认为他的突然痛哭是心灵上的不健全，因为人们已经注意到他身上的情感带有某种悲剧的色彩！

你，神圣的阿波罗，帮助我吧，
海神（Neptune），我把你称为伟大的神，帮助我吧。
因为你们也是上天的风。

他认为整个宇宙中的诸神都将帮助他实现他的爱，但是，他将维纳斯排除在外了，因为他看不清楚她。

为什么我不将你称之为神呢，维纳斯？

他说到由于维纳斯贪婪，因此这个女神从来不关心任何东西。其实，正如他自己也没有能够消除贪欲一样，他让女神消除贪婪则完全是虚假的。

35. 治疗一个因贪婪而受到打击的人的方法就是要向他说明贪婪的对象是烦琐的、可耻的，也是毫无意义的。这样的方法可以使得他很容易避免对任何对象或用任何方法去贪婪，也可以驱除他心灵中那些不健全的东西。有时，他也应该转换一下他的兴趣，形成一些忧虑、一些担心以及一些运气。最后通过改变不同的场景，在日常生活中他就会得到治疗。正如一个病人那样，需要有一个逐渐恢复的过程。有一些人也认为，旧爱可以被新爱替代，就如同一个钉子会被另一颗钉子所替代一样。不过，最重要的还是人应该注意到疯狂爱的情感。因为在所有灵魂的纷扰之中，绝对没有任何东西可以比爱更强烈了。甚至你不想去指责因为爱本身具有极大恶的行为，我的意思是你不愿意去指责私通、引诱、乱伦的通奸等这些因疯狂爱而产生的行为。然而，这些卑鄙的行为都是应该受到指责的，尽管对此你可以什么都不说。因为在爱之中，心灵的这种纷扰本身就是可恶的。如果我们对于这样放肆而又疯狂的行为置之不理的话，那么，我们对于日常生活行为的指责就会毫无意义。

义愤，
怀疑、敌意，都不用再去争论了，

甚至战争和和平也不用争论了。借助理性，你可以确定能够去做也可以确定你不能够做的事情吗？

与其说借助理性你可以变得疯狂，
不如说借助理性，你可以获得一些东西。①

心灵如此的矛盾和反复无常——又有谁不被心灵的这些暴行吓住呢？一切纷扰的特征都是很明显的，即它们都是由于要么是信念、要么是判断行为，要么是主动选择的结果。从爱的本性上说，所有人都应该有爱，他们总是会爱，也会爱相同的对象。我们既不能够因为发现羞愧而沮丧，也不能够因为发现反思而沮丧，更不会因为发现满足而沮丧。

36. 现在来说说愤怒。② 只要心灵有纷扰，那么灵魂肯定会表现出心灵中这种不健全，就如同那两个兄弟开始争吵一样③：

---

① 古罗马戏剧家特伦斯的《宦官》（*Eunuchus*）第一场第 1 节第 14 段。（Terence, Eun. Ⅰ.14）。
② 参见 §72 的注释。
③ 阿伽门农和墨涅拉俄斯（Agamennon and Menolaus）。

第四章　论灵魂持久的纷扰

> 阿伽门农说：在这个世界上还有谁能够比你厚颜无耻呢？
> 墨涅拉俄斯说：在这个世界中又有谁比你更坏呢？

你是知道后面的故事的。在这两兄弟交替的话语中，他们相互大声对骂构成了一幅最残酷的讽刺画面。这样很容易看出他们都是阿特柔斯（Atreu）的儿子。阿特柔斯也给过他的兄弟前所未有的惩罚[①]：

> 应该把很多痛苦都混合在一起，
> 这样就可以打碎他那颗残酷的心，让他感受到痛苦。

用什么样的方法能够将这些爆发的痛苦混合在一起呢？听听梯厄斯忒斯说法吧：

> 我的兄弟一直不停地劝我将我的儿子们当作食物供诸神们享受，
> 当诸神们在享受着儿子们的肉体时，儿子们悲惨命阻挡我这个父亲去吃他们的肉体。

他的兄弟在阿特柔斯面前吃着儿子们的肉体，难道这还不能引起这位父亲的愤怒吗？就如同这样的事情不能够引起那位父亲的悲伤吗？所以，我们可以准确地说愤怒的人就是失去控制的人。这也是说，愤怒的人就是缺乏考虑、没有理性、丧失理智的人。因为考虑、理性和理智都是在行使对整个灵魂的控制权。要么取消愤怒的人试图攻击暴行的对象，以便他们自己能够自我控制（除非是重新将灵魂的分散部分组合在一起，安顿在适当的场所，否则就很难完成自我控制）。或者是，如果他们有报仇的能力，人们便会恳请他们将他们的报仇延迟到其他时间，这样，便可以使得他们的愤怒慢慢地冷却下来。不过，灵魂的慢慢冷却充分说明了在灵魂中是有火的，这样的火是要反抗理性要求的。阿尔库塔斯（Archytas）表达了对这样看法的赞同。当他对他的法官感到愤怒时，他说道："如果我不愤怒的话，我怎么能够收到你的邀请呢！"

[①]　梯厄斯忒斯（Thyestes）。

37. 那么，这些自作聪明的人在什么地方呢？他们说暴躁是有用的（或者说灵魂的不健全还是有用的？）也是自然的。什么事情是按照自然还是按照同自然相反的理性事情呢？不过，如果愤怒是自然的，那么一个人怎么能够比另一个人更暴躁呢？或者是人在希望报仇之前，如何能够将报仇的渴望消除呢？在愤怒中的人如何能够对他的行为感到忏悔呢？我们以亚历山大一世为例，看看他是怎么做的。他杀死了他的朋友克里图斯（Clitus）之后，几乎就不再用自己的手做任何事情——这就是忏悔的力量。当有这样的认识时，还有谁会怀疑灵魂的变化完全是同信念和意志相关的呢？谁还会怀疑灵魂会出现脆弱呢？事实上，对荣誉的贪念和渴望等更高价值都是源于灵魂的脆弱。因此，可以认为纷扰也是完全隐藏在信念之中的。如果自信①，也就是说，灵魂中的坚定信心是一种知识和坚定的信念，那么，人们会赞同这样的知识和信念不是草率得出的。因此，缺乏自信就是受到了恶的威胁。② 如果说希望是对善有所期待，那么，畏惧就对恶的期待。正是由于恶在其中的作用，灵魂中始终存在着纷扰，因为这些灵魂的构成成分也是恶的。因此，由于真实性是知识的特性，所以，虚假便是纷扰的特性。而且那些被看作本性就具有暴躁的人，或者本性就具有怜悯、具有嫉妒以及类似这样的人，他们的灵魂构成中就有一些不健康的成分。

尽管如此，它们还是可以治愈的。据说这可以用苏格拉底的实例来证明。那位认为他可以从外表上就能够分辨出每个人本性的佐皮洛斯（Zopyrus）就列举了很多与恶相关的实例来控诉苏格拉底，但是他受到了人们的嘲笑。因为人们认为他没有看到苏格拉底身上存在着很多恶。苏格拉底本人可以营救他自己，因为苏格拉底确实说过他天生喜欢那些被称为恶的东西，但是，借助于理性，他又将这些恶从自己身上驱除了。

因此，所有人都要感谢神赐的良好健康。因为具有了良好的健康，就具有抵抗疾病的可能性。人的灵魂应该尽可能将恶一点点地清除干净。然而在这样的情况下，人们认为那些人不是出于本性，而是由于他们的过错

---

① 参见Ⅲ.§14。

② 这也是一种不稳定的信念。

成了邪恶的人,他们的恶是由于他们对于善恶的错误观念造成的。① 这样,就会出现一个人灵魂受到刺激和纷扰比另一个灵魂受到刺激和纷扰会产生更大的后果。不过,有一种持久的恶,如同身体疾病一样,是需要经过痛苦而不是纷扰才能够消除的。眼睛突然的肿胀很快就会康复,而慢性炎症的根除则花的时间肯定会更长一些。

38. 既然我们现在已经找到了纷扰的原因,即所有的纷扰都是同判断中的观念、信念以及意志的认可相关的,那么,就让我们在这里结束我们的讨论吧。除了我们应该知道这些原因外,我们还找到了善恶的界限,我们还知道这些界线是能够被人的能力所发现的。

对此,我们用了四天时间来谈论的主题就是人们希望从哲学中获得的重要性或有用性。我们讨论了对死亡的认识,也对减轻和忍受痛苦做了一些说明,我们还增加了一些缓和悲伤的一些方法。在我们看来,消除人的痛苦与消除人的恶是一样重要的。虽然灵魂所有的悲伤都是累赘,都同灵魂中的分类关系不大,但是,我们仍然习惯于说,在这种情况下人要么是因为畏惧,要么是因为快乐,要么是因为欲求,而处于纷扰之中。而纷扰或干扰,对人来说,都是被动的。然而,当人被自己的悲伤所困扰时,我们会称他们为悲伤之人,沮丧之人,或麻烦和堕落之人。所以,你提出不要讨论偶然的情况,而是要用良好理性来讨论一般问题。这样,我们不仅可以讨论悲伤的问题,而且还可以讨论其他所有的纷扰问题,因为悲伤是所有痛苦之人的源头。消除悲伤和其他所有灵魂疾病的方法就是要说明悲伤和灵魂疾病都是同观念或信念以及意志的认可相关的,并要服从这些观念与意志。因为人们认为这样的服从都是正确的。

哲学应该揭示出悲伤的欺骗性,因为它也是所有恶的根源所在。让我们自己顺从这样的治疗方法来接受治疗。因为当我们身上也会带有一些恶时,这种情况不仅不能够使我们快乐,而且也不能够使我们处于一种健全的状态之中。所以,我们要么不同意理性能够有很好的作用,尽管事实上与此相反,因为没有理性就不能做任何恰当的事情;要么按照哲学选择出的合理性方法,如果我们希望善和幸福的话,我们就应该从善和幸福的目的中去寻找通向善和幸福生活的途径。

---

① 参见§29。

第五章　论德性对于幸福生活是自足的

1. 布鲁图斯，这是第五天了。这一天将结束我们在图斯库兰的论辩了。前一天我们已经讨论过一个主题，这个主题是所有主题中你特别希望讨论的。因为从那本书中①可以看到，你的写作十分周到，你将此书献给了我。在那本书中有我们很多的谈话，我已经从中认识到你坚信德性对于幸福生活是自足的。②虽然我要避免遭到不同痛苦③命运的打击是困难的，但是，承受这样打击的希望还是很容易产生的。因为我们身上有一种有价值意义的能量。不过，在哲学所有相关的主题中，还没有一个哲学家谈到过这种能量的重要性和价值意义。因为最先让自己从事这样哲学研究的人提出了一个价值目标，让人们只能去追求生活最好的状态。受到这样目标的鼓励和影响，人们完全排除了其他目标的考虑。追求生活的最好状态变成了他们唯一的目的。所以，正是在对幸福生活的希望中，他们才会重视财富的作用，并希望通过辛勤的劳动去获得财富。

一方面，如果人们知道德性，知道德性是可以通过人们努力得到完善的话，如果人们能够在德性之中发现有助于幸福生活的话，谁又能够将哲学相关的研究和我们所从事的工作看作没有意义的努力呢？另一方面，如果德性是藏在复杂而又不确定的偶然事件之中，也就是说，德性仅仅是命运的婢女的话，如果德性还有足够的能力始终保持自足的话，那么，我认为就应该允许在确保幸福生活的希望之中，将我们的祈祷献给诸神，而不是去建立我们对于德性的信心。对我来说，当我自己认识我将遭遇命运将我击倒这种危险时，那就是我开始丧失你们所谓信心的时刻。我就会感到对于人的脆弱和虚

---

① 布鲁图斯的一本书，题目是《论德性》，但是该书已经失传了。
② 按照芝诺和克利西波斯（Chrysippus）的说法："对于幸福而言，德性自身就足够了。"第欧根尼·拉尔修：《明哲言行录》Ⅶ.127。
③ 他对政治和民主的失望。参见§212。

第五章　论德性对于幸福生活是自足的　　181

弱过度的畏惧。因为我首先害怕，自然会让我们的身体变得虚弱，它既要让我们患上绝症和感到不能够忍受的痛苦。其次，自然还会让我们遭受生理的痛苦，会让我们被灵魂本身中的麻烦和烦恼所纠缠。不过，在这样的情况下，我自己会谴责依据人的柔弱或我自己的柔弱而形成的对于德性力量的判断。因为我的判断不是依据德性力量本身形成的。如果德性确实是存在的——就如同，你会怀疑你叔叔加图（Cato Uticensis）[1] 不存在吗？布鲁图斯——那么，德性就会始终对于落入人命运中的所有问题有它自己的评价标准。德性会谴责那些轻视道德生活的人，因为这些谴责认为德性仅仅是同德性本身相关，而同其他任何东西都是无关的。我们不仅会赞美因为畏惧而形成的那些痛苦；相反，我们还会赞美由于悲伤而形成的痛苦。我们不是要谴责我们自己错误的表现，而是要谴责其中的原因。

2. 不过，对于这些错误和其他失误的原因以及过错的改正还必须从哲学中去寻找。在成年的早期，我的内心深处一直都受到自己热情选择的鼓励。然而，现在我已经受到很多不幸的打击了。现在的我就像在狂风暴雨中飘荡一样，在这样的飘荡中，我非常希望在我第一次航海找到的那个港口上再次寻到一快避难所。啊，哲学，您是生活的指导者，您是德性的探索者，您还是邪恶的驱逐者。没有了哲学，不仅是我的生活，而且是我们所有人的生活都将从根本上变成什么样呢？您促使了城市的诞生，您号召那些分散的人结合起来过社会生活，您首先用共同的习惯将他们联合起来，然后用公共文学和公共演讲将人们结合在一起。您发现了法则，您已经成了道德和秩序的老师。正是因为您，我才能飞翔。从您那里，我可以寻找到帮助。正是您的多种方法让我对自己有了自信。现在我已经彻底而完全地相信自己了。同时，遵照您的教导，在我们有意义渡过的每一天中也许永远都存在着错误。但是除了您，还有谁能够帮助我们消除这些错误呢？您完全保证了我们生活的平静，消除了我们对死亡的恐惧。然而，哲学不但没有由于对人的生活具有帮助而受到赞美；反而被大多数人忽视了，甚至还有一部分人在指责哲学。然而，如果任何人都敢于责备他存在的创造者的话，那么这样行为就是玷污自己的暴行，因为这样的行为完全忘记了哲学对人的帮助。正是由于人有这样很坏的忘恩负义的行为，人才

---

[1]　小加图（Cato Uticensis）。

会去责备应该崇敬的哲学,甚至说,人身上的能力能够阻挡人不这样去理解哲学吗?不过,正如我想的那样,这种假象和心灵上的黑暗已经铺满了那些未受过教育者的灵魂。因为他们完全忘记了过去,也没有考虑人生活的方式最初都是由哲学提供的。

3. 虽然我们知道哲学具有悠久历史的这个事实,但是我们承认,我们最近才知道了它的起源。因为有谁能够否认,智慧不仅在古代就存在,而且智慧这个名词也很古老呢?①由于智慧是对那些神圣事物和人的发现以及对一切现象的起源和原因的探究,古代人就给了哲学这样一个高贵的名称。因此,我们这些当代人就称著名的七贤②是智慧之人(希腊人称他们为"σοΦοι",即"智者")。而更早以前的莱克格斯(Lycurgus)(按照传说,他是同荷马一起生活在我们这个城市建立之前)、在英雄时代生活的尤里西斯(Ulysses)和涅斯托尔(Nestor),按照历史线索,也是智慧之人和被认为是智慧之人。他们都有精彩故事,只有通过这样故事,他们的名字才能够变成神话的传说③,否则的话,那些保留下来的传统或许就不会讲到大力神阿提那斯(Atlas)支持诸神的事情,或许也不会讲到普罗米修斯(Prometheus)被钉在高加索(Caucasus)山上的故事,更不会讲到克普斯(Cepheus)将他的妻子和女儿和女婿放到星座之间的事情,等等。

自此以后,那些人就开始了对于自然的沉思。人们认为他们研究的就是智慧,并将他们称为"智慧之人",智慧之人的名称一直贯穿在毕达哥

---

① "我用心去寻找智慧,希望找出同智慧相关的一切事情。智慧的事情也是神实施的事情。"《圣经·旧约》第 1 节第 13 行。

② 他们是普里恩的毕亚斯(Bias of Priene)、斯巴达的契罗(Chilon of Lacedaemon)、林度斯的克留勃拉(Cleobulus of Lindus)、米蒂利尼的庇塔磘斯(Pittacus of Mytilene)、科林斯的勃吕安德(Periander of Corinth)、雅典的梭伦(Solon of Athens)、米利都的泰勒斯(Thales of Miletus)。

③ 阿提那斯(Atlas)是泰坦巨人(Titan),普罗米修斯的兄弟。在泰坦人与宙斯的战斗之后,他受到了惩罚,让他站在遥远的西方用他的头和手支撑着上天。对于普罗米修斯,参见II. §23。克普斯(Cepheus)是埃塞俄比亚的国王(Ethiopis),是卡斯欧皮亚(Cassiopea)的丈夫,是同波斯日耳曼结婚的仙女公主(Andromeda)的父亲。西塞罗认为这些人物都是寓言式的人物。因为根据赫拉克利德斯·彭提乌斯(Heraclides Ponticus,柏拉图的弟子、亚里士多德的朋友)的说法,阿提那斯就是一位智慧的占星家,"προλέγων χειμῶνας καὶ μεταβολὰς ἄστρων καὶ δύσεις",他能够预言严寒、星辰变换和陨落。因此,这个人物能够用他的肩膀支撑起整个世界。

拉斯（Pythagoras）[①]时期。根据柏拉图的学生，本都的克里德斯（Heraclides of Pontus）的说法，毕达哥拉斯也是一流的饱学之士。故事说毕达哥拉斯带着自己的学术财富来到了菲利乌斯（Phlius），他要同利昂（Leon）讨论一些相关的问题。利昂是菲里亚色亚国（Phliasians）的统治者。利昂对毕达哥拉斯的才华感到惊讶，接着他就要求毕达哥拉斯对他特别喜欢的艺术品做些评价。不过，毕达哥拉斯说他从来就没有获得过任何相关艺术的技艺，他仅仅是一个哲学家而已。[②]利昂对哲学这个术语感到好奇，于是便问什么人才能是哲学家，以及哲学家同世界上其他人的区别是什么。故事继续说，毕达哥拉斯回答道，人的生活对自己来说就好像一个节日。[③]这个节日是从整个希腊世界中选择出来展现在众人面前的一个最有意义的游戏。在这样的游戏里，一方面，一些受过训练的人要想去赢得那个高贵的桂冠；[④]另一些人则迷恋于输赢与胜负。另一方面，还有一些优秀之人，他们天生就是自由之人，他们并不会去追求这场游戏的掌声和成就，而是为了观看这样的游戏。他们将密切注意到游戏里所做的事情和方法，同那些已经生活在城市中一个热闹节日里的人那样，我们也会有一些自己流行的生活方式和生存的本性。[⑤]我们也要生活，而其他人则有的想当奴隶，又有的想要金钱。只有很少的人，他们什么都不想，他们只是密切地关注万物的本性，他们自诩为"智慧的热爱者"（因为这个字的含义就是哲学家）。正是在这场游戏之中，人才能够清楚地看到最真实的教养，而不需要自己到其他地方去寻找真实的生活。因此在生活中，反思和对自然的发现是比其他追求都高得多的追求。

4. 虽然很难说毕达哥拉斯就是"哲学"这个名称的发明人，但是，他确实扩大了哲学的实际内容。在到达意大利之后，他继续进行在希腊的弗利奥斯（Phlius）城邦的谈话。他用杰出的才华和技艺丰富了那片著名

[①] 参见Ⅰ.§20。

[②] 首先哲学家是爱智慧和追求知识之人。对于亚里士多德来说，他还将数学和自然学包含到哲学之中。它们之间的区别是在亚历山大（Alexandria）时期才形成的。

[③] "他将生活比喻成了盛大的聚会"。第欧根尼·拉尔修：《明哲言行录》第8卷第8节。参见《明哲言行录》，徐开来、溥林译，广西师范大学出版社2010年版，第395页。奥林匹克山上举行的节日，参见Ⅰ.§111。

[④] 野生的橄榄树。

[⑤] 毕达哥拉斯的"灵魂轮回"（μετεμψύχωσις）。

的"大希腊"(Magna Graecia)地区的私人生活和公共生活。或许我们还可以在其他时间再来谈他的主张。而苏格拉底则曾经听过阿克劳斯(Archelaus)①的课,阿克劳斯又是阿拉克萨戈拉(Anaxagoras)②学生。这样,从古代时期一直到苏格拉底时代,一方面,哲学在关心数和变化、万物的来源或毁灭等这样的问题,特别关心行星、它们在空间的大小及其变化过程等一切天文现象③;另一方面,苏格拉底则是第一位将哲学从天上带到人间的哲学家。他把哲学安置在了尘世之中,关心尘世人们的家庭生活,强迫哲学去回答关于生活和伦理以及事物的善恶等问题。④苏格拉底在辩论中所采用的不同方式,涉及的很多本性问题以及他那些天才的光芒等事迹都已经在柏拉图那些名著里获得了名垂千古的声誉。正因如此,苏格拉底之后形成了一些不同的哲学流派。为了避免人们认为这仅仅是我个人的意见,为了避免让人们不会再去相信虚假的东西,而且还能够在每次讨论中都能够尽最大可能地解决问题,我特别选择其中的一种流派⑤来介绍,因为我认为这一学派同苏格拉底的实践观是非常一致的。这是一个由卡尔尼德斯(Carneades)⑥观察到的习惯,即所有的讨论中都必须要有一种敏锐的理智。我不仅始终在其他场合,而且最近就在图斯库兰别墅里都在努力让我们的讨论符合这样的习惯(Fashion)。事实上,在我现在写这本书之前,我已经写出来了,并将它作为我们四天讨论的成果。不过,在第五天中,当我们又坐在相同的地方之后,为了讨论,我们会提出下面的议题。

5. A:在我看来,德性并不是引导幸福生活所必需的。

M:不过,我敢向你保证,我的朋友布鲁图斯会认为德性是幸福生活所必需的。如果你允许的话,我将给你论证他的论证过程。

---

① 阿克劳斯(Archelaus),米利都学派之一,生活年代大约在公元前450年。
② 关于阿拉克萨戈拉(Anaxagoras)参见附录一。
③ 西塞罗认为老伊奥利亚的自然哲学家是从米利都的泰勒斯开始,而以阿拉克萨戈拉和阿克劳斯结束的。
④ 色诺芬在《回忆苏格拉底》一书中说道:"他时常就一些关于人类的问题作一些辩论。"参见《回忆苏格拉底》,第5页。阿克劳斯并没有忽视伦理问题(第欧根尼·拉尔修:《明哲言行录》,第74—75页)。毕达哥拉斯也没有忽视这个问题。
⑤ 参见附录二。
⑥ 参见附录二。

A：当然，你应该这样做呀。现在我们面对的不是你受到他影响多大的问题，而是已经论述过的问题，即德性对于引导幸福生活是必需的吗？我希望你能够讨论这个问题。

M：你真正的意思是说，德性对于引导幸福生活并不是必需的吗？

A：是的，我确实是这样想的。

M：那么，请告诉我，德性是不是有助于恰当的、高贵的和有价值的生活，一句话，德性是不是有助于引导好的生活呢？

A：确实是。德性是这样的。

M：那么，你是否能够说过邪恶生活的人就没有痛苦了？或者说，正如你承认的那样，你是否能够说朝向好生活的人不是朝向幸福生活？

A：为什么我不这样想呢？因为甚至在受到折磨的痛苦过程中，人还是能够生活得恰当、高贵和有价值。据此，痛苦也可以将人引导到幸福的生活中去，如果你理解"好的"含义与我现在使用的"好的"含义是一样的话，我的意思是说，在生活中始终要坚持尊严、智慧和勇敢等品质。现在可以问，如果这些品质连同具有这些品质的人是不是过着幸福的生活？幸福的生活是一种平静的生活。

M：那么什么生活才是幸福的生活呢？我问道，幸福的生活不会是做事犹豫、做事受到限制、担心没有坎坷和痛苦吗？在幸福的生活中，人会匆忙地使用坚韧、尊严、智慧以及其他德性吗？

A：如果你不想做任何好事的话，那么，你就应该提出另一些新证据来说明这个问题。你所讲的那些话对我没有任何作用，不仅仅是因为那些话过于老套，而且因为喝一小口斯多亚烈性酒比喝一大口这样的烈性酒使人更快乐。因为把某种轻度葡萄酒兑水后①，就会失去它先前的一些香味。例如，对你提出过的那些德性进行追问时，你看见的都是宏伟壮观的场景，好像是说幸福的生活就是紧紧抓住这些德性而不要毁灭这些德性。然而，当人的灵魂被引导离开那个由德性构成的场景而同实在的真理相关时，这时就会留下一个问题——如果人在受到痛苦折磨时，人会是幸福的吗？

让我们现在来回答这个问题。德性并不害怕人们对它的抗议和抱怨，

---

① 像希腊人一样，罗马人通常也是将酒兑水一起喝的。

说幸福生活摧毁了德性。因为如果没有德性，也就没有谨慎，那么，从谨慎本身就可以发现并不是所有的好人都是幸福的，这也让我们回想起了马尔库斯·阿蒂里乌斯（M. Atilius）、温图斯·塞尔维利乌斯·西彼欧（Q. Caepio）和马里乌斯·阿奎伊利乌斯（Manius Aquilius）① 等人的许多故事。如果认为幸福生活（如果仅仅只是涉及德性的场景，而不涉及具体生活事实的话，）同德性是无关的话，那么，人身上的谨慎德性也会起到作用。因此，可以认为幸福生活还是同德性相关的，而同痛苦和悲痛是无关的。

6. M：尽管这样做也许对你是不公平的，因为你是想让我更多地参加到讨论中来，但是，我还是认为你现在要发表自己的看法。我想知道我们是不是可以认为我们已经或者还没有获得我们前几天讨论的结果。

A：在这些讨论中还是有了一点结果。

M：如果是这样的话，那么，这个问题的结论通过讨论很快就会得出来。

A：这怎么理解呢？

M：由于受到不良因素的引起和刺激，灵魂中就会形成烦恼和扰动②，让灵魂轻视一切理性。因此，在这种情况下是绝不可能有任何幸福生活的。当人即将面对死亡的威胁和面对自己的痛苦时，或者是当人受到死亡或痛苦的威胁时，有谁能够不感到自己是可怜的或不幸的呢？而且，如果同样的一个人（这种情况经常发生）畏惧财富、羞耻、不得体的话，如果他还畏惧疾病、失明，最后他还畏惧成为奴隶的话（通常这是一个人的命运，这样的命运是同个体无关，而是同城邦相关），那么，在人的面前还有什么是可以畏惧的呢？另外，不仅畏惧将来有不幸降临，而且现在也现实地遭受和忍耐着不幸的人（还要加上被列入流放名单、悲伤和无

---

① 马尔库斯·阿蒂里乌斯·瑞古鲁斯（M. Atilius Regulus）在公元前255年的第一次布匿战争中于非洲被击败。参见荷马的《奥德赛》第3卷第5节。参见《奥德赛》，第35—38页。西彼欧（Q. Caepio）是在公元前105年被辛博瑞人（the Cimbri）击败的。他的权力被废除，其财产也被充公了。马里乌斯·阿奎伊利乌斯（Manius Aquilius）是被米特里达梯（Mithridates）在公元前88年抓获的。一直到死，他都受着残酷的折磨。

② 忧虑（the perturbationes）。参见西塞罗演讲集第8卷《优秀演讲词2》，《第二次反维勒斯》第4部分。

子女），被意外灾难打击而颓废和受到痛苦打击而失常的人，他们还能够完全感到痛苦吗？当我们在某个地方看到一个人，因为疯狂的贪婪而引起了他的情感变化。在永远不能够被满足的贪婪的狂怒中，他努力地想获取所有的东西。于是，如果提供的东西越丰富，那么他得到的快乐就会越来越少；如果他希望要的东西越来越多，那么他的快乐就会越来越少。难道你不会合理地认为这样的人是痛苦的吗？当一个人因无聊的东西激动时，表现出空虚的快乐和任意的挥霍，在他自己看来难道这是幸福而不是更为痛苦的生活吗？因此，这样的人都是痛苦的。相反，那些事先不知道畏惧的人、不会受到痛苦侵袭的人、没有欲求膨胀的人、不会徒劳地表现愉快和快乐的人，他们才是幸福的人。正如大海的平静并不是因为空气没有掀起任何波澜，而是因为我们看到了大海的平静。所以，我们是可以看到灵魂的平静状态的，即没有足够的干扰力量使得灵魂扰动的状态（这也就是人们常说的灵魂的无干扰状态）。因此，如果一个人能够认识到时运的力量，认识到一切可能降临到自己身上的坎坷，那么他才能够既忍受畏惧，也能够忍受焦虑。同时，这种人还一点也没有贪婪，他们不会在自己的灵魂上感到虚假的快乐。我们有什么理由不认为这样的人不是幸福的呢？如果德性能够使得这样的幸福成为可能，那么，我们为什么不认为，仅仅依靠德性。本身的力量就可以使人过上幸福的生活呢？

7. A：好的，至少在这一点上是没有任何问题了——这就是说，没有畏惧、没有焦虑、没有贪婪、没有将混乱的快乐表现为幸福的那些人才是幸福之人。对此，我是赞同你的。不过，这里又带出了另一个问题。因为先前我们在讨论中得出过这样一个结果，即智慧之人在灵魂中是无纷扰的。

M：是的，这个讨论结束时我们是得出了这样一个结论。

A：是这样的。

M：不过，现在你好像是一个数学家[①]而不是哲学家，因为当几何学家要证明一些命题时，他们理所当然地认可相关主题，即那些先前已

[①] 我们不应该像几何学家那样，将先前证明的命题看作理所当然的。例如，一个三角形的内角之和等于两个直角之和被看作当然的。我们应该像哲学家那样，收集同这个主题相关的一切证据，无论这个主题是先前已经证明的，还是没有被证明过的。

经被证明过的所有命题。不过，他们会提出先前证明中没有提到的一些困难。而哲学家则会将他们要从事研究的问题的相关证据都收集起来，甚至是以前已经被充分讨论过的证据也要重新收集起来。如果不是这样，那么，当研究德性是否是引导幸福生活的必需时，斯多亚学派为什么会说那样多的话呢？对于一位斯多亚学派的人来说，先前他已经说明了在合理的事物中是不存在善的。当他要想去证明这个命题时，他可能会认为幸福生活中只有德性的存在。从这个前提出发，他就会证明，如果幸福生活中只有德性存在，那么，幸福生活中就不会存在着善。然而，这并不是他们工作的方式。因为他们的著作分别都涉及了合理的和最善的问题。仍然是通过分别的谈话，根据善的本性，他们可以得出德性对于引导好生活是具有充分能力这样的结论的。每一个主题本身所具有的证据和实例都应该受到批评，特别是那些重要主题。但是，不要认为哲学①著作中所有的表达都是很明确的，或是在哲学的承诺里都是丰富的或重要的。这是什么意思呢？以神的名义，哲学可以保证服从她法则的人总是能够抵抗命运打击的，使得人的身上可以获得很多走向好生活和幸福生活的帮助。总而言之，他会总是幸福的。不过，我应该知道，还有很多平静的时刻也是善的。我会高度赞美神所给予的这样平静的时刻。因为②在薛西斯一世（Xerxes）时代中，我们有相关的实例。尽管命运已经给予了他很多的特权和礼物，但是他仍然不满足他的骑兵、步兵和海军，仍然不满足他已经获得的那些无数珍宝，而且还想让人去寻找新的快乐。如果有谁能够找到这样的新快乐，他就给予谁奖赏。其实，如果真有人找到了新的快乐，他也不会感到满足的，因为贪婪是没有止境的。与此相反，我很希望我们能够吸引一些人去寻找一些更加确定信念的方法来说明这样的真理性认识。③

8. A：这也是我希望的。不过，我还有一个小问题。因为当我同意你做出这些论证时，其他人也会提出这样一个观点，即如果善的即是合理

---

① 即在哲学著作中。
② 还能够承诺多少呢？能有外在的善或者快乐吗？没有什么东西。因为对于像波斯国王那样的人，他是从财富的快乐中去寻找幸福的，因而他从来都不会满足的，他渴望的东西总是会越来越多的。因此，他绝不会有幸福。
③ 即德性对于好生活和幸福生活是必需的。

的，那么，德性便可以确保幸福生活。类似地，如果德性中是包含幸福生活的话，那么，除了德性，幸福生活中是根本没有任何善的。但是，你的朋友布鲁图斯以安瑞斯库斯①（Aristus）和安提奥库斯（Antiochus）的观点是不会同意这样的看法的。因为他认为，即便是德性中存在着幸福生活，可在幸福生活中除了德性外②还是会有善的。

M：什么意思？你认为我的看法同布鲁图斯的看法是矛盾的吗？

A：不是的，但是，请你解释一下。我还不是很清楚你的看法。

M：那么让我们看看每个人的共同性。因为当你提到经常与安瑞斯库斯，最近又同安提奥库斯在一起时，我有一点是不同意的。那时在雅典，我同他待在一起，但同时我还是司令。③ 我的观点是当一个人被恶缠身时，这个人是不会有幸福的。如果身体和时运上都有恶的话，那么，智慧之人也可能被恶缠绕。④ 争论点（安提奥库斯在他的著作中用了很多篇幅来反复论证这个问题）在于：第一，仅仅是德性就能够完全保证幸福生活，但不是全部的幸福生活；第二，很多事物名称都是从它们主要部分的形成过程中获得名称的，甚至不考虑它们的一些细节。例如，力量、健康、富裕、荣誉、高贵等都是这样的事物。如果没有细节，那么，我们只能从本质上去识别它们。同样地，幸福生活也是如此。虽然它的一些细节是被扭曲了⑤，但是，"幸福生活"这个名称更多地反映了它的主要内容。因此，现在说的这种观点并不是对于幸福生活的全部解释，在我看来，这样的论述还不够完整。因为首先我不能理解一个已经幸福的人为了更加幸福还需要什么东西（因为如果缺少了某种幸福，他就不会说他是如此幸

---

① 安里斯图斯是安提奥库斯的兄弟，他属于新学院派，也是西塞罗的朋友。对于安提奥库斯，参见Ⅲ.§59。布鲁图斯非常敬重这对兄弟。

② 漫步学派认为在灵魂、身体和时运中都存在着善。亚里士多德在《伦理学》Ⅰ.8节中说："幸福也显然需要外在的善。"参见《尼各马可伦理学》，第24页；1099a31。这就给幸福投下了一块阴影，因为缺乏高贵出生、可爱的子女和健美等实例都是证明。

③ 公元前50年，西塞罗从西西里省回到了雅典。在伊苏斯（Issus）的战斗中，西塞罗作为统帅受到了士兵们的欢迎。直到回罗马后，他才没有继续当统帅。

④ 漫步学派和学院派称其疾病、痛苦、财产等的都是邪恶。斯多亚派称它们为"不合适"（Inconveniences），其希腊词是"不合适"（ἀποπροηγμένα）。

⑤ 即便是完善的幸福还是有一些不足的。

福的)。① 对于每一个单纯的事物命名论证都是根据事物形成的主要部分来命名的。认识这些事物有这样一些实例：当他们②说有三种恶时——当一个人完全被其中的两种恶③困扰以致他的命运中充满了各种各样的不幸时，他的身体就会因为多种痛苦而变得衰弱——这是相对于幸福生活的保证而言，更不用说那些更好的幸福生活了，我们会说这样的人是"悲惨"的吗？

9. 这是泰奥弗拉斯托斯（Theophrastus，约公元前 372—约前 287）④提出却没有能够证明的问题。在确定了打击、刑场、折磨、国家毁灭、流放和无子女等对含有恶和痛苦生活具有重要影响之后，他就不敢再说生活中那些高尚和高贵的传统了，因为他的思想是中庸甚至是低级的。现在他思想有多么的合理并不是一个问题。不管怎样，显然他提出的思想是没有矛盾的。⑤ 因此，我是不满意那些批评者所认可的那个理所当然的前提。当泰奥弗拉斯托斯认为存在三种善的时候，他对哲学家们提出的那些巧妙而有学识的思想都没有受到严格的批评。然而，一些人却对他进行了猛烈批评。首先是他写的那本关于幸福生活的书⑥受到了批评。在那本书中，他详细讨论了遭遇审判或折磨之人没有幸福的原因，他还被认为提出了在

---

① 西塞罗给出的是斯多亚派的论证。"最好的善"（Summum bonum）是不会有程度分别的，它既不能增加，也不能够减少一点点。如果幸福生活是最好的，即也是完善的，那么，幸福生活就肯定是完善幸福的。

② 漫步学派，参见§76。

③ 由于存在着三种善，因此也应该存在着三种恶——它们彼此是相反的。当善超过了恶，那么，生活就是幸福的；当恶超过了善，那么，生活就是痛苦的。这样，如果智慧之人是非常不幸和痛苦的，那么，他一定是悲惨的——不过，斯多亚派认为这是荒谬的。

④ 据说亚里士多德曾经说过泰奥弗拉斯托斯这个名字的含义是"神圣的演讲人"。参见 I. §45。

⑤ 漫步学派认为有三种善，它们是灵魂之善、身体之善以及时运或外部之善。西塞罗认为，泰奥弗拉斯托斯并不会对他提出的思想感到为难。因为他认为遭遇时运恶或身体恶的人从理论上说是没有幸福的。在他看来，这种说法是没有矛盾的。这种存在着三种善以及相反的三种的思想遭到了他的批评。如果认可了这些思想，我们就不会对泰奥弗拉斯托斯提出这样的思想感到愤怒。因为善人在身体和时运上都会遭遇到恶，就像雅各布族长（the patriarch Job）一样，这些人都是不能够称之为幸福的。对此，我们应该逻辑地分析。

⑥ 《论幸福》（περὶ εὐδαιμονίας）。

受到惩罚的"破轮"① 断头台上时，人是没有幸福生活的观点。确实他并没有详细说过这件事情，但是他说了这件事情的意义。如果我同意他关于身体的痛苦是恶，时运的痛苦也是恶的话，当他说并不是所有好人都是幸福的，我能够对他生气吗？因为他认为好人身上也会存在着恶。在所有哲学家的书和演讲中都对泰奥弗拉斯托斯进行了猛烈批评，因为在他的《卡里斯提尼斯》（Callisthenes）② 书中，他证明了这样一条准则：

并不是智慧而是时运主宰着人的生活。③

他们说所有的哲学家们说的都是没有意义的。但是，现在即便是他们说的都是对的，但是，我还是不明白所谓"任何事物都应该是无矛盾"的这种说法的意义。如果身体中有很多的善，如果有时或偶然情况下身体外面也有很多的善，这些善有可能是外部事物添加到身体之内的，也有可能是事物附加到身体中去的伴随物，那么，对于偶然或时运而言，认为这样的情况是主宰而不是预测是合理的吗？

或者说我们是不是可以认同伊壁鸠鲁的观点呢？因为他经常会提出一些好的观点。而在他对这些观点的论述中没有矛盾，观点之间是一致的。他赞美平静的生活，在他看来，平静的生活是值得哲学家追求的生活。但是，在苏格拉底和阿提斯特涅斯④看来，他们都会认为快乐不过是善的条件而已。伊壁鸠鲁认为只有按照高尚、智慧和正义生活⑤，一个人才能生活得愉快。如果一个人不能够按照"高贵、智慧和正义"的标准不断地

---

① 希腊的一种惩罚 "ἐπὶ τοῦ τροχοῦ στρεβλοῦσθαι" 指轮刑，直译为"绞在轮子上"。在法国和德国直到 1827 年都还在使用这种"破轮"的惩罚手段。

② 参见 III. §21。

③ "须知人生的道路并不完全靠着公理正义、聪明才智、平等无私、克己自制或者端庄有礼的指引，可以说整个出于机遇造成的结局。"（τύχη τὰ θνητῶν πράγματ' οὐκ εὐβουλία）这段话的意思是，人的事务出于机遇而非良思。引自普拉塔克的《论机遇》（de Fortuna），p. 97。参见《道德论丛》（第 1 卷），第 217 页。

④ 阿提斯特涅斯（Antisthens）是苏格拉底的学生，犬儒学派的奠基人。犬儒派的人都是一些只有雨披、烂口袋和手杖的人。

⑤ "一个人不可能快乐地生活，除非他明智、美好而正义地生活着。"出自第欧根尼·拉尔修《明哲言行录》第 10 卷第 140 节。参见《明哲言行录》，第 539 页。

追求快乐，那么，任何事情都是无意义的，任何东西对于哲学家来说都是没有价值的。还有什么能够比他说的"智慧之人是不靠幸运"更好的说法呢①？一个认为不仅是大恶，而且只要是恶就是痛苦的人，当他自吹自擂地说幸运没有意义时，突然有一种没有想到的巨大痛苦降临在他身上时，他能够忍受痛苦吗？梅特罗多洛（Metrodorus）② 更加明确地表达过这样的看法。他说道："我已经抓住了你，幸运。""我已经掌握了阻挡幸运产生的所有方法。这样，幸运，你就能够围绕在我的周围。"希俄斯岛的阿里斯通（Arrsto of Chios）③ 或者斯多亚的芝诺说得更加高贵，他们认为所有的恶都是可耻的。但是你，梅特罗多洛却认为你身体的各个部分中还是存在着很多的善。根据身体稳定的状态和不断的希望，你又定义了至善。那么，你能够阻挡幸运吗？如何阻挡呢？今晚为什么你会被这样的善欺骗呢？④

10. 尽管如此，这些论述还没有获得过证实。受到这样的观念影响，很多人都是这样认为的。不过，这种态度是一个严格理性之人，而不是那些专门的思想家看待问题的一个标志。例如，在讨论中，每一个理性之人应该说：我们坚持的只是这样一种观点——我们希望好人总是幸福的。显然，我所谓"好人"的含义是清楚的。因为我们说过好人就是指具有很多德性的人，他们不仅是智慧的而且也是善良的。让我们看看那些被认为是幸福的人吧。对我来说，我认为幸福之人就是那些完全被善所围绕着而不会同任何恶相连的人。当我们使用"幸福"这个词时，除了这个含义外就不可能有其他含义，即充满着善，完全是同恶相分离的。德性不能够确保幸福，因为除了德性外，还要有善才能够保证幸福。因为还有大量恶的存在，如果我们将贫贱、无价值、孤独、财产损失、严重的身体痛苦、健康的损坏、软弱、失明、一个国家的丧失、流放等，更糟糕的是成为奴隶等都看作恶的话，那么这些痛苦状态——这些状态是经常会出现的——是会影响到智慧之人的，他们是会处于这样的状态之中的，这些状态会伤害到智慧之人。那么，如果这些都是"恶"的话，谁能够证明在这些状

---

① "运气很少影响到智慧之人。"出自第欧根尼·拉尔修《明哲言行录》第 10 卷第 144 节。
② 参见 II. §8。
③ 参见 II. §15。
④ 参见《路加福音》（Luke XII. 20）第 12 节第 20 行。

态下的同一时间中，智慧之人还是幸福的呢？这样，由于智慧之人会认可我上面所列举的那些"恶"，所以，我不准备认可我的朋友布鲁图斯，也不认可那些给我们两种[1]教导的那些人，还不认可老一代的思想家，如亚里士多德[2]、斯珀西波斯（Speusippus）[3]、色诺克拉底（Xenocrates）[4]、波列蒙（Polemo）[5]等人在这一问题上的看法。因为他们认为智慧之人总是幸福的。如果"智慧"这个题目具有高贵特性的话，那么，毕达哥拉斯、苏格拉底和柏拉图就论述了其中最有价值的意义。这样，他们肯定都是快乐的，他们都要约束灵魂，让灵魂不要藐视力量、健康、美、富裕、荣誉、财富等让他们赞叹的这些东西，更不要去考虑同这些东西相反的东西。他们将明确地提出他们既不会受到幸运的打击，也不会受到民众对于痛苦或贫穷看法的影响。他们仅仅是根据自己的思想来考虑这些东西，一切都在他们提出的善的控制之中。

然而，他们不可能认为情感是伟大和高贵，也不可能像一般人那样，将善恶看作相同的事物。凭借一种高贵[6]的雄心，伊壁鸠鲁开始了他的情感研究，情感研究便成了他思想的一个标志！他也认为智慧之人是幸福的，他深受这样伟大思想的影响。但是，如果从他说过的话来看，他是从来没有如此说过的。他认为痛苦要么是最大的恶，要么仅仅是恶。不过，伊壁鸠鲁这样的看法更缺乏一致性。因为根据这样的看法，人们便可以假定当智慧之人受到痛苦折磨时，他还会说："这是多么甜蜜呀！"[7] 据此，哲学家们应该坚持判断的一致性，而不应该做出一些孤立的判断。

11. A：你要引导我同意你的观点。但是，你还要注意自己的一致性，以免出现错误。

M：是吗？

A：因为最近我在读你的第四本书《论至善和至恶》，即《道德目的

---

[1] 安太阿卡斯（Antiochus）、阿瑞斯图斯（Aristus）和其他人。
[2] Ⅰ．§7．
[3] 斯珀西波斯是柏拉图的侄儿，柏拉图学院的继承人。
[4] Ⅰ．§20．
[5] 色诺克拉底之后学院派的继承人。
[6] 伊壁鸠鲁研究了其他哲学家提出的"智慧"问题。或者说，像他们一样，他也认为真正的幸福是同高贵的情感相关的。
[7] 参见Ⅱ．§17。

论》。在我看来，你反对加图是对的。因为你认为除了在新奇的术语方面有一些区别之外，芝诺和漫步学派之间是没有区别的。如果是这样的，那么，其原因何在呢？如果正如芝诺体系中认为德性具有足够的力量可以保证幸福生活的话，那么，为什么漫步学派没有说过同样的话呢？不过。我认为痛苦是一种事实而不是一种说法。

M：你当面就把我的口封住了，以便说明有时我说过或写过这样的看法。① 那些在讨论中有缺陷的人都会采取这样一条法则：我天天都在生活。我说的一切都尽可能是我的心里话。② 因此，我完全是自由的。当我们再去讨论一致性时③，我们就可以再说一些看法了。我认为在这个被问到的问题上，芝诺和他的学生阿瑞斯托（Aristo）是不能够接受我们观点的。也就是说，他们会认为只有对的才是好的，不过，假如这是真实的，那么，芝诺是如何论证仅仅依靠德性就能够保证幸福生活的绝对可能性呢？对于这样高贵的看法，又有谁能够比他的思想更有价值呢？让我们简单总结一下我们的观点：智慧之人也是完全幸福的。

12. 基提翁的芝诺仅仅是一个外来者和一个这些无名词语的创造人。如果他对于古典哲学具有很高的热情的话，那么，他那些重要的看法都是从对柏拉图思想的重新研究中获得的。从柏拉图的相关文献中，我们经常可以发现德性和善的表达。除此之外，我们就找不到其他善的表达了。例如，在《高尔吉亚》（Gorgias）④ 中，当苏格拉底被问起是否认为阿凯劳斯（Archelaus）⑤，即佩尔迪卡（Perdiccas）之子很幸运地得到了幸福时——"我不能够确定，"苏格拉底说道："因为我从来没有同他谈过。"——"你说什么？你怎么能够不知道呢？""我确实不知道。""你的意思是说你既不能够说波斯那个国王幸福也不能说那个国王不幸福吗？""因为我不知道他受过什么教育，也不知道他是否善良，我怎么能够说呢？""那么，你认为幸福生活的依据是什么呢？""我绝对相信善就

---

① 文件密封是为了防止将文件篡改。这种方法产生于法庭的审判之中。安东尼（Antonius）的《论演说》从来没有出版过，因为他害怕别人用来反对他本人。

② 参见Ⅱ.§9。

③ §§21, 22。

④ 《高尔吉亚》470 D—E 节。参见《柏拉图全集》第 3 卷，第 93 页。

⑤ 那个时期的马其顿国王。

是幸福，邪恶就是不幸。""因此，阿凯劳斯就是不幸的吗？""如果他是不公正的话，那么，他肯定是不幸的。"难道你不认为苏格拉底认为一切幸福生活仅仅只同德性相关吗？另外，在那场著名的葬礼上，苏格拉底又是怎样说的呢？①"对于人，"苏格拉底说道："要让他们认为幸福生活仅仅是同自己相关，对于其他人的幸运或不幸对此都是没有任何作用的，也是不能够强迫将其改变的。由于相信最好的生活是同他人成功的生活无关，因此，每个人都能够保证自己过上最好的生活。这样的人就是具有自制、勇敢、智慧之人。尤其重要的是，当遇见子女的获得或失去的时候，这样的人都会记住古代的那句箴言并按其来生活。这样的人绝不会混淆快乐或悲伤。因为他总是仅仅依靠自己而生活的。"因此，柏拉图的观点就是我的讨论所依据的神圣而崇高的来源。

13. 我们不是从我们通常而自然的父母开始，我们又能从什么地方开始呢？因为我们的一切都是父母给予的。父母不仅给予了我们生命，使得我们成为生命之物，而且我们这样的生命之物还是来源于大地的。只有立足于大地，我们才能够有根基。父母希望在他们的照顾下我们都能够很好地生活。所以，那些生长在地面上的那些树木、葡萄藤以及其他植物，它们自己都是不可能离开大地的。只有在大地上，它们才总是常绿的。而另一些植物则在冬天会被剥光，在温暖的春天时光又长出叶子。如果没有外在力量的保护，当所有的事物在它们自己本性的作用下不断完善自己时，仅仅依靠它们内部运动的力量和相应种子的力量，没有植物能够结出丰富的花朵和水果。然而在动物中，它们本性力量的纯粹性和简单性是很容易分辨的，因为本性让动物具有了感觉。一些动物具有游泳的能力，这些动物就会在水上修建它们的家园。另外一些动物，如天上的飞鸟，则可以在辽阔的空中飞翔，还有一些是爬行动物和行走动物。在所有这些自我认同的动物中，一方面，部分动物喜欢漫步、部分动物喜欢放牧；另一方面，很多的动物都是凶残的，也有一些动物则是温驯的，还有一些则是躲藏在地面一个遮蔽的地方之中的。而且按照自然法，如果某种动物没有相适应的的生存方式，那么，这类动物便只能依靠自己的本能生存。如果所有的

---

① 柏拉图：《美涅克塞努篇》（*Menexenu*），第 248 页。参见《柏拉图全集》第 3 卷，第 19 页。

动物比较只能够有一个区别的话，那么，这个区别就是每一个生物都是要保存而不是要分离自己。所以，就人而言，在"卓越"之前，人是要做很多事情才能够被称为"卓越"的，因为"卓越"这个词可能是指通过比较而认可的事物。然而，如果这一说法是成立的，如果仅仅只有神才能够保佑灵魂的话，那么，人的灵魂是没有什么东西可以进行比较的，因为人的灵魂好像是来源于那个神圣的心灵。① 因此，如果灵魂受到过训练，如果灵魂的观察能力很敏锐②，不会被错误所蒙蔽的话，那么，灵魂就是完善的。这就是说，灵魂是理性的，也是有德性的。如果每一件事物本身都是幸福的，不需要其他任何事物的话，因为在每一件事物中都存在着很多引导和导致不好事情的方法，如果这是德性特别的标志的话，那么，可以肯定所有有德性的人都是幸福的。③ 所以，现在我就可以说，我同布鲁图斯是一致的，这也就是说，我是同意亚里士多德、色诺克拉底（Xenocrates）、斯珀西波斯（Speusippus）、波列蒙（Polemo）等人的观点的。④

在我看来，德性之人好像也是特别幸福之人。不过，德性之人自己，当获得幸福生活时，他到底需要什么呢？或者说，如果没有一些保证，他怎么能够获得幸福呢？然而，至于提出过三种善的那个人应该还没有说明，什么才能够保证幸福生活这个问题。

14. 人是怎样得到身体的力量或得到幸运的保证呢？除非是有善的保证、善的确定和善的持续，否则，人就不可能有幸福。思想家们对这样的善是如何论证的呢？我认为他们会使用一个斯巴达（Laconian）人的说法。这个说法是说，当一个商人每一次被派遣去遥远的海岸时，他总是会

---

① 按照斯多亚派这样的说法："τὰς ψυχὰς συναφεῖς τῷ θεῷ ἅτε αὐτοῦ μόρια εἶναι καὶ ἀ ποσπάσματα"，灵魂与神的灵魂结合在一起才能够作为它的一部分。见《爱比克泰德谈论集》（*Epictet*）1.14.6。在柏拉图的《斐利布斯篇》第30节中，苏格拉底说道："灵魂从何而来，若非宇宙的身体——它具有着和我们的身体相似的元素，但更美好——也有一个灵魂？"而王晓朝译本是：如果拥有和我们的身体同样元素、而在各方面要美得多的宇宙的身体实际上不拥有灵魂，那么我们的灵魂是从哪里来的？参见《柏拉图全集》第3卷，第204页。维吉尔的《埃涅阿斯纪》Ⅵ.730："生气是由于灵魂升天开始的。"或"生气是生动升天的开始。"（Igneus est ollis bigor et caelestis rigo/seminibus）

② "哲学就是一门治疗术"（Animi medicina philosophia）。Ⅲ.§5.

③ 漫步学派认为幸福是同幸运的东西和不确定的身体无关的。

④ 参见§30。

吹嘘有很多船送他去。他会说:"船上的财富完全是不值得向往的东西。"①或者是因为我们有可能认识到任何事情,所以,我们并不认为只有一种丰富的幸福生活,这有问题吗?引导幸福生活的事情是不会枯萎的,不会消失的,也不会被埋葬的;害怕失去这些东西的人是不会幸福的。我们希望幸福之人是能够平安的、坚强的、不懈的和坚定的。如果幸福之人还有一些畏惧,甚至对一切都畏惧,这是很难理解的。如果可以用"清白"这个词来表示的话,那么,这不仅是说,这个人不会受到任何轻微的惩罚,而且还是说他不会受到任何惩罚。所以,我们说幸福之人是无畏的,这不是说幸福之人没有畏惧,而是说他完全摆脱了畏惧。除了同所有的畏惧保持距离、面对危险、烦恼和痛苦时,灵魂能够具有忍受的品质外,那么,"刚毅"还能够是什么含义呢?除了依靠善,而且只能依靠善,才能够保证品行端正外,我们还能在什么地方发现这些品质呢?而且,受到过恶或可能受到很多恶伤害的人,怎么可能去喜欢那些过度欲望和过度情感对象的呢?——安心(我用的"安心"这个术语是指幸福生活中是没有痛苦的)。除了把自己的头昂起来,不畏惧命运的任何变化,在精神上,我们希望智慧之人能够展示出这样的一种决心:他认为一切事情都是他自己可以解决的。除此之外,还有什么能够使得他高昂着头呢?当飞利浦(Philip)②写下他将阻止斯巴达人(Lacedaemonians)的一切努力时,在回答飞利浦的威胁时,斯巴达人问飞利浦,他能不能阻止斯巴达人去死?在我们的讨论中,我们要找到的不是一个真正人的精神,而是整个城邦的公共精神吗?此外,当我们谈到"刚毅"时,它是同可以控制我们所有情感的"节制"相关的,幸福生活的因素是不能够使得人产生"刚毅"的。因为"刚毅"主要是指人能够排除痛苦和恐惧的,而"节制"却是让人既能够摆脱贪婪,又能够防止人产生一时的欲求吗?这就是我要想表明的"德性"的作用,而不是先前几天所讨论那些痛苦。

15. 另外,由于灵魂的纷扰会产生痛苦,因而只有心平气和才能够产生幸福生活。所以,灵魂纷扰的有两种作用,痛苦和恐惧取决于那些可以

---

① "οὐ προσέχω εὐδαιμονία ἐκ σχοινίων ἀπηρτημεν." 普鲁塔克:《格言》(Apothegm)之《斯巴达人篇》(Lacon)。

② 马其顿的菲利普是亚历山大一世的父亲。

想到的恶而过度的快乐和贪婪则取决于错误善的观念，所有这些事情都是同审慎和理性相矛盾的。你会犹豫地将"幸福"这个名称给予这样的人吗？这样的人的灵魂无纷扰，生活轻松，能够同他人和谐相处。不过，这都是在智慧之人身上常见的。因此，智慧之人总是幸福的。另外，任何善的事情都是快乐的。因此，快乐的就是值得信任的和有价值的。按照这样说法，快乐的也就是光荣的。如果是光荣的，那么，它就是完全应该值得追求的，值得追求的就应该是正确的。①

然而，我们的对手则认为善的事情并不都是他们所说的正确事情。因此，他们认为只有善才是正确的。根据这样的思想，他们会认为幸福生活仅仅取决于人的操行端正。所以，那些完全不能够阻挡巨大痛苦的事情就不能称之为或认为是善的事情。如果你怀疑良好的健康、力量、美以及极端强烈而生动的感觉的话，同时如果你也喜欢顺从和喜欢改变的话，如果你还怀疑继承的财富、等级、命令、资源、荣誉等的话——如果具有这些东西的人是不正义的、不节制的、具有恐惧的、智力迟缓的或根本就没有智力的话，你会怀疑他是痛苦的吗？在何种意义上，可以说具有这些善的事物的人是痛苦的呢？让我们小心一点，以免将相关情况误认为是真实的。正如我们可能会将一大堆完全堆积的粮食②，看作不真实一样。所以，幸福生活完全是由同幸福相似的部分构成。如果真是如此的话，那么，我们就可以得出这样的结论：幸福是由善的事情所构成的，这样的事情也是正确的。除此之外，没有任何事物可以构成幸福。如果其中混合了其他一些不同的事物，那么，这个结论肯定就是不正确的了。将这些同幸福无关的东西取掉，那么，我们所理解的幸福中还保留有什么东西呢？具有善的本性的所有东西都是可以欲求的，而可以欲求的东西一定是能够证明的，其证明之一就是要受到人们的欢迎和同意。因此，幸福会被认为是值得追求的目的。如果这样，那么，幸福也是必须值得赞美的。从这样的观念来看，正确的东西只能够是善的。③

---

① 这是诡辩论提出了一个实例，或者说它们的一个主要论点。这也是克里色普斯（Chrysippus）多次使用过的精确论证方式。这个结论表明最后的谓词"正确的"就是第一个主词的善。参见Ⅲ. §15。

② 例如，小麦、大麦和燕麦。

③ 这也是§43节中的主要论点。

16. 除非是我们一直坚持这个结论，否则的话，我们将会感到很多东西听起来也是善的。我将有钱排除在善这个范畴之外，因为所有人都认为它是不值得具有的。它同善不同，善是值得每一个人拥有的。我也排除了傻瓜和无赖们所提出的善和公共声誉，我们不得不将它们也称为善。在给尤利西斯洗脚时，安提克里亚（Anticlea）① 赞美的这些如此没有意义的东西——洁白的牙齿、可爱的眼睛、生动的颜色等：

说到它们能够调节感到的柔软身体。

如果我们将这些东西看作善的，那么，我们将会在说明这位哲学家严肃思想比一般人和一群傻瓜的信念更加严肃和更加深刻时，发现他思想中什么东西呢？"停住！因为斯多亚派认为好的或喜欢的东西②，漫步学派则认为是善的。"他们确实说这是真的，但是，他们并没有因此而说幸福生活是丰富的。相反，漫步学派则认为没有这些东西就没有幸福生活。但是，假如这也可能是幸福的，那么，这也不会是最高幸福的。现在，我们希望的是最高的幸福。我们的观点已经通过斯多亚派的那个著名结论被证明了。因为这个哲学学派的杰出人士认为，每个个体灵魂的秉性不同，人的秉性也就不同了。人自己的秉性不同，他的谈话方式也就不同。人的行为同他的谈话相似，人的生活同他的行为相似。好人的灵魂秉性是值得赞美的，因此，好人的生活也是值得赞美的，因为这是可以通过推论来证明它的正确性的，如果它真是值得赞美的话。

因此，通过这样论证，我们便可以得出好人的生活是幸福的结论。确实如此——以诸神和人的名誉！——从我们先前的讨论中，我们还不能够充分理解这一结论吗？或者说，当我们说过智慧之人总是能够摆脱一切灵魂的偏离，这也是我说的灵魂纷扰时，我们是在进行一场游戏吗？在智慧之人的灵魂中，真的是能够让灵魂最从容不迫吗？那么，节制之人、稳重

---

① 安提克里亚（Anticlea）是尤利西斯的（俄狄浦斯）母亲。尤利西斯的保姆是欧律克勒亚（Euryclea）。这段诗文引自帕库维乌斯（Pacuvius）的《洗脚》（Niptra）。Ⅱ．§49。参见附录二。

② 参见Ⅱ．§29；Ⅳ．§28。对于某种东西被称为"$\dot{\alpha}\delta\iota\dot{\alpha}\varphi o\rho\alpha$"，即指不是善也不是恶的东西，斯多亚派称之为"$\pi\rho o\eta\gamma\mu\acute{\epsilon}\nu\alpha$"，例如，健康和力量等。

之人、没有恐惧之人、没有痛苦之人、没有渴望之人、没有贪婪之人，他们是幸福的吗？智慧之人总有这样一个特点：他们是幸福的。但是，如何提出好人行为和值得赞赏情感的标准呢？人们认为好人的一切都是同生活幸福相关的。① 因此，幸福生活是值得赞美的。除了德性之外，没有什么东西是值得赞美的，因而，幸福生活就是德性的实现。

17. 下面这个方法也可以证明这个结论：人们既不会赞美或者追求痛苦生活，也不会赞美或追求既无痛苦也无幸福的生活。在一些人的生活中是有一些值得赞美的东西、一些杰出和典型的东西。例如，在伊巴密浓达（Epaminondas）的生活中：

作为辩护人，我的辩护抨击了斯巴达人（Lacedaemonian）的荣耀。②

在阿弗里卡纳斯（Africnus）的生活中，早霞的西边，太阳在梅奥蒂斯（Maeotis）湿地上升起。

在地上，我的伟业是无法比拟的。③

这样，如果幸福生活是真实的，那么，这样的生活肯定就是有意义的，值得赞美的，也是示范的。除了值得赞美和示范外，这样的生活就没有其他意义了。当你认识到你要得出这个结论时，除非你同时认定幸福生活也是正确生活，否则，就应该存在着比幸福生活更好的生活。也许他们

---

① 斯多亚派说："幸福即是目的，做一切事情都是为了它，而它不为了任何其他事情；它存在于依据德性的生活中。" "τέλος εἶναι τὸ εὐδαιμονεῖν, οὗ ἕνεκα πάντα πράττεται, αὐτὸ δὲ πράττεται μὲν οὐδενὸς δὲ ἕνεκα. τοῦτο δὲ ὑπάρχειν ἐν τῷ κατ' ἀρετὴν ζῆν." Stob., Ecl. Eth., p. 138.

* 这书（Stob., Ecl. Eth）原名是"κλογα φυσικαὶ καὶ ἠθικαί, Eclogai Physikai kai Ethikai"，拉丁简称是 Ecl. Phy. et Eth，英文简称是 Stob. Ecl.，一般引用就是 Stob. Ecl.，作者是斯托拜乌斯（Stobaeus）。但有的人会分开引用为 Stob. Ecl. phys. 和 Stob. Ecl. eth.。中文一般翻译为《物性及伦理文撷》。而"Stob. Ecl. eth."就应该是斯托拜乌斯的《伦理学文撷》。

② "由于我们的计谋，斯巴达人失去了名声。"（ἡμετέραις βουλαῖς Σπάρτη μὲν ἐκείρατο δόξαν）这一段希腊文是坐落在底比斯（Thebes）的希腊著名政治家伊巴密浓达（Epaminondas）塑像上的第一排话。希腊地理学家帕萨里亚（Pausanias）的《希腊志》IX. 15。

③ 来自大西庇阿给恩里乌斯写的墓铭志。参见附录二。

还会认为在幸福生活中可以找到正确东西，还有比幸福生活更好的东西。但是，有什么样的论述比这样的论述更加执迷不悟呢？请告诉我！当他们认为恶有足够的能力让生活痛苦，那么，他们也就承认了德性有相同能力能够保证人的幸福生活吗？其根据是相反的事物可以逻辑地推出相反的结论。在此，按照要求，我来说明克里图劳斯（Critolaus）① 那个著名平衡理论的意义。他认为，一方面，善属于灵魂；另一方面，善也属于身体，善的事物则在人体之外物中。善属于灵魂这一点比善属于身体重要，也比地面上善的事情重要。

18. 那么，这位思想家或著名的色诺克拉底（Xenocrates）② 以及那些最有影响的哲学家们要阻止的是什么呢？他们竭力赞美德性。在他们看来，德性不仅是同幸福生活相关，而且也同最高的幸福生活相关。而对于事物，他们要么是藐视，要么是拒绝。事实上，如果不是这样的话，就会得出德性不起作用这样的结论。因为容易接受痛苦的人必然也很容易接受恐惧，恐惧是对预期即将到来痛苦的焦虑，而且容易接受恐惧的人也容易接受战栗、胆怯、畏惧和懦弱。③ 有时，这样的人应该会想到他会被击败。但是他没有想到阿特柔斯（Atreus）给他的生活准则：在生活中学习的目的就是不要自己被击败。一方面，正如我已经说过的那样，我们将谈到那个人不仅将被击败，而且还有可能会成为一名奴隶；另一方面，我们总是希望德性是自由的，总是不能够被击败的。因为如果德性被击败的话，那么，德性随之也就消失了。因此，如果德性能够给予好生活足够的帮助，那么，德性同样也能够给予幸福的人足够的帮助。要让德性足够地帮助我们生活，便是要求我们要勇敢地生活，因为勇敢能够足够地使得我们的灵魂高尚起来。其实，没有什么东西能够使得人恐惧并将人击败。据此，可以认为生活中也没有后悔、过失和障碍④，生活总是丰富的、完善的、富裕的。因此，生活总是幸福的。不过，德性可以极大地帮助人在生活中获得勇敢，因而也极大有助于幸福生活的获得。而愚蠢之人，虽然在

---

① 参见Ⅳ.§5。
② 参见Ⅰ.§20。
③ 参见Ⅳ.§19。
④ 斯多亚学派认为"智慧之人"是从来不会后悔的，也是从来不会出错的，他们从来不会改变自己的决定。参见§81。

生活中他也可以获得一些他贪求的对象，但是，他从来没有想过去获得充足的东西。只有智慧之人才能够总是去想得到充足的东西，因此，智慧之人绝不会出现自己后悔的事情。

19. 你认为伊利乌斯（C. Laelius）① 执政时期与他第一次被平民阶层拒绝之后之间有相似性吗？（当一个人既是智慧之人又是好人不去考虑选举时，拉伊利乌斯就是这样的人，这样，与其说好的执政官拒绝了平民不如说平民拒绝了他本人）。② ——选择性尽管如此，我还是要问你，你是不是会做出这样一种选择：你宁愿一次就选择拉伊利乌斯这样的人做执政官，而不是四次选择泰纳（Cinna）③ 这样的人做执政官。我不会怀疑你给出的回答。我保证我会私下谈到这个问题，而不会把这个问题公之于众的。因为有人可以这样回答：他不仅会选择四次执政而不是一次，而且很多卓越之人④在整个生命之中，他们还会在某一节时间中选择泰纳统治的。如果拉伊利乌斯要对人动手，他也会让他动手的人感到满意的。而泰纳却给出来了对于他同胞处决的命令，他要处决执政官屋大维（Cn. Octavius）、克拉苏（P. Crassus）、凯撒（L. Caesar）⑤ 这些人，而这些人都是在和平和战争中已经被证明具有优秀品质的人。他还要处决阿托里乌斯（M. Antonius）、恺撒（C. Caesar）等人。特别是阿托里乌斯（M. Antonius）。这个人是我听说过最雄辩的演说家。而恺撒（C. Caesar）则是我认为罗马人中教养、机智、高贵和优雅集一身的代表。可是，即便处死这些人的人，他自己就幸福吗？恰恰相反，在我看来，他仍然是痛苦的。这不仅是因为这样的行为本身就是痛苦的，而且还因为如此行为公认是痛苦的。⑥ 然而，公认的就是没有错的却犯了一个语言使用的错误。这样的错误用法误导了我们：因为我们说

---

① 拉伊利乌斯是小西庇阿的朋友，他被庞贝在公元前141年的执政官选举中击败。

② 艾米利乌斯·保罗斯（Aemilius Paullus）和波尔奇乌斯·加图（Porcius Cato）这样知名的罗马人也曾经被拒绝作为执政官的候选人。

③ 科勒里乌斯·泰纳是公元前87年泰纳革命的领袖。

④ 他又想到了恺撒。恺撒经常引用欧里庇得斯（Euripides）这些诗文：εἴπερ γὰρ ἀδικεῖν χρή, τυραννίδος πέρι κάλλιστον ἀδικεῖν, τἆλλα δ' εὐσεβεῖν χρεών。见《腓尼基的妇女们》第525节（Phone 525）。恺撒第一个妻子是泰纳的女儿。

⑤ 所有这些死亡都发生在公元前87年，马里库斯（Maricus）残酷统治的时期。

⑥ 就像在革命中泰纳所做的那样，他行使了军事权力但是没有考虑道德的要求。

公认某人的某种行为时,就是说他有权力这样做。①那么,请问,马里库斯(C. Maricus)② 与他的同伴卡图鲁斯(Catulus)一起战胜了辛布里人(Cimbri)而共享胜利荣耀的那一天,他幸福吗?这几乎是拉伊利乌斯(Laelius)问题的一个翻版(因为我认为他的苦恼同拉伊利乌斯很多地方都相似)。当他在内战中的胜利使得他愤怒时,他不止一次,而是多次答应了卡图鲁斯朋友们"让他去死"的要求。即便有这样的行动,这位听了不虔诚话的人还是比给出残酷命令的人幸福得多。于是,我们马上就会明白,顺从恶行比从事恶行要好一点。③ 现在提出一个同死亡实际目标紧密相关的小方式,就像卡图鲁斯(Catulus)所做过的那样。④ 而不像对待马里乌斯那样通过谋杀来获得声誉。因为谋杀使得这个人六次执政的名声毁于一旦,而且玷污了他最后的声望。

20. 狄奥尼修斯(Dionysius)⑤是叙拉古的一名暴君。他从 25 岁起就开始专制叙拉古,时间长达 38 年。在残酷镇压奴隶的同时,他将这个城市构建得特别漂亮。他为这个城市提供了很多资源,因而这个城市国家也很富裕。然而,那些值得信任的作家告诉我们,这个人自己却在生活上是非常节制的,可是在处理问题上又表现出了旺盛的精力。不过,从本性上说,他就是一个不择手段之人,也是一个不义之人。

这就是说,在那些能够清醒认识到真理人的眼里,狄奥尼修斯一定是非常痛苦的。因为他不能够确保他能够得到每一个他渴望得到的东西,即便是尽他一切都希望得到的东西,他仍然也有可能不能得到。虽然他出身名门,生下来的地位就很高(尽管权威对此说法不一,有两种说法⑥),虽然他同当时很多人物都有友好的关系,同亲人的关系也很亲密,在希

---

① 参见 Cor. 6.12. "对我说,一切事物都有法则,但是,我又是不会受到任何权力约束的。"

② 马里库斯(C. Maricus)和鲁塔提乌斯·卡图鲁斯(Lutatius. Catulus)一起于公元前 101 年在诺丁平原击败了辛布里人。他当过六次执政官,那一年是他第七次执政官时期。

③ 参见苏格拉底学派提出的"作恶比受恶要坏"这个说法(κάκιον εἶναι τὸ ἀδικεῖν τοῦ ἀδικεῖσθαι)。

④ 卡图鲁斯自己杀死了自己。西塞罗还想到了塔普苏斯(Thapsus)战役后马库斯·波西乌斯·加图·乌提色斯(M. Porcius Cato Uticensis)的自杀。这一自杀发生在公元前 46 年。

⑤ 老狄奥尼修斯是叙拉古从公元前 405 年到公元前 367 年的暴君。

⑥ 例如,有人说他是一个车夫或祭师的儿子。

腊，用那时流行爱的方式，他也吸引了很多年轻人。但是，他从来没有信任过他们中的任何人。相反，他还会打击那些关心他的人。他不仅将其中家境好的人变成奴隶，将仆人的名字都取消，而且他还让一些人成了难民和没有教养之人。于是，为了长期维持他的专制，他自愿选择将自己关在监狱中。而且他还对他女儿们进行剃刀教育，让她们知道他是不会将他的脖子让理发师任意摆布的。据此，年轻的公主们都要去做一些艰苦的工作，她们就像一个理发匠那样，剪掉他父亲的头发和剔除他父亲的胡须。当她们长大一点后，他就会拿着一个铁的器皿放在他那些感觉很好的公主们的手边，让她们用一个烧红的核桃壳烫他的头发和胡须。他有两个妻子，一个是他自己城市里的亚里斯托马克（Aristomache）；另一个是洛克里斯的朵瑞斯（Doris of Locris）。这两个妻子都只能在晚上去看她们的公主。她们会在狄奥尼修斯来到之前提前监督和检查公主们房间的每一个角落。他睡觉的卧室周围是被一条沟围绕，进入卧室需要过一座小木桥。据说他经常拉起这个小木桥，经常将他卧室的门关上。① 他也不敢冒险来到公共场所进行演讲，只能在高耸的塔上向人民演讲。一旦他想玩球（因为这是他休闲的方式），他就会来到他的地下室。据说在这里他看到了一个年轻人，他就用剑刺杀那个年轻人。他的一位同僚奉劝他说道："至少在这里，你是能够完全放心生活的。"那个年轻人笑了，这时狄奥尼修斯有两个选择，一个是正如他想的那样，选择一个对自己有利的方式；另一个是接受这个劝说和微笑。此刻，他感到了他一生中没有过的痛苦，因为他特别喜欢让人去死。因此，这个不能够控制自己情感的人其实始终处在矛盾之中：选择一个，则必须就会放弃另外一个选择。

然而，这位独裁者是不可能做出他真正需要什么样幸福的判断的。

21. 当狄奥尼修斯的一个吹捧者，他的名字叫作达摩克利斯（Damocles），在同他谈话时，这个吹捧者详细赞美了他的军队、力量、宏伟的专制、雄厚的财产、庄严的宫殿等，并认为没有人能够比狄奥尼修斯更幸福，狄奥尼修斯说道："达摩克利斯，在你看来，我的生活好像是非常快

---

① 阿米亚努斯·玛尔塞利努斯著的《晚期罗马帝国史》（*Ammian. Marcell*）中第16段（XVI.）8.10节上说："Aedemqiue brevem, ubi cubitare sueverat, alta circumdedit fossa."这也是最早的"达摩克里斯之剑"这一说法的出处。

乐的，那么，你本人愿意试试这种生活的味道，也试试我这样的好运吗？"当达摩克利斯承认他确实有这样的愿望时，狄奥尼修斯就让他坐到了他金黄色的长沙发上。这个沙发上盖有漂亮纹饰的挂毡，挂毡上绣着华丽的图案，沙发的旁边还有几个带着高级金银做成盘子的餐柜。桌子边也站着一些经过挑选非常美丽的男孩。这些男孩被命令站在那里，用一种非常专注眼神注意他的表情，期待着他的到来。四周都是香气和花环，还点燃了一些香烛。桌子上摆满了佳肴。达摩克利斯本人认为现在的他就是一个非常幸运之人了。在这个安排进行到中间时，狄奥尼修斯从房顶上取下了一把沾有马毛的闪闪发光的剑，然后放在了幸福的达摩克利斯的脖子上。现在这个人既不敢去看那些美丽的陪伴人，也不敢再看那些昂贵的盘子，甚至都不敢用手靠住那张桌子。此刻，那些花环已经从原先整齐的地方滑落下来，最后，达摩克利斯只得请求这个独裁者放他走，因为现在他已经完全知道他没有希望得到幸福了。狄奥尼修斯好像（他不是这样的吗？）公开承认过，受到威胁警告的人是不会得到幸福的。而且对他来说，他再也无法回到正义之路上去了。因此，他也不会将他臣民的自由和权利归还他们。这可能是从他年轻就考虑不周的原因，他一直都被如此的错误观念所缠绕，并做了一些事情而受到惩罚。然而，如果一旦他变得明智，他的很多行为，即便从安全上说，都是不可能做出的。

22. 然而，他特别害怕那些不忠诚的朋友。他认为非常需要向他们指出那两个毕达哥拉斯主义者的结局。[①] 其中一个接受了必死的判决，而另一个则在审判他的那个时刻提出他不应该去死："在你的朋友关系中。"他说道："我能够有第三种选择。"因为他不可能完全切断他同朋友之间的亲密关系、完全终止社会生活的共享、彻底失去交往的自由，这些对他来说，都是特别痛苦的！尤其是对于从小就受到人文精神指导和训练的人，在这些情况下更是如此。事实上，我们听说他是一个热情的音乐家，我们还听说他也是一位悲剧性诗人——在人文精神上，他比其他人受到的熏陶更多，但是，他又更加地不顾及人文精神。也不知道为什么，所有人都认为他的作品是非常优秀的。到目前为止，我从来都不知道这个诗人

---

① 达蒙（Damon）和菲恩提亚（Phintias）。达蒙因为密谋反对狄奥尼修斯而被判处死刑。而菲恩提亚则因为审判他时，他的一个朋友到场而获得了保释。

[我同阿奎里乌斯（Aquinius）① 共同的朋友们也不认识］。这个诗人自己却认为他不是最好的诗人。这是诗人们采用的方式——"诗人是通过作品受到赞美的。诗人是不能够自己赞美自己的"——不过，还是回到狄奥尼乌斯上来说吧。他否认所有公民生活的精神享受，他认为公民生活是同失控、罪恶和阻碍等联系在一起的。他认为没有人既能认识到自由是值得的价值目标，又希望自由仅仅是作为他的一个朋友而已。

23. 我确实没有将这个人的生活同柏拉图或阿契塔（Archytas）② 这样具有知识的智者进行过比较。因为从这个人的生活中，我能够想到的只有恐怖、痛苦和可恶。从那些古代几何学家使用过的黑板上的痕迹和他们用来测量不明物体的仪器，我就能够回想到一个在哲学上无足轻重的人：阿基米德（Archimedes）。③ 当我在做财务官时④，我还去吊唁过他的墓碑。一般的叙拉古人都不知道阿基米德这个人（因为他们都不承认有这样一个墓）。我发现那个墓的四周布满了野草，荆棘丛生。因为我记得几句打油诗，那是我听说的，这几句打油诗说阿基米德墓的顶上有一个半球，半球上树立了一个圆柱。因此，在我仔细看了这个墓的周围后［因为在这个墓中的阿基利根体勒大门（Agrigentine Gate）的质量还是算好的］，我发现有一个比周围灌木高一点的圆柱，在上面有一个半球的标志和一个圆柱的标志。因此，我马上告诉陪我去的锡拉库萨人（因为他们的首领在陪我），我相信我现在找到的这个墓就是阿基米德的墓。首领派了几个带有镰刀的奴隶来这里，准备清除墓地地基的障碍物。当打开墓地时，我们发现了那个墓地有一块地基。地基上有一首讽刺诗，但是，这首讽刺诗大约有一半的文字依稀可见，后面的部分都已经腐烂，完全看不到

---

① 阿奎里乌斯（Aquinius）是一位糟糕的诗人。参见卡图鲁斯（Catullus）第 14 首诗第 18 行 Caesops, Aquinos, 凯西乌斯、阿奎努斯们或苏费努斯, Suffenum Omnia Colligam Venena. 买断了所有这样毒药般的诗。阿奎里乌斯（Aquinius）和阿奎乌斯（Aquinus）是名称相同的两种形式。

② 参见Ⅳ. §78。

③ 阿基米德是在公元前 212 年马色鲁斯占领叙拉古那一年被杀死的。西塞罗认为他并不是哲学家。他留下的痕迹（Duty）是这位古代几何学家在黑板上写下了一些数字。参见Ⅰ. §63。根据普鲁塔克说法，阿基米德生活在马色鲁斯（Marcellus）时代，他是一位皇室人员并是赫尔柔国王的朋友。

④ 西塞罗公元前 75 年在利利巴厄姆（Lilybaeum）做财务官。

字迹了。所以，你看，在希腊城邦中最著名的城邦之一中确实曾经有过一个伟大的学术流派。但是，这个城邦忽视了这个墓地以及这个墓地中那位才能卓越的公民。他同人们认为那个在阿平兰（Arpinum）① 出生的那个人不同。不过，我们已经跑题了，还是让我们回到我们讨论的题目上来。如果人乐意同女神缪斯（Muses）密切联系起来，这就是说，人接受了人文教育和教养的话，那么，在全世界中有谁会不选择数学而去选择暴君呢？如果我们研究一下人们快乐和生活的态度的话，那么，我们就会发现一些人用研究科学问题来滋养自己的心灵，喜欢锻炼心灵上的技巧——这是一种最为丰富精神食物——而另一些人的心灵中则总是会去想谋杀和暴行，这样的心灵总是日日夜夜都伴随着恐惧。把德谟克利特（Democritus）、毕达哥拉斯（Pythagoras）、阿拉克萨戈拉（Anaxagoras）与狄欧尼色乌斯（Dionysius）作一下比较吧。在研究他们感到的快乐中，你认为他们会喜欢什么样的王位、什么样的力量呢？在你的研究中，"最好"一定应该有一个地方，这个"最好"的地方就在人身上②的某个部位。但是，在人身上有比明智和善的心灵更好的东西吗？如果我们希望能够幸福，那么，我们就应该欣赏心灵中的善。因此，心灵上的一切都是可爱的、光荣的、善的。③ 我已经在前面说过这些了④。然而，我还要再一次说，这些完全都是快乐，而不是过度膨胀。由于幸福生活来自不间断的快乐是很明显的，因此，幸福生活也就是来源于德性的（rectitude）。⑤

24. 我们试图想通过辩论去获得我们希望得到的真理。眼前我们也应该找出获得真理的动因，那就是我们更乐意了解真理的认识并更多的理解

---

① 拉丁地区的阿平兰是西塞罗的故乡。参见§74.。这也是马略的故乡。
② 人身上最好的部分就是人的心灵，心灵上的善就是德性，也是我们研究中的"至善"。
③ 参见菲力普斯（Philippians）4.8。
④ §43.
⑤ 拉丁词 Honestas 或 Honestum（德性，指人的荣誉；指物的美），西塞罗有时也用 Rectum，很少用 Pulchrum 来对应希腊文的德性这个词"τὸ καλόν"（美）（德性）（Ηθικός χαρακτήρας ηθικής, Rrete）（道德善）。它的反义词是"Utilitas"或"Utile"，即"功利"，其含义是"利己或合算"（Expediency）。在他的《论至善》（De fin.）一书中的Ⅱ.14.45节里，Honestum（德性）被定义为："我们认为德道价值是这样的东西，虽然缺乏实用性，但它愿受人赞美正是出于其自身，因为其自身，而不在于任何益处或报偿。"（Quod tale est ut detracta omni utiliatate sine ullis paremiis fructibusve per se ipsum possit iure laudari.）。参见《论至善与至恶》，第58—59页。从本性上说，人都是渴望自我保护的，都是具有理性，都要追求真理，都具有秩序和规则感，这些都是德性的构成因素，《论义务》（De Off.）Ⅰ.4.参见《西塞罗文集》（政治学卷），第329页。"德性"（Honestum）这个字来源于 Honor, Honos，参见Ⅱ.§58。

其中的意义。让我们假定一个才华横溢的人具有很好的品质，此刻我们就会想到这样一个画面：首先，这个人应该是具有杰出的智力，因为在平庸的心灵中是很难发现德性的；其次，他应该具有追求真理的炽热热情。由此会在心灵上产生这样三个明显的结果[1]：第一个结果主要是认识世界、解开自然的秘密；第二个结果是找出生活的规则以及生活中需要采用或者避免那些原则；第三个结果就是判断。判断出哪些行为是需要服从的，哪些是不能够服从的。总之，争论的巧妙和判断的真理都是同心灵相关的。因此，智慧之人的灵魂应该是快乐的，研究便成为他们生活的内容。他们耗尽自己的生命，日夜都在从事着研究。例如[2]，他发现了整个天体[3]是运动和旋转的，发现无数的星星都是和谐地固定在天空之中，围绕着一个天穹运动的。每个星星都占有它们各自的位置，另外七个行星保持着它们自己的运动轨迹。尽管它们的大小不一，距离不同。然而，它们令人惊讶的运动表明了它们在空间中的位置和变化的规则性——无疑，正是这些天文景象激励了先人们去深入研究这些天体的运行。[4] 因此，要不断地去研究开端的问题，因为它们是同万事万物的起源、传播和成长等相关的问题。想要找到每一种事物，无论它们是有生命的还是无生命的，无论它们是有声的还是无声的，不管它们是会死亡的，还是可以从一种事物变化或过渡到另一种事物等的开端问题。还要研究地球的起源、重量保持平衡[5]、什么样的洞穴能够支撑着大海[6]等问题，甚至还有人去认识重力可以使得所有的物体都趋向于地球的中心，那是这个球形的最低点[7]等问题。

---

[1] 按照斯多亚学派的分类，哲学是由自然学、伦理学和辩证法构成的。而按照伊壁鸠鲁学派的看法，哲学仅仅是由自然学和伦理学构成的。

[2] 自然学。

[3] 参见 I. §28。

[4] 泰勒斯、赫拉克利特、阿拉克西米尼、阿拉克西曼德。参见 §10。

[5] "Aeris vi suspensam cum quarto aquarum elementlibrari medio spatio tellurem"，参见老普林尼的《自然史》中的历史章第2节第4段（Plin. Nat. Hist. II. 4）。

[6] 地球上是由洞穴和通道的，因为水是通过它们流动的。*Lucr.* V. 268。参见卢克莱修的《物性论》，方书春译，商务印书馆2012年版，第303—304页。

[7] 在这个球体上，中心是最低的。因为天上的物体都是下落的。这样，在宇宙中的地球里的物体才能够运动。自然总是指导重物都是要落向最低点的。参见 I. §40。在但丁的地狱（Dante's Inferno）中，撒旦（Satan）就位于中心的位置（Al qual si traggon d'ogni parte I pesi）。

第五章　论德性对于幸福生活是自足的

25. 在日夜沉思时，灵魂应该具有这样的认识：那是德尔菲神庙①中告诉我们的那句话，即心灵应该认识自己，从而应该同神圣的心灵相一致。这是一种不能够抑制的丰富多彩快乐的来源。当灵魂看到在那条必然的因果链条上事物的原因总是相互联系着的时候，那时灵魂就会摆脱生命长短的限制去反思诸神本身、本性和能力。这就会引起灵魂对永恒追求的欲望。这时，人们对从永恒到永恒的思考都是由理性和理智决定的。由于智慧之人看到了人的这种状态以及其他的一些状态，更确切地说，智慧之人即便是看到了世界的所有部分和地区，他的灵魂也是平静的。据此，他又会去反思人的灵魂为什么会有这样的问题，更深入地去研究人的行为，这就是智慧之人的德性知识。②

德性的种类有很多。德性研究就是要发现其中的本性和善的最终目的以及恶的最终根据③、选择出我们义务的对象、生活方式中的法则等问题。通过对这些问题以及相似问题的研究，我们会得到一个基本的结论。这就是我们这次讨论的目的。这个基本的结论就是德性对于引导幸福生活来说是自足的。

辩证法广泛地涉及了智慧领域中所有问题。例如，事物的定义、事物之间的区别、判断真假——理性的技艺和学科等。除了特别丰富的判断外，辩证法还要涉及那些具有智慧价值高贵的快乐等问题。但是，这样的讨论是需要有闲暇时间的。现在让我们假定这个智慧之人始终坚持认可公共幸福④，因为他的精明表明了作为公民，他确实具有一些优势，他的正义阻挡他为他自己的家庭获得特殊的利益，在践行不同德性的实践方面上，他又是很坚定的，那么，这些过程中什么样的东西让他能够成为最优秀的呢？另外，从不智慧人们之间的友谊⑤而得出的结果表明，在生活过程中，执政官不仅应该具有同这些人相同的思想和看法，而且还要有日常社会讨论中所具有的卓越魅力。满足这样的生活后就是幸福的吗？生活里的快乐是很丰富和强烈的，运气一定会来到的。因此，如果在如此善的灵

---

① Ⅰ.§52.
② 伦理学。
③ 在《论至善和至恶》一书中，西塞罗讨论过这个问题。
④ 政治学。
⑤ 参见《尼各马可伦理学》，第259—262页。

魂中，即具有德性的灵魂中，能够愉快地形成幸福；如果所有智慧之人完全经历了这样的快乐，那么，我们一定会承认这些智慧之人是幸福的。

26. A：甚至他们在绞刑架上受到折磨时也是如此吗？

M：那你认为我是说智慧之人是睡在紫罗兰和玫瑰花上面的吗？或者是说那个戴上哲学家面具并提出了这个问题的伊壁鸠鲁（我认为伊壁鸠鲁尽管不够坚定，但是，这确实是他真实的想法），在考虑智慧之人面对火烧、刑场、凌迟等痛苦情况时，他会认为智慧之人是不会大叫"这些看起来都是正常的"，特别是当伊壁鸠鲁将恶限定为痛苦，善限定为快乐时。

他模仿了我们对"高尚和卑鄙"关系的认识。他说我们不停地说话，而说出来的话语都是一些没有任何意义的废话。除了对我们身体感觉的粗糙或细腻感兴趣外，我们还会对任何其他东西感兴趣吗？我们能够允许那些不同于动物依据本能进行判断的智慧之人，在这样的时刻，即他认为善恶由时运所决定的时刻，他会忘记自己而藐视时运吗？这就是说，在无情的折磨之中和在刑场上，智慧之人也是幸福的。因为痛苦不仅是最坏的恶，而且也是唯一的恶吗？他绝没有为他自己提供那些有助于忍受痛苦的方式。这些痛苦可能是灵魂的痛苦，也可以是对卑鄙感到羞愧的痛苦。也有可能是由于他没有足够的习惯性实践的耐心，也没有进行过坚韧和刚毅的训练等。智慧之人只是说他能够通过回忆过去快乐而得到平静，就好像在炎热的夏天高温下，一个人要用很大的毅力来忍受闷热时，他会想起在我的故乡阿尔皮诺（Arpinum）的小溪①里用冰凉而舒适的水来洗澡的事情。因为我不认为过去的快乐中有可能包含有现在的恶。如果智慧之人选择对自己进行约束的话，那么，他就没有理由这样说了。当这个人说智慧之人总是幸福的，那么，他是说人们希望智慧之人会考虑德性的善而不会考虑其他有价值的东西了吗？

对我而言，我愿意说以前漫步学派和老学院派都提出了一个目的，尽管有时他们对目的的一些表达并不是很清楚，但是，他们有勇气公开大声地说，过幸福生活屈服于兰拉里斯的公牛。②

---

① 这条小溪是指菲波瑞乌斯（the Fibrenus）。

② 参见 II. §17。

第五章 论德性对于幸福生活是自足的

27. 显然有三类善的事物（为了最终从我已经认识到的斯多亚学派那个明显的精妙困境中摆脱出来，我将要做更多同我通常不一样的工作）。如果你认为这些善的事物是存在的，那么，你仅仅需要证明身体的善和外部的善都是地上一些微不足道的善，它们都是被选择①出来并命名为善的。而另一些神圣的善②才是影响深远而广泛的善，因为它们是神圣的。为什么我不能向人说明人只能得到幸福而不能够得到最高的幸福呢？

然而，智慧之人会特别畏惧痛苦吗？③ 按照我们痛苦是幸福生活的主要障碍的看法，为了应对死亡，我们自己和我们的亲人都要消除灵魂上的痛苦和其他一切灵魂的纷扰。我认为在前几天的讨论里，我们已经围绕这个问题进行了论证：痛苦好像是德性最大的敌人。它很容易爆发，威胁着灵魂，让灵魂的刚毅、崇高以及忍耐性慢慢地减弱。

那么，德性对于痛苦有什么作用呢？智慧之人和平静之人的幸福生活会产生痛苦吗？痛苦就是堕落，上天的诸神！当斯巴达的孩子们④身体受到意外痛苦打击时，他们是不会哭喊大叫的。我亲眼看过斯巴达（Lacedaemon）最年轻的军队战斗时表现出来的那种不可思议的顽强。在战斗中，他们使用手脚、指甲甚至是牙齿，都要战斗到底而绝不承认被打败。什么样的野蛮国家在粗鲁和野蛮方面能够超过印度（India）呢？首先，在印度人中有一种人被认为是圣人。⑤ 他们不穿衣服，能够忍受住兴都库什山脉（the Hindu Kush）的冰雪和严酷冬天而没有痛苦。当他们自愿用火烧死他们自己时，他们是没有任何怨言的。而当妇女们之中任何一个人的丈夫过世后，她们相互之间就会竞争，以便决定哪一个才是丈夫最喜欢的（因为一个男人通常不止一个妻子）。那个获胜的妻子就会在她亲人的安排下，快乐地同她死去的丈夫一起走上柴火架上，接受火葬。而被击败

---

① "Sumenda"是同"Product"相同的。参见§47。这就回答了斯多亚学派的"προηγμένα"这个问题。Sumenda 同于 Producta，参见§47，对应于斯多亚学派的 προηγμένα。

② 即灵魂的诸善。

③ 痛苦是该书第二部分的主题。在那里，他没有提出这个问题。因此，这部分之后，西塞罗会再来谈论这个问题。不过，还可以参见§118。

④ 参见Ⅱ.§34。

⑤ 西塞罗在这里说的是虔诚的婆罗门（the pious Brahman）人生活的最后时期。在这个时期，虔诚的婆罗门人会成为隐士和乞丐。对于卡兰鲁斯（Callanus）可以参见Ⅱ.§52。

的妻子则只能悲伤而平静地看到这样的场景。习惯竞争肯定不是自然的①，因为自然是不会竞争的。对我们来说，我们已经用逍遥的隐士、奢侈、安逸以及松散懒惰败坏了我们的灵魂。由于接受了一些虚假的信念和坏习惯，我们现在已经失去了活力，变得软弱起来了。

谁不知道埃及人的习惯呢？他们的心灵受到了低级迷信的影响，因而完全能够忍受痛苦而不会伤害朱鹭、毒蛇、猫狗和鳄鱼。他们甚至不情愿做任何会受到报应的事情。因为他们相信如果做了这些事情，将来他们会受到惩罚的②。这里我说的是人。但是，对于动物呢？难道它们不会经历寒冷、饥饿，在山上乱跑、在森林里到处露宿吗？不过，由于即便是幼小的动物都是如此的凶猛，以至于当它们受到了伤害，就会因为害怕攻击而跑掉，无论这是什么样的攻击。难道说它们还不能反抗吗？我以为这些都是大家知道的。杰出之人是靠顺从而赢得荣誉的，一般之人是靠对荣誉的渴望而获得荣誉的，靠对爱情的狂热而得到满意的情感的。生活中这样的实例是很多的。

28. 让我们来检查一下我们的论证，还是回到我们离开了那个话题。我认为幸福生活本身也是一种折磨，因为需要培养正义、节制以及同刚毅相关的德性，还要培养灵魂的高贵，甚至当看到刽子手的脸时，还要保存忍耐。当用这些德性去面对痛苦时，当灵魂处于无畏状态时，这时的幸福生活就不会是像在监狱入口门外的幸福了。正如我已经说过的那样。③

按照这样光辉的指导，还有什么是更为可恶的，更为恶劣的吗？当然是绝对没有的。因为没有德性就没有幸福生活，没有幸福生活就没有德

---

① 这就是说并不需要认为习惯会战胜自然，也不需要认为印度人是不能够感到寒冷和酷热的。习惯会使得他们勇敢地面对痛苦。而罗马的习惯现在正在使得罗马人失去活力，变得软弱起来。我们可以将塔西佗（Tacitus）提到的在他那个时代的罗马人作为对立面，同日耳曼中的德国人（the Germans in Germania）进行比较。ch. 19. 参见［古罗马］塔西佗《阿古利可拉传日耳曼尼亚志》，马雍、傅正元译，商务印书馆 2018 年版，第 56 页。

② 参见希罗多德《历史》第 2 卷第 65 节（Hdt. II. 65）：" 如果有人杀死了一只圣兽，如果他是故意的，他就要被处以死刑；如果是误杀，那他就要按照祭司所开出的罚单，赔付相应数量的罚金。"（τὸ δ' ἄν τις τῶν θηρίων τούτων ἀποκτείνῃ, ἢν μὲν ἑκών, θάνατος ἡ ζημίη, ἢν δὲ ἀέκων, ἀποτίνει ζημίην τὴν ἂν οἱ ἱρέες τάξωνται）. 参见希罗多德《历史》，徐松岩译注，北京世纪文景文化传播公司 2018 年版，第 104 页。

③ 参见§13。

性①，这是当然的。因为当他们遭到任何痛苦和折磨时，他们都不会回避，而是会很快在德性的引导下去面对它们。因为这是智慧之人做事的特点，他做了事就绝不会后悔，任何事情都不能够改变他的意志，他做任何事情的方式都是一贯的、冷静的、正确的，他从来都不会希望任何事情：要么是会必然出现的，要么是让他感觉惊奇的，尽管在感觉上好像这样的惊奇是绝对存在的。因为他认为感官上感到的事情都会有意外和奇特的性质。他把所有事情都纳入他自己的判断之中，并根据他自己的决定来进行判断。我确实不能够设想有什么东西比幸福更重要了。斯多亚学派获得这个结论是容易的。因为他们认为，按照自然以及与自然的和谐一致，幸福就是生活中最高的善。因为这不仅是智慧之人要履行的义务，而且也是智慧之人的能力能够证明的。因此，对于智慧之人来说，必然会要求他们在他的能力中要包含主要的善。他也有能力过上幸福的生活，因此，一般会认为智慧之人的生活总是幸福的。现在你知道这样的看法了。我认为幸福生活不仅是最勇敢的生活，对此——除非你能够提出更好的建议——而且也是最真实的生活。

29. A：我已经没有更好的意见了。但是，我很愿意你提出一些意见，如果这对你不是很麻烦的话（因为任何确定的哲学流派都不能改变你的思想，因为你分析过所有打动过你的那些类似真理的思想）②。接着，你就会认为漫步学派和旧学院派有勇气公开而没有任何保留地说智慧之人总是绝对幸福的。这是我愿意听到的。你认为他们这样说肯定是一致的。但是，如果根据斯多亚学派通过推论而得出的结论，你前面已经说到，他们思想中的很多看法是同这里所讲出来③的看法是不一致的，甚至它们之间是相互对立的。

M：现在请给我一点自由，让我专门来讲讲我属于的哲学流派的思想。这一流派所提出的任何思想都不是确定的，它只是涉及了这个领域。④ 这样，它就可以展现出其他学派对于幸福生活认识的长处，而不会将任何人的感觉看作权威。由于好像你希望提出这样一种观点：不管是什

---

① 他已经严格地给予了论证。
② 参见 II.§9。
③ 智慧之人是幸福的但是还不是最高幸福之人。参见§22。
④ 参见§11。

么样对立的学派，它们都会认为善恶是有限度的①，否则的话，德性对于幸福生活就是完全有保障的。据说卡尔尼德斯（Carneades）② 以前提出过一个命题——他用他自己的方式激烈地反对斯多亚学派的观点。对于斯多亚学派，他总是非常渴望进行反驳的。对于斯多亚的告诫，他感到非常愤怒——而对我来说，我会平静地对待他们的问题。不过，如果斯多亚学派能够正确地论述善③的限制，那么，这个问题就可以得到解决：智慧之人总是幸福的是必然的。不过，如果可能，让我们去研究那些残留下来的哲学学派中每一种单一的观点，以便让幸福生活的高贵教导可以同这些观点和他们所教导的思想相吻合。

30. 在我看来，这些保留下来关于善的"限制"或"界限"看法还是有一些道理的。首先这些看法可以概括成四种简单的形式：只有道德上正确的事物，才能够是善的事物，正如斯多亚学派说的那样；只有快乐才是善的，正如伊壁鸠鲁说的那样；只有毫无痛苦才能够是善的，正如漫步学派的希罗尼穆斯（Hieronymus）说的那样④；只有本性上最高的快乐才是善。⑤ 这些善要么全部都是善，要么是其中的一部分是善，正如卡尔尼德斯反对斯多亚学派时所说的那样。这些看法都是单一的；其次是它们又可能是混合的，因为存在着三种善⑥：灵魂的善是最高级的，其次是身体的善，最差的是外部事物的善。漫步学派和老学院派都坚持这样的观点。狄罗马库斯（Dinomachus）和卡里佛（Callipho）⑦ 将快乐同品行端正联系起来，漫步学派的狄奥多罗斯（Diodorus）⑧ 将痛苦同品德相分离，这都是一些具有可靠证据的观点。因为阿瑞托（Arito）、菲瑞赫（Pyrrho）、

---

① 这意味着可以达到最高的点，正如在 II. §3 节中，"Sperandi finis" 就是希望达到的最高点。而 "Finis dicendi" 则是人们谈到的最好的。"Finis bonorum" 是主要的善，而最高的善是 "The summum bonum，τἀγαθόν"。

② 参见III. §54。卡尔尼德斯同意德性对于幸福生活是自足的，但是他不同意道德上正确的就是唯一的善。参见 §33。

③ 它就好像是一块边界石一样，上面刻有"邻居之间的生活边界"（Finis Posiverunt Vicini），用来表明一个领域的边界。

④ 参见 II. §15。

⑤ "τὰ πρῶτα κατὰ φύσιν"，即身体和灵魂上的礼物。

⑥ 参见 §21.

⑦ 居勒里学派的哲学家。

⑧ 克里图劳斯（Critolaus）的学生，属于漫步学派。

第五章　论德性对于幸福生活是自足的

赫瑞鲁斯（Herillus）① 以及其他一些人的观点已经消失了。如果让我们站在斯多亚学派的立场来看看他们能够为了我们做些什么，那么，我认为我已经得到了充分的证据。除了他们之外，漫步学派的情况也是很清楚的：除了痛苦的事情不能做外，因为他们特别害怕和讨厌痛苦，泰奥弗拉斯托斯（Theophrastus）② 和他的追随者认为，人不管是做什么都是会被允许的，就像他们平常做的那样。这就是说，人做的都是在提升德性的尊严和伟大。当那些具有雄辩才能的人将德性同上天相关联时，他们很容易鄙视地上的一切，包括痛苦而只看重德性。因为他们并不赞同用痛苦为代价来获得名声。也不赞同否认生活的目标就是幸福的观点。因为虽然他们也谈到了一些恶，但是，他们认为幸福这个术语的含义是广泛而深远的。

31. 如果想避免损失，如果想避免因为恶劣气候而导致的危险，那么，我们就不会有"商业"这个词。因为"商业"这个词是同利益和农产品的生产相关的。同样地，如果在生活领域中的每一个方面都有很多丰富的内容，我们就可以将生活称为幸福。幸福生活中不仅充满了很多好事，而且在生活领域里和不同的生活方式上也有无数我们称之为好的东西。因此，有些哲学家③通过推理论证了幸福生活是同德性相关的，即便生活中有痛苦，即便生活中伴随有法拉里斯（Phalaris）的公牛。④ 根据亚里士多德、色诺克拉底（Xenocrates）、斯珀西波斯（Speusippus）、波列蒙（Polemo）⑤ 等人的权威看法，任何威胁和贿赂都不能够让我们放弃德性。卡里佛（Callipho）和狄奥多罗斯（Diodorus）也是这样认为的。他们两人都如此热情地信奉正义这样的德性。他们认为在一切事物中那些还没有具有这样正义德性的事物也都会努力地去追求正义的德性。另一些人好像陷入了某种困境。但是，他们还想努力摆脱这一困境——例如，伊壁鸠鲁和希罗尼穆斯（Hieronymus）以及那些被认为支持抛弃可怜而低劣的卡尔尼德斯人。因为他们中没有人会认为灵魂是一位真实判断善的法

---

① 阿瑞托（Arito）和菲瑞赫（Pyrrho）可以参见 II．§15。迦太基的赫瑞鲁斯（Herillus）是一位斯多亚学派的人，也是芝诺的门徒。
② 参见 §.24。
③ 漫步学派和老学院派的哲学家们。
④ 法拉里斯的公牛。参见 II．§17。
⑤ 参见 §30。

官，他们也不会教授善，从而鄙视那些仅仅同善或恶相似的事情。你所想到的就是伊壁鸠鲁所考虑的情况，也是希罗尼穆斯和卡尔尼德斯将要考虑到的情况，还有一些人也是如此。

相信我吧。他们中有没有人充分论证了反对死亡或痛苦吗？如果你愿意，现在让我们开始来谈论一下那些我们称之为柔弱之人或"酒色之徒"之人吧。① 你认为这些人害怕死亡或痛苦吗？他们称他们自己的死亡是幸福的。在面对巨大痛苦时，他们会利用自己发现的那些看起来像真理的思想来具体地减轻这些痛苦。他们的思想并不是胡言乱语。从他们的死亡观点来看，他们认为随着生物的死亡，生物感觉也消失了。为此，他们认为，由于没有感觉，所以，死亡就同我们无关了。② 他们还提出了一些应对痛苦的原则。③ 降低痛苦的程度和持续时间便可以减少痛苦。当面对因时间很长、程度巨大这两种原因而形成的痛苦时，你那些自大的朋友④能够比伊壁鸠鲁做得更好吗？你认为伊壁鸠鲁以及其他一些哲学家们完全没有准备应对那些被认为是恶的事情吗？什么样的人完全不畏惧贫穷呢？只有哲学家能够做到。

32. 因此，伊壁鸠鲁对此是很不满意的！因为没有人会去思考朴素的生活。就拿人们对金钱的渴望这类事情来说吧。金钱确实是获得爱情、获得雄心以及人们日常开销的手段——但是，除了金钱同这些事情相关之外，为什么人还会感到需要金钱而不会对金钱感到一点烦恼呢？是不是有可能像塞西亚的（Scythian）阿纳卡尔色斯（Anacharsis）那类人认为的那样，金钱是毫无作用的呢？对于像我们一样，在国家中的哲学家也没有可能对金钱感到烦恼吗？对于这样的问题，阿纳卡尔色斯在一封信里是这

---

① 参见 II. §45。

② "要习惯于相信死亡与我们无关。所有的善和恶斗都在感觉中，而感觉的丧失就是死亡。因此，正确认识到死亡与我们无关，就能够让我们享受生命的有死性。"第欧根尼·拉尔修的《明哲言行录》第 10 卷第 124—126 节。

③ "过度的痛苦不会持久因而无须害怕。"普鲁塔克的《道德论丛》第 1 卷中的《论学诗》第 36 页 B 段（De Aud. poet., p. 36B.）。参见《道德论丛》（第 1 卷），席代岳译，吉林出版集团有限责任公司 2015 年版，第 89—90 页。还可参见 II. §44。

④ 指斯多亚学派。

样说道[①]："尊敬的汉诺（Hanno），我的衣服是西亚人的斗篷，我的鞋子就是在我脚上盖上的一层很薄的鞋底，我的床就是大地，饿了就吃，我是靠牛奶、奶酪和肉类东西生活的。因此，你可以认为我是过着平静生活的一个人。如果你愿意赠送一些礼物，那么，要么是送给您的公民，要么送给永恒的诸神。"几乎每一个学派的所有哲学家都表达了这样的精神，当然不包括那些厌恶正确理性、本性已经败坏的哲学家。当大量的金银整齐地堆放在面前时，苏格拉底说："我根本用不着这些东西！"[②] 当大使们将亚历山大国王的40塔仑（Talents）带给色诺克拉底（Xenocrates）[③] 时，在那个时代，这是一大笔钱。色诺克拉底邀请大使们同他一起走到学院里吃晚饭，在大使们面前，他表现得从容自若，没有表现出一点喜悦。第二天，大使们问他，他有没有找人点过这笔钱，"什么，"他说道："难道昨天那顿家常便饭没有告诉你们，我根本就不需要那笔钱！"当他看到大使们的脸色不快时，为了避免嘲弄了国王的慷慨，他象征性地收取了30米那斯，这是很少的一点钱。而第欧根尼[④]则表现出了犬儒派那种坦率的特征。当亚历山大国王问他需要什么东西时，他说到现在他只是希望："您靠边一点，不要阻挡了我的阳光！"[⑤] 显然，亚历山大国王干扰了第欧根尼的晒太阳。其实，他想要表示的是，即便同波斯国王的生活条件比较，他的生活也是更好一些的。因为第欧根尼认为他的生活是不需要什么的，而国王的生活是什么都不能够满足的。他绝不会失去国王从来都没有想过的快乐，国王也绝不可能享受一个哲学家的快乐。

33. 我想你已经发现伊壁鸠鲁对欲望进行了分类，或许这种分类不是

---

① 这封希腊人的信现在还存在，不过，它是由斯多亚学派的人伪造的，用来说明阿纳卡尔色斯的巨大影响。

② "当他看见很多待售的货物时，经常会这样对自己说'我不需要的东西有这么多呀！'"第欧根尼·拉尔修的《明哲言行录》第2卷第25节。

③ 参见 I.§20。

④ 参见 I.§104。

⑤ "很好，请你站开一点，不要挡住阳光。"普鲁塔克的《希腊罗马名人传》第2卷第17篇第1章第14节。参见《希腊罗马名人传》第2卷，席代岳译，吉林出版集团有限责任公司2013年版，第1208页。

太准确，但是，它仍然是一种可行的方法。① 伊壁鸠鲁认为，第一类的欲望是同自然和必需相关的，它们中有一些是自然的又是必需的；有一些是自然的但是不是必需的；还有一些既不是自然的也不是必需的。对几乎所有事情的"必需"来说，它们都要满足快乐这个条件。因为快乐是这些事情本性所决定的。② 他认为第二类欲望是那些既不是太难满足，也不是那些理所当然地就能够满足的欲望。第三类欲望就是那些应该完全拒绝的欲望。因为它们是完全没有意义的，既不是必需的，又是同自然没有任何关系的。对此，他的学生们进行了长时间的争论。他们看不起一些快乐，并具体地贬低了这些快乐。不仅如此，他们还找出了很多这样的实例。③ 对于那些他们详细论证的低级快乐，他们认为，一般说来是触手可及，很容易满足的快乐，那些都是一些自然的满足，例如，美貌、年龄、外表等。

他们认为德性标准还没有给出德性使用的地方和范围。对于健康、义务或名誉来说，节制是绝不困难的。一般来说，这样一类快乐是值得追求的。因为它们不是低级快乐，也绝不是功利的快乐。④ 伊壁鸠鲁关于快乐的整个思想就是认为，快乐总是人们希望得到的，总是要去寻找的，总是希望和寻找到那些本身总是快乐的东西，因为快乐的就是快乐的。根据同样的原理，痛苦总是要避免的。其原因很简单，因为痛苦的总是痛苦的。因此，智慧之人会利用一套方式来平衡快乐和痛苦。如果确实有可能出现较大痛苦的话，那么，人就只能回避快乐。但是，伊壁鸠鲁又会认为，即便是忍受痛苦，那也是为了获得更大的快乐。尽管所有一切快乐的事物都

---

① "在各种欲望中，有些是自然的（而必要的；有些是自然）而非必要的；有些既不是自然的也不是必要的，而是出于虚幻的意见。"第欧根尼·拉尔修：《明哲言行录》第10卷第149节。

② "一切自然的东西都是最容易获得的，而一切难以获得的东西，都是虚浮的。"($\tau\grave{o}\ \mu\grave{\varepsilon}\nu\ \varphi v\sigma\iota\kappa\grave{o}\nu\ \pi\tilde{a}\nu\ \varepsilon\grave{\upsilon}\pi\acute{o}\rho\iota\sigma\tau\acute{o}\nu\ \grave{\varepsilon}\sigma\tau\iota,\ \tau\grave{o}\ \delta\grave{\varepsilon}\ \kappa\varepsilon\nu\grave{o}\nu\ \varphi v\sigma\pi\acute{o}\rho\iota\sigma\tau o\nu.$) 参见《明哲言行录》，第536页。

③ 伊壁鸠鲁派都贬低色情、食物和喜好等原因所引起的快乐，他们逐一剔除了这些快乐。尽管如此，他们还是用了很多文字来论证这个问题。参见《论至善和至恶》，第22—23页。

④ "智慧之人即使受尽磨难，他仍然是幸福的。智慧之人只能通过言和行向朋友们表达感激之情，无论他们在场还是不在场。"参见《明哲言行录》，第531页。

是通过身体的感觉判断出来的，但是，灵魂中还是会传递出一些快乐的事物。[①] 因此，当身体感到当下出现的快乐时候，灵魂联系到身体感到的这一当下的快乐便可以预见将要来到的快乐，也不会让过去的快乐消失。因此，智慧之人将总是有一套完整的快乐，因为智慧之人是可以将感受过快乐通过回想同将来会出现的快乐联系起来的。

34. 对于饮食也有相似的看法。过分奢侈的宴请是要受到谴责的。因为他们认为本性是很容易得到满足的。难道有人不知道所有的饮食都是用来满足食欲需要的调味品吗？当大流士（Darius）[②] 在战斗中喝了浸泡过尸体的泥浆时，他还说他从来没有喝过如此舒服之水。显然，在这之前他从来没有如此口渴过。托勒密（Ptolemy）[③] 在吃饭时绝不会如此的狼吞虎咽，因为当他到埃及走了一段路程后，他便同他的护卫分离了。他来到一个院子后，别人给了他一块粗糙的面包。对他来说，这时没有什么事情比这块面包更让他感到愉快了。据说苏格拉底总是喜欢一天到晚不停地散步。当别人问他为什么要这样做时，他说正是靠着这样不停地散步，他才会感觉饥饿，只有饥饿了，他才能够吃出美味佳肴的味道。[④] 还有，我们不知道摆在斯巴达人面前的公共食物吗？当僭主狄奥尼修斯（Dionysius）[⑤] 不认可这些食物时，他说到餐品主食的那道黑色肉汤[⑥]不适合他的胃口。做这个肉汤的厨师告诉他说："这毫不奇怪。因为你没有这样的口味。""你什么意思呢？"这位僭主问道。"狩猎的艰辛就会出汗，沿着埃夫罗塔斯河奔跑就会感到饥饿和口渴、因此，这些食物都是符合斯巴达特点和品位的。"不仅人是这样的，同样地，我们也可以知道动物也是如此。当我们扔任何一块东西给动物，如果这块东西不会同动物的本能矛盾，那么，动物就会得到满足，不会再去寻找其他任何东西了。因此，某

---

① 快乐和痛苦都是身体的感觉，但是，伊壁鸠鲁坚持认为灵魂上的快乐和痛苦要比身体上的快乐和痛苦更有价值。*Madvig on De Fin.* I. 17. 55. 参见《论至善和至恶》，第 26—27 页。

② 大流士（Darius Codomanus）于公元前 331 年在高加梅拉战役被亚历山大一世打败。

③ 或许这是指克罗狄斯·托勒密（Ptolemy）一世，公元前 323—前 284 年埃及的国王。

④ "καὶ πρὸς τοὺς πυνθανομένους Τί τηνικάδε; ἔλεγεν ὄψον συνάγειν πρὸς τὸ δεῖπνον"，阿忒那奥斯（Athenaeus）IV. 157。

⑤ 老狄奥尼修斯。

⑥ "ζωμὸς μέλας"，阿忒那奥斯（Athenaeus），《智者之宴》或者《会饮篇》IV. 379。

些城邦的人，例如，我前不久提到过的斯巴达人，通过习惯性训练，就知道只有朴素生活中才会有快乐。色诺芬（Xenophon）在描述波斯人的食物时说，波斯人除了水芹和面包外①，任何其他的食物都没有。如果本性感到需要某种东西更可口的话，那么，大地会给它提供很多东西来满足本性的需要，不同的树木也能够提供丰富而时宜的味道。此外，干燥②或没有受到伤害的身体都会限制食欲的。相反，出汗、打嗝的人会吃得很多，像一头胖公牛一样。这样，你就能够知道为什么最热的人去追求的快乐反而离快乐更远，你也应该知道食物的快乐是取决于口味，而不是取决于吃饱还是没有吃饱。

35. 出生于雅典一个伟大家庭的提摩太（Timotheus）③，后来也成了这个城邦的领导人之一。据说他同柏拉图吃完饭后，他对这顿饭感到非常快乐，当第二天看见柏拉图时，他说道："吃你的那些饭确实快乐，不仅在当时感到快乐，而且还延续到了第二天仍然快乐。"这是什么意思呢？这就是说，当我们的胃已经吃得太多时，我们应该用我们的心灵去加以适当的限制。在柏拉图④给狄翁亲人的那封著名的信中，他写下了如此漂亮的话语："当我到达那里后，我发现在那里的幸福生活中是没有快乐的。因为意大利人和叙拉古人都热衷于宴请，一天要吃两次饭⑤才能满足，晚上也绝不会一个人单独生活，这样生活的其他方面也是这样的奢侈和放纵，在这样的生活里是根本不会考虑智慧，起码是没有考虑节制的。构成这种生活的要素具有什么样的本性呢？"⑥ 在没有节制或没有节约的地方，生活中还有什么迷人的地方呢？叙利亚一个富有的国王萨丹那帕露斯（Sandanapalus）就给我们揭示了这个错误。在他的陵墓上刻下了这样几行字：

---

① 色诺芬的《骑兵队长》（Cgrop）I.2.8。
② 土、气、火和水这四种元素，它们各自对应于干燥、温暖、寒冷和潮湿等基本性质，对它们进行混合便形成身体以及相关的器官。干燥的身体是最健康的，也是最强壮的身体。
③ 科伦（Conon）的儿子，在公元前378—前356年的雅典的将军。
④ 柏拉图，书简或书信，第七封，第326B。参见《柏拉图全集》（书信，第29卷），第62页。
⑤ 希腊文的吃饭是"ἀκράτισμα"，指早饭；"ἄριστον"指午饭；"δεῖπνον"指晚饭。
⑥ 按照柏拉图这封信的说法，关于节制和不节制有一段希腊文："那里的人要具有这样的品格简直是不可思议的。"参见《柏拉图全集》（书信，第29卷），第62页。

我已经吃过所有可以吃的，我所有的愿望都得到了满足，我还享受过爱情的快乐。

　　我拥有过这一切，而且，我还为我的身后留下了丰富的财富。①

　　对此，亚里士多德说道："人会在一个公牛的墓而不是一个国王的陵墓上写下一些什么文字呢？"他说在人的陵墓上仅仅会写到死亡之人对那些他带来快乐东西的不满。可是，为什么该陵墓上文字还要让人们感觉人死后还需要富裕呢？或者说为什么贫穷是同公认的幸福无关呢？我想那就是因为地位或身份的原因。对于这些情况，你是会感兴趣的。如果人只能从生活物品中能够找到快乐的话，那么，那些具有生活物品不多的人就不如那些生活物品很多的富裕之人快乐吗？我们城邦的公共地方中是有很多这样的生活物品的。那些将这样生活物品占为己的人一般也不会想得如此之多的物品。只有当他们偶尔成了城邦的统治者时，他们就会想获得更多的物品。当他们想到去如何获得这些生活物品时，他们的良心就会受到谴责的。② 我始终希望能够保持贫穷的原因在这里是很明显的。因为自然本身告诉我们，我们对日常生活需要是很少的，需要也是很小的，日常生活是很容易得到满足的。

36. 那么，晦涩、无意义或不受欢迎等事情会阻止智慧之人获得幸福生活吗？大众的赞同和对荣耀的追求，这会使得我们具有更多的负担或责任而不是快乐。确实，我喜欢德摩斯梯尼（Demosthenes），他说得真好。当他听到一位可怜的妇女在担水时发出的喃喃之语时，他就感到快乐。因为担水在希腊是一种日常习惯，她在她同伴的耳边轻轻地说道："看吧，那就是伟大的德摩斯梯尼！"还有什么话能比这样的话更能够让人快乐的吗？"啊！多么完美的演讲人呀！"是的，德摩斯梯尼肯定知道怎样在人面前演讲，而不是同他自己交谈。因此，人们应该明白，通常荣耀绝对是不值得渴求的，也不应该害怕晦涩。"我来到了雅典，"德摩斯梯尼说道："在雅典，没有一个人认识我。"当一个人不去追求荣耀而人们又坚决地将荣耀给予他时，这

---

①　参见阿忒那奥斯（Athenaeus）Ⅷ. 336。
②　罗马的统治者们从韦雷斯等省（In Verres）掠夺财富，同样他们也从西西里掠夺财富。参见《西塞罗演讲集》（第8卷）第4书中的《论韦雷斯人》。

该是多么高贵的事情呀！在音乐节奏的调节上，长笛演奏家和竖琴演奏家一般是根据自己而不是大众的口味来调节音乐节奏的。假如一个智慧之人有很高的艺术造诣，那么，这个智慧之人将不会去寻找真实的而仅仅是平民们的快乐吗？还有比那些认为一切事情都是值得追求的人更愚蠢的人吗？人们是看不起这些机械呆板之人的。①

其实，智慧之人看不起的是那些毫无价值的野心，拒绝人们给予他们那些他们并不会去追求的荣誉。然而，我们并不知道在我们后悔开始之前应该怎样拒绝这些荣誉。② 自然哲学家赫拉克利特③有一段文字提到了赫尔莫多洛斯（Hermodorus）。④ 赫尔莫多洛斯是爱菲斯一位著名的公民。在那段文字里，赫拉克利特说整个爱菲斯人都应该被处死。因为当他们将赫尔莫多洛斯从他们的城邦中驱除出去的时候，他们是这样说的："在我们中间是不需要这样一位独立之人。因为他的声望比我们大家都高。如果确实需要这样优秀的人，那么，让这样优秀之人到别处去，同另外一些人生活在一起。"⑤ 在每个人心中难道没有存在过这样的情感吗？所有人都恨优秀的德性吗？亚里斯泰德斯（Aristides）是由于他太正义而遭到他城邦的流放吗？（对此，我喜欢用希腊的例子，而不喜欢用罗马的例子）因为亚里斯泰德斯走了，他不会再同任何人接触了。于是，城邦的公民没有了烦恼！文学表现出来快乐多还是闲暇多呢？我的意思是文学作品会让我

---

① 正如苏格拉底对阿尔西比德（Alcibiades）说的那样。埃利亚努斯 Claudius Aelianus（Aelian）的《历史杂记》第 2 部第 1 节（Var. Hist. II. 1）。

② 西塞罗认为在他当执政官时获得了很高的名望。克劳狄乌斯曾经将他流放。然而，当他从流放地重新回来时，由于他的名望，他受到了人们热情的欢迎。即便在表面上，三巨头人政治团队也认可了他的重要性。

③ 赫拉克利特（Heraclitus）是伊奥利亚学派的哲学家，出生在爱菲斯（Ephesus），生活的年代大约在公元前 500 年。参见 §69。

④ 在尤里安所著的《学说汇纂》第 1 章第 1 节第 4 行（The Digest I. 2. 4）中，谈到了公元前 450 年《十二铜表法》的起源，他说道：有些人说，一个被流放到意大利的叫作艾尔莫多鲁斯（Hermodorus）的爱菲索人，曾向十人（委员会）提出拥有十二表法的立法建议。"（Quarum ferendarum auctorem fuisse decemviris Hermodorum quondam Ephesium exulantem in Italia quidan rettulerunt）参见尤里安（Salvi – Usjulianus，公元 110—170 年）的《学说汇纂》（第 1 卷），罗智敏译，[意] 纪蔚民校，中国政法大学出版社 2008 年版，第 23 页。

⑤ "爱菲斯的所有成年人都该被吊死，将城邦留给年轻人。"（第欧根尼·拉尔修：《明哲言行录》第 9 卷第 9.2 节）参见《明哲言行录》，第 433 页。

们认识到自然的伟大，认识到我们实际的世界、天空、大地和海洋等的伟大。

37. 现在当人们看不起名声，也看不起金钱时，那么，人们还会对什么东西感到害怕的呢？我猜想是流放。人们会认为流放是最大恶之一。如果流放是一种恶，因为被流放者的名声不好或者说丧失了他的名声。那么，这多少对这件被人看不起的事情给出了一种解释。但是，如果流放是因为同自己的城邦分离而产生了痛苦的话，那么，我们的城邦就有很多这样痛苦的事情，因为流放的人几乎都没有可能重新回到他们自己的城邦。"流放者所有的财产都将被没受。"为什么呢？就像有人说的那样，要让流放者忍受贫穷吗？

事实上，如果我们现在来研究流放真实意义的话，那么，流放不是名誉受到了侮辱吗？流放是不是远离了自己的城邦？流放是不是一种乞求呢？在外的流放生活是不是同城邦中习惯生活有很大的区别呢？那些著名的哲学家们都有过流放的生活。例如，色诺克拉底（Xenocrates）、克兰托尔（Crantor）、阿瑟希拉（Arcesilas）、拉居得（Lacydes）、亚里士多德（Aristotle）、泰奥弗拉斯托斯（Theophrastus）、芝诺（Zeno）、克里特斯（Cleanthes）、克利西波斯（Chrysippus）、安提帕特（Antipater）、卡尼阿得斯（Carneades）、克莱托马库斯（Clitomachus）、菲罗（Pilo）、安提阿古（Antiochus）、帕奈提乌斯（Panaetius）、波塞多纽（Posidonius）等人。还有很多人，一旦被流放后，他们都没有能够重新回到城邦里去。①

"是流放但是没有耻辱。"流放是不能够给智慧之人带来耻辱的。因为智慧之人在各个方面都是智慧的。因此，他被流放肯定是受到了不正义待遇。因为我们会安慰流放者，说流放是一种不正义的惩罚。最后，当面对这些厄运时，智慧的人所采用的最简单方法就是让他们在流放生活中感到快乐。这就是说，无论流放到什么地方，他们都能够快乐地生活。所以，透克洛斯（Teucer）的这个说法是可以适合所有的流放者的：

---

① 这些哲学家不得不离开他们在小亚细亚、非洲和希腊边远地区的故乡来到像雅典或罗马这样的学术中心生活。

一个人的城邦就是那个能让这个人生活得好的地方。①

例如，有人问苏格拉底他属于什么样的城邦时，他回答是"属于世界城邦"②。因为他自己认为他是世界居民和公民。安尔布色鲁斯（Albucius）呢③？他不是流放到雅典，在那里平静地在研究哲学吗？如果他遵循伊壁鸠鲁（Epicurus）④教导的话，那么，他就不会去参加公共事务。然而，他并没有这样做。这是千真万确的。怎么⑤才能够知道伊壁鸠鲁在他的城邦里的生活比梅特罗多洛（Metrodorus）⑥在雅典的生活更幸福呢？在幸福方面，柏拉图比色诺克拉底（Xenocrates）⑦或者比阿瑟希拉（Arcesilas）的波勒摩（Polemo）生活得更好吗？当驱除这些智慧和好人时，城邦使用的是什么样的德性呢？例如，我们的国王塔克文（Tarquin）的父亲达马拉图斯（Damaratus）离开了柯林斯（Corinth）。因为他不能够忍受库普塞鲁斯（Cypselus）⑧的僭主。他坐船回到了塔尔奎尼（Tarquinii），在那里建家立业，抚养子女。确实，对他来说，难道这不是一个聪明的选择吗？因为他宁愿要流放的自由而不愿意做家庭奴隶。

38. 如果只想快乐的事情，那么，通过遗忘，便可以减轻灵魂中的激动、焦虑和痛苦。⑨因此，正是因为考虑到理性的作用，伊壁鸠鲁才敢说智慧之人中善人总是比恶人要多。由于智慧之人总是快乐的，据此，伊壁鸠鲁便会得出我们也在探索的结论，这就是智慧之人总是幸福的。"但是，如果一个智慧之人没有了感觉，不能听到了，他还是幸福的吗？"他肯定也是幸福的。因为他们认为自己的感觉对于幸福是不重要的。那么，

---

① 帕库维乌斯（Pacuvius）悲剧《透克洛斯》（Teucer），见附录二的阿里斯托芬。普鲁塔克的第 1151 行（Plut. 1151）："一个人的城邦就是那个能让人生活得好的地方。"

② "然而苏格拉底的论点更明确。他说他不是雅典人或希腊人而是一个'宇宙人'。"[普鲁塔克论流放（De Exil）.600]参见《希腊罗马名人传》第 3 卷，第 1329 页。

③ 安尔布色鲁斯由于贪污在撒丁岛被指控，他被判处流放到雅典。

④ "低调地生活。"（λάθε βιώσας）

⑤ 因为这又回到了透克洛斯那个说法上了。

⑥ 梅特罗多洛（Metrodorus）来自于小亚细亚的拉普塞基（Lampsacus）。参见Ⅱ.§8。

⑦ 参见§.107。

⑧ 公元前 660 年库普塞鲁斯的僭主。

⑨ 这是伊壁鸠鲁的教导。参见Ⅲ.§33。

首先请问，你认为盲人能够感到快乐吗？因为有人会认为所有的快乐都会同感觉相关的。但是，视觉感到的快乐却同眼睛功能的感觉没有关系。同样的，味觉、触觉以及听觉等感觉功能都被认为是感觉器官的实际功能而已。因此，仅仅用眼睛的感觉功能是不能够看到快乐事情的。① 只有灵魂才能够让我们获得我们所看到事情中的快乐。现在灵魂可以有很多种获得快乐的方式，甚至不用视觉，灵魂也能够获得快乐。我在这里谈到的是那些在生活中受到过教育和指导的人的想法。他们认为只有在眼睛的帮助下，人们才能得到快乐。如果晚上还是有幸福生活的话，同晚上相比较，当在白天看不见时，难道就不能有幸福生活吗？居勒里的安提帕特（Cyrenaic Antipater）的那些话是真的，虽然粗糙了一点，但是，它们并不是没有意义的。当他的女人们对他的失明感觉难过时，"怎么了？"他说道："你们会认为在晚上就没有快乐了吗？"又如阿匹乌斯（Appius）②，在他失明了很多年以后，他并没有被他自己的不幸所击败，我们还从他当执政官以及他所处理的事务获得了很多好处。因为他修建了那个著名而古老有价值的道路和城市里的下水道。无论对于公共领域还是私人领域，他都尽到了自己的责任。据说达乌苏斯（C. Drusus）的房子里经常都装满了客人，但是，客人们经常都找不到他们各自的房间，因此，达乌苏斯便安排了一个盲人来引导他们。在我小的时候，前执政官奥菲底乌斯（Cn, Aufidius）③ 经常在议事会上发表自己的观点，在朋友们的讨论和文学的写作中帮助朋友，他还用希腊文来写历史，这一切好像都在说明他有一双看得见的眼睛似的。

39. 斯多亚学派的奥多托斯（Diodutus）是一个盲人，他在我家里已经住了很多年了。现在他经常只做一件他认为有意义的事情——他的生活完全被哲学研究占据了。他比以前更加不知疲倦地研究哲学，用竖琴来演奏毕达哥拉斯式的风格，昼夜不停地大声朗读。在研究中他不需要眼睛，好像没有视觉，他也能够进行研究。他继续教授几何，给他的学生们在点

---

① 参见 I．§46。
② 阿匹乌斯（Appius Claudius Caecus）在公元前 312 年修建了阿匹亚大道（the Appian way），在罗马城中修建了地下水道。
③ 李维乌斯·奥菲底乌斯（C. . Livius Drusus）是著名的 M. 李维乌斯·奥菲底乌斯的兄弟，公元前 91 年的护民官。

到线等问题上给予生动的指导。阿斯克莱皮亚德斯（Asclepiades）① 也是这样的。他好像是埃雷特里亚（Eretrian）* 学派的成员。当有人问他，失明带给他什么影响时，他回答说那就是当他要到公共领域去的时候，他会多带一个男孩作为他的随从而已。② 如果我们让自己的生活同希腊人的日常生活一样的话③，那么，失明就同我们能够完全忍受贫穷一样。所以，这很容易产生有助于克服我们身上的弱点的方法。当德谟克利特（Democritus）④ 失去了他的视力之后，他确实不能够分辨黑白，但是，他仍然可以区分善恶、区分不正义与正义、高尚与卑微、有利与不利、伟大与渺小、仍然允许他在看不见颜色的变化时享受到幸福生活。真正的观念都是看不到的，但是，这并不会妨碍人做事情。他相信身体上的眼睛视力对于灵魂敏锐的视力来说是一个障碍。因为一些人经常都看不到自己脚下的东西，而他本人则可以自由地去任何地方，没有任何东西可以让他停止下来。

按照传统的说法，荷马也是一个盲人。但是，我们所看到的不是他的诗歌而是他描述的画面。⑤ 在荷马的画面中，我们可以看到希腊的市区、市区中的立柱、场所、格斗的内容或形式、战斗中的编队、水手们用力划桨、人和动物的变化等。如果不是荷马描述的画面如此生动，当我们在阅读荷马诗歌时，我们就不会注意到他描述的画面。但是，荷马本人是盲人，他是不能够用眼睛看的。那么，他又是怎么能够画出如此生动的画面呢？难道我们能够认为荷马不能够感到快乐和愉快，而认为那有些有学识的人能够感到快乐和愉快吗？一方面，如果这不是真实的话，那么，我们提到过的阿拉克萨戈拉⑥或德谟克利特，难道他们能继续研究那个传统的

---

① 他是迈内德姆斯（Menedemus）的学生。迈内德姆斯学派是用优卑亚岛（Euboea）上的埃雷特里亚学派命名的。

* 该学派是从爱利斯学派（the school of Elia）发展而来的。爱利斯是古希腊伯罗奔尼撒半岛上的一个城市。爱利斯学派的创始人是柏拉图的学生斐多（Paedo）。

② 当富人到公共领域去时总会带着很多朋友而贫穷的哲学家去公共领域总是他们自己。

③ 作为寄生虫和乞丐："Omnia novit Graeculus esuriens", Juv. Ⅲ.77。西塞罗没有使用拉丁文的"寄生虫"这个词。在情感上他是尊重这些杰出希腊哲学家们的。因为这些哲学家们都是很穷的。这样的贫穷会使得他们想去寻找富裕罗马人那样的待遇。

④ 参见Ⅰ.§22。

⑤ 因为荷马的画是如此生动以至于我们会忘记了他的诗歌。在卢西安（Lucian）的"Imagin. c. 8"中称荷马为"一位杰出的画家"（ὁ ἄριστος τῶν γραφέων）。

⑥ 参见Ⅰ.§104。

领域吗？难道他们会完全放弃在学习和研究中得到的那种神圣的快乐吗？因此，荷马诗歌中提到的代表智慧的占卜官忒瑞西阿斯（Tiresias）① 从来也没有被描述为对他自己是盲人有过任何抱怨。另一方面，荷马将波吕斐摩斯（Polyphemus，独眼巨人）描述为一名奴隶的主人，荷马也描述了他同公羊的谈话。他祝贺公羊有好运气，因为它有自由，能够到它自己想去或希望去的地方漫步。② 荷马这个诗人是对的，因为独眼巨人（Cyclops）的感觉并不比公羊少。

40. 在聋子身上存在恶吗？马库斯斯·克拉苏（Marcus Crassus）就是一个半聋子。他确实要忍受这样一种烦恼。因为在听别人说话时，他是困难的。我甚至认为在这样的时刻，对于克拉苏来说，这是不公平的。由于我们的公民既不按照我们知道的希腊语说话，也不按照希腊语的拉丁化说话。因此，对我们的语言而言，希腊语或希腊人都是聋子，我们所有人在这些语言中绝对都是聋子。所以，对希腊语或希腊人无数的东西，我们都不理解。因为"一个聋子是不可能听到优美歌声的"。但是，当锯子很锋利时，我们是听不到锯子锐利的声音的；当猪的喉管被切断时，我们就会听不到猪的呼噜声；当大海睡觉后，我们也就听不到咆哮大海的轰鸣声。如果音乐可能带给他们快乐的话，那么，他们首先会想到没有音乐时智慧之人的生活应该也是幸福的。另外，他们会想到阅读获得的幸福是要远远高于听觉的。还有，刚才我们已经说过，对于盲人来说，他是靠倾听获得快乐的，而聋子是靠视觉获得快乐的；那些能够自我交流的人则是不需要通过同他人谈话而获得快乐的。

假如一个人身上既有失明又是耳聋，那么，他就遭到了最严重的身体痛苦。这些痛苦通常先在一个人身上体现出来。但是，如果这些痛苦有可能无限制的延长，始终残酷地折磨这个人，使得他凭借理性也不能忍受，那么，仁慈的神呀，我们还有什么理由能够让他继续忍受下去呢？这时，最便捷的避难所就是让这个人去死。死亡是一个永恒的避难所。因为人死之后就没有任何感觉了。告诉利西马科，当利西马科（Lysimachus）用死

---

① 古底比斯（Thebes）的一条盲人预言。
② 参见荷马的《奥德赛》IX.447。参见《奥德赛》，第158—159页。但是，同公羊的谈话，西塞罗在文中并没有提到。

亡来威胁西奥多勒斯（Theodorus）时，西奥多勒斯说道："确实这是你的一项伟大的成就，如果你具有花壳虫能力的话"①。珀尔修斯（Perses）请求保卢斯（Paullus）不要炫耀他的胜利时，保卢斯回答道："这件事情是你可以解决的。"这也是我们在第一天讨论死亡本质时说过的。第二天，当我们讨论痛苦时，我们就说得更多了。需要记住的是：无论是人们不希望死亡，还是人们最终都对死亡畏惧，就其思考来说，人们对这两个方面的思考都是有些道理的。

41. 在我看来，我认为在生活中我们应该注意遵守希腊人宴请时的规则——"要么让他喝够"或是"要么让他走开！"② 这两种方式都是对的。要么他就同其他人一起喝酒，共享快乐，要么他就尽早离开。一个冷静的人是不可能成为罪犯的，他不可能因为喝酒多了而做出一些暴行来。人通过逃避一些事情便可以回避他不能面对的一些意外的伤害，同样的告诫，伊壁鸠鲁是说过的。希罗尼穆（Hieeeronymus）也多次说过这样的话。

如果一些哲学家们提出德性和德性本身完全没有作用——如果他们认为事物才是高贵的和有价值的，那么，他们所说的话都是空洞的。我们会被他们那些听上去很好听的话语所欺骗。因为这些话语都是没有意义的——不过，如果他们认为智慧之人总是幸福的话，那么，请问你是不是会认为这些哲学家们又回到了苏格拉底和柏拉图那里去了呢？一些哲学家③认为灵魂上的善是优先的，它是如此重要，以至于人们认为身体的或外在的善都是不重要的。而另一些哲学家们④却认为根本就没有善的事物，所有的善都是同灵魂相关的。具有卓越判断能力的卡尔尼德斯（Carneades）解决了这些哲学学派之间的争论，这些哲学学派都同意卡尔尼德斯的观点。因为漫步学派所认可的善的价值也是斯多亚学派所认可的善的价值。尽管在漫步学派观点中提到的价值不如斯多亚学派提到的丰富。例如，在斯多亚学派看来，良好的健康和相同的其他事物都是有价值的；在漫步学派看来，这些却是没有价值的，因为它们是身体的或外在的善。不

---

① 花壳虫（Cantharis Spanish fly or blister – beetle），可以从它们的身上提出一种带有刺激性的毒素。
② "ἢ πίθι ἢ ἄπιθι."
③ 漫步学派和学院派的哲学家。
④ 斯多亚学派的哲学家。

过，卡尔尼德斯则认为在价值和善之中关键的因素是事物而不是言语。因此，他认为那些争论都是没有根据的。至于其他学派的哲学家们，他们自己要考虑的就是如何维持他们的观点了。虽然如此，我是认可这样的事实：智慧之人身上那种持续不断的能力将引导智慧人过上一种好生活，他们公开承认哲学家们所说的话还是有价值的。

但是，当清晨要告别时，让我们总结一下过去五天中我们所讨论过的问题。对我来说，我还想把这些讨论写出来（从事研究是一种充实我空余时间的方式吗？），我还要把五个部分中的第二章节送给我的朋友布鲁图斯。[1] 因为我不仅在布鲁图斯的要求下写过相关的哲学东西，而且他还证明了这样的哲学方式是很好的。通过这样的方式，我不敢说有多少人能够获益。然而，除此之外，面对来自各个方面困扰自己的痛苦悲伤和各种烦恼，我再也找不到其他能够安慰自己的方式了！

---

[1] 西塞罗的第五本书，即《论至善和至恶》（*De Finibus Bonorunm et Malorum*）就是献给布鲁图斯的。

附 录 一

本书引用过的早期拉丁作家著作

（恩里乌斯、凯基利乌斯等人的很多段落都是引自洛布丛书中《古拉丁文残留著作集的前三卷》，参见下列段落。）

《图斯库兰谈论集》中的页码引用的原文保留的老拉丁文

第22页，注释2	恩尼乌斯，《编年史》（Annals）Ⅰ. p. 120。
第32页，注释1	恩尼乌斯，《编年史》（Annals）Ⅰ. p. 12。
第34页，注释1	恩尼乌斯，《编年史》（Annals）Ⅰ. p. 38。
第35页，注释6	恩尼乌斯，《编年史》（Annals）Ⅰ. p. 22。
第38页，注释1	斯塔提乌斯·凯西里乌斯（Caecilius）《致青年朋友》（Synepheb）Ⅰ. p. 538。
第40页，注释1	恩尼乌斯，《讽刺诗》（Epigrams）Ⅰ. p. 402。
第42页，注释2	无名 Ⅱ. p. 602。
第44页，注释4	无名 Ⅱ. p. 602。
第54页，注释2	恩尼乌斯，《美狄亚》（Medea）Ⅰ. p. 312。
第55页，注释3	恩尼乌斯，《西庇阿或编年史？》（Scipio or Annals?）Ⅰ. p. 204。
第59页，注释3	恩尼乌斯，安德洛玛刻（Andromacha）Ⅰ. p. 254。
第100页，注释2	恩尼乌斯，安德洛玛刻（Andromacha）Ⅰ. pp. 250-253。

第124页，	（1）恩尼乌斯，安德洛玛刻（Andromacha）Ⅰ. p. 248。
	（2）阿克齐乌斯（Accius）（没有说明剧名）Ⅱ. p. 566。
第126—128页，	（1）巴库维乌斯（Pacuvius），伊尼奥纳（Iliona）Ⅱ. pp. 238 – 241。
	（2）恩尼乌斯，梯厄斯忒斯（Thyestes）Ⅰ. pp. 354 – 357。
第140页，注释2	恩尼乌斯，《讽刺诗》（Epigrams）Ⅰ. p. 402。
第146页，注释1	恩尼乌斯，（无名剧）
第158页，注释2	阿克齐乌斯（Accius），阿特柔斯（Atreus）Ⅱ. p. 392。
第166页，注释1	阿克齐乌斯（Accius），菲罗克忒忒斯（Philoctettes）Ⅱ. pp. 512 – 516。
第181页，注释5	阿克齐乌斯（Accius），菲罗克忒忒斯（Philoctettes）Ⅱ. p. 510。
第188页，注释2	恩尼乌斯，黑克托里斯 莱特拉（Hectoris Lytra）Ⅰ. p. 278。
第192页，注释3	卢西鲁斯（Lucilius），讽刺诗（Satires Ⅳ）Ⅲ. p. 56。
第202页，注释1	巴库维乌斯（Pacuvius），尼普特拉（Niptra）Ⅱ. pp. 270 – 273。
第204页，	同上
第237页，注释1	十二铜表法（第五条）Ⅲ. p. 451。
第248页，注释4	阿克齐乌斯（Accius），墨兰尼波斯（Melanippus）Ⅰ. p. 470。
第256页，注释2	恩尼乌斯，梯厄斯忒斯（Thyestes）Ⅰ. p. 352。
第258页，注释1	巴库维乌斯（Pacuvius），米都斯（Medus）Ⅱ. p. 260。
第260页，注释2	恩尼乌斯，特拉莫（Telamo）Ⅰ. p. 336。
第277页，注释5	恩尼乌斯，梯厄斯忒斯（Thyestes）Ⅰ. p. 354。

第 278 页，注释 1	恩尼乌斯，安德洛玛刻（Andromacha）Ⅰ. pp. 250 – 253。
第 292 页，注释 1	凯基利乌斯（Caecilius）（无名剧）Ⅰ. p. 552。
第 300 页，注释 4	恩尼乌斯，《美狄亚》（Medea） Ⅰ. p. 314。
第 307 页，注释 2	十二铜表法（第八条） Ⅲ. P. 474。
第 347 页，注释 3	恩尼乌斯，阿尔克莫（Alcmeo） Ⅰ. p. 230。
第 379 页，注释 4	卢西鲁斯（Lucilius），讽刺诗（Satires Ⅳ） Ⅲ. p. 58。
第 388 页，注释 1	阿克齐乌斯（Accius），阿特柔斯（Atreus） Ⅱ. p. 390。
第 404 页，注释 4	奈维乌斯（Naevius），赫克特的问题（Hector Proficiscens） Ⅱ. p. 118。
第 406 页，注释 2	凯基利乌斯（Caecilius）（无名剧）Ⅰ. p. 548。
第 406 页，注释 3	恩尼乌斯，《美狄亚》（Medea） Ⅰ. p. 322。
第 408 页，注释 1	巴库维乌斯（Pacuvius），米都斯（Medus） Ⅱ. pp. 262。
第 414 页，注释 3	阿克齐乌斯（Accius），阿特柔斯（Atreus） Ⅱ. pp. 382 – 391。
第 472 页，注释 1	巴库维乌斯（Pacuvius），尼普特拉（Niptra） Ⅱ. p. 266。
第 474 页，注释 3	恩尼乌斯，《讽刺诗》（Epigrams） Ⅰ. pp. 398 – 401。
第 533 页，注释 2	巴库维乌斯（Pacuvius），特乌色尔（Teucer） Ⅱ. p. 262。

附 录 二

《西塞罗全集》表[*]

第一部分：论修辞学（5卷）

第1卷《关于修辞致赫热恩尼乌斯的信》

第2卷《论开题》《论那类最好的演说家》《论命题》

第3卷《论演说家》第1—2卷

第4卷《论演说家》第3卷、《论命运》《斯多亚学派的悖论》《演说术的分类》

第5卷《布鲁图斯》《演说家》

第二部分：演讲（10卷）

第6卷《为克维恩克提乌斯辩护》《为若斯奇乌斯·阿美瑞努斯辩护》《为谐剧演员若斯奇乌斯辩护》《论土地法案》或《反对茹珥路斯》

第7卷《优秀演讲词1》：《与凯奇利乌斯竞当起诉人》《第一次反维勒斯》《第二次反维勒斯》第1—2卷。

第8卷《优秀演讲词2》：《第二次反维勒斯》第3—5卷。

第9卷《关于庞培指挥权的演说》（为马尼里亚的辩护）《为凯利乌斯辩护》《为克路厄恩提乌斯辩护》《为剌比瑞乌斯辩护》

第10卷《在·喀提林时期的演讲》《为穆雷纳辩护》《为苏拉辩护》《为伏拉克库斯辩护》

---

[*]《西塞罗全集》采用"洛布古典丛书"1949年收录版本，共计29卷。

第 11 卷《为阿尔齐辩护》《从流放地归来后在元老院的演讲》《从流放地归来后向公民致谢的演讲》《论都莫·苏阿》《对占卜官的回应》《为璞拉恩奇乌斯辩护》

第 12 卷《为色斯提乌斯辩护》《对证人瓦提尼乌斯的盘问》

第 13 卷《为凯利乌斯辩护》《论执政官的行省》《为巴珥布斯辩护》

第 14 卷《为米洛辩护》《反皮索》《为斯考茹斯辩护》《为佛恩忒尤斯辩护》《为剌比瑞乌斯辩护》《为玛尔刻珥路斯辩护》《为利伽瑞乌斯辩护》《论得幼塔茹斯国王》。

第 15 卷《反腓利比克之辩》。

第三部分：哲学论著（6 卷）

第 16 卷《论共和国》《论法律》

第 17 卷《论至善和至恶》

第 18 卷《图斯库兰论辩集》

第 19 卷《论神性》《学院派哲学》

第 20 卷《论老年》《论友谊》《论预言》

第 21 卷《论义务》

第四部分：书信集（8 卷）

第 22 卷《给安提库斯的信》，书信第 1 封至第 89 封

第 23 卷《给安提库斯的信》，书信第 90 封至第 165 封

第 24 卷《给安提库斯的信》，书信第 166 封至第 281 封

第 25 卷《给朋友们的信》，书信第 1 封至第 113 封

第 26 卷《给朋友们的信》，书信第 114 封至第 280 封

第 27 卷《给朋友们的信》，书信第 281 封至第 435 封

第 28 卷《给昆图斯和布鲁图斯的信》《残留的信》《给屋大维的信》《接受或批判》《电子手册》

第 29 卷《给安提库斯的信》，书信第 282 封至第 426 封

附录三

西塞罗翻译过的希腊文献

阿里斯多芬:《黄蜂》1431:

> 每一个人应当搞自己精通的行业。

参见罗念生《罗念生全集》（第5卷，阿里斯托芬喜剧六种），上海人民出版社2016年版，第311页。

柏拉图:《斐德罗篇》245C:

> 神们赐予的如此疯癫［245c］恰恰是我们最大的幸运。当然，这一证明不会让那些厉害的人信服，但有智慧的人会信服。所以，首先，必须通过观察灵魂的经历和作为，思考灵魂的自然［天性］的真实——无论神的还是人的灵魂；［c5］这一证明就从下面的［说法］开始。
>
> 所有灵魂都是不死的。毕竟，永在运动的东西是不死的——使某物动起来、又被某物动起来的东西停止运动，也就停止了生命。唯有那自己在运动的东西，由于他不会舍弃自身，才绝不会终止运动。毋宁说，这才是其他所有如此运动的东西运动［起来］的本源和开端。

参见刘小枫编/译《柏拉图四书》，生活・读书・新知三联书店2015年版，第320—321页。

柏拉图：《申辩篇》40C：

　　我所遇到的这件事毫无疑问是件好事，我们中间认为死是坏事的人肯定弄错了。我已经得到一个有力的证据足以证明这一点，这就是：如果我做的不是一件好事，那惯常出现的朕兆一定阻止我。

　　如果我们另一种方式考察，那就会看到很有理由希望死是一件好事。因为死的状态有两种可能：死可能是绝对虚无，死者全无知觉；死也可能像人们所说的那样，是灵魂从这个地方迁移到另一个地方。如果死是毫无知觉，像一场没有梦的熟睡，那就是进入绝妙的境界了。我想，如果要人挑出他酣睡无梦的那一夜，跟他一生中的日日夜夜比一比，要他认真考虑之后说有多少个日日夜夜过得比那一夜舒服，我相信不止一般普通人，就是波斯国的大王也会发现，跟其他的日日夜夜相比，过得舒服的时节实在不多。如果死的本性就是这样，我就认为得益匪浅，因为在那种情况下全部时间如同长夜。另一方面，如果死就是从这里移居别处，如果传说无误，所有的死者都在那里，那还有什么比这更好呢，法官们？

参见《柏拉图对话集》，商务印书馆2004年版，第53页。

西摩尼得斯（Simonides，抒情诗人，公元前556—前468年）：《温泉关凭吊》（*Bergk*），Ⅲ.451：

　　温泉关凭吊
　　旅客，请你带话去告诉斯巴达人，
　　我们在此长眠，遵从了他们的命令。

参见《中国大百科全书·外国文学卷》，水建馥译，1982年版，"西摩尼得斯"条。

欧里庇得斯（Euripides，公元前485—406年）：《欧里庇得斯戏剧残篇》（*Frag*，*Euripidis Tragoediae et fragmenta*），452（*Dindorf*，1846 年版）：

> 我们不得不聚集在一起来哀叹即将到来是死亡，
> 死亡带来的都是邪恶，
> 那个行将死亡和即将走到生命尽头的人正在遭受着痛苦，
> 他会为他离开那间房子而欢呼雀跃的！

普鲁塔克致阿波罗纽斯的安慰信（*Cons. ad Apoll.* p. 109）：

> 我听说你的儿子英年早逝，就能感到你的悲伤和痛苦，令郎是一位谦恭有礼的年轻人，深受打击的喜爱和赞誉，特别是他对于什么和他的双亲以及朋友，全都遵守宗教的规定和正义的要求。

参见《道德论丛》（第 1 卷），席代岳译，吉林出版集团有限责任公司 2015 年版，第 229 页。

普鲁塔克的《希腊罗马名人传》中讲述了梭伦的事迹并比较了梭伦和波普利科拉（Publicola）：

> 自古皆有死，莫不饮恨而吞声，叹君之逝也，千秋万载留美名。

参见《希腊罗马名人传》（第 1 卷），席代岳译，吉林出版集团有限责任公司 2013 年版，第 201—203 页。

索福克勒斯（Sophocles）：《特拉基斯妇女》（*Trach*），第 1046 页以后（1046ff.）：

> 啊，我这双手和这肩膀忍受过多少说不出的辛苦；甚至宙斯的妻子和纳可恨的欧律斯透斯也没有把这样的落网抛到我身上，这是报仇神编织的，是俄纽斯的笑里藏刀的女儿罩在我肩上的，我就这样死在

这里面啊！它紧粘在我胸旁，咬我最深处的肉；它越粘越紧，吸空了我肺上的气管；它已经喝尽了我的鲜血，我全身衰弱了，陷入了这奇怪的束缚。

参见《罗念生全集》（第 3 卷，索福克勒斯悲剧五种），上海人民出版社 2016 年版，第 239 页及以后。

《伊里亚特》第 9 章（*Iliad 9*），第 646 节：

阿波罗

参见《伊里亚特》，第 200 页。

欧里庇得斯（Euripides）：《欧里庇得斯戏剧残篇》（*Frag*, 392, *Dindorf*）：

在跟随一个智慧之人学习之后，我的心就可以面对即将来到的那些不幸：
被迫离开祖国、死亡的无常，以及其他邪恶命运的方式。
如果我遭受到其中的一种不幸，那么，我便会用心去思考它们。
这样，我便不会受到新的打击。

欧里庇得斯（Euripides）：《欧里庇得斯戏剧残篇》（*Frag*, 757, *Dindorf*）：

有死的人没有谁会不遭受到疾病而死去的，
不是要埋葬孩子而是要获得孩子，
不是自己要死而是死去的人又回到尘土。
生命的终止就如同择取玉米棒一样是必然的。

《伊里亚特》第 4 章（*Iliad 4*），第 201 节：

漂泊之地（Αληιογ）

参见《伊里亚特》，第 72 页。

《伊里亚特》第 19 章（*Iliad* 19），第 226 节：

> 不，我们必须横下心来，埋葬死者，举哀一天可也，不宜延拖。所有从可恨的战斗中生还之人，必须正常饮食，以便能不屈不挠，更勇猛地和敌人进行长时间的拼斗，身披坚固的铜甲。

参见《伊里亚特》，第 342 页、第 425 页。

欧里庇得斯（Euripides）：《欧里庇得斯戏剧残篇》（*Frag*，818，*Dindorf*）：

> 刚开始时岁月对于那个可怜的人来说仍然还是新鲜的，可是，不久后他就进入了痛苦。
> 并不要惊奇，他的成长就好像要给一个新鲜小马驹带上龙套那样。
> 在这样恶的命运作用下，我已经麻木了，已经沉沦了。

索福克勒斯（Sophocles）：《索福克勒斯戏剧残篇》（*Frag*，964，*Dindorf*）：

> 如果你见过最伟大最智慧之人，那么，现在你怎么能够将那些美丽的赞美给予那些邪恶之人呢？
> 在生活的祸根作用下，当那个曾经幸运之人的思想发生了改变时，所有这些赞美的谈论都已经消失了。

埃斯库罗斯（Aesch.）：《被缚的普罗米修斯》（*Prom. Vinct*，377）：

普罗米修斯：我将咽下这颗苦果，每一滴残汁，直到宙斯罢息愤怒的那天。俄开阿诺斯：你可知道，普罗米修斯，对烦乱的心魂，话语是治疗的药丸。

参见《埃斯库罗斯悲剧全集》，陈中梅译，上海译文出版社 2016 年版，第 205 页。

欧里庇得斯（Euripides）：《俄瑞斯忒斯王第 1 部》（Orestes 1）：

没有什么说起来是可怕的事情——无论是身心的痛苦还是神谴的灾难——不是可怜的人类要承受的。

献给卡埃莱蒙（Chaeremon）：

总有一死的人，其生活是命运而不是靠智慧决定的。

梅特罗多洛（Metrodorus）：

赶快，我的幸运，去占据我入口所有的缝隙！

参见《埃斯库罗斯悲剧全集》，陈中梅译，上海译文出版社 2016 年版。

柏拉图：《高尔吉亚》470D：

（波卢斯）喔，讲讲当前发生的大事件就足以证明许多做事不公正的人是幸福的。（苏格拉底）哪一类事件？（波卢斯）要我说，阿凯劳斯，佩尔狄卡之子，正在统治马其顿，你能想起这个人来吗？（苏格拉底）哦，哪怕我想不起来，我也听说过这个人。（波卢斯）你认为他是幸福的还是不幸的？（苏格拉底）我不知道。波卢斯，我还没有见过这个人。（波卢斯）

参见《柏拉图全集》第 3 卷，第 92—93 页。

柏拉图：《美涅克塞努斯》347 E：

（苏格拉底）如果他们过于悲哀，那么会给人们的怀疑提供理由，要么他们不是我们的父亲，要么人们对我们的赞扬是错的。这两种情况一定不要发生。正好相反，他们必须成为我们的颂扬者，表明他们自己也是真正的人，是真正的人的真正的父亲。切勿过度一直被认为是一条极好的谚语 因为它确实好。因为，人的一生的最佳安排，或者全部安排，就是依靠自己来提升幸福。

参见《柏拉图全集》第 3 卷，第 19 页。

波萨尼阿斯（Paus.）《希腊志》IX. 15. 6：

我们良好的声誉是我们用劝告的方式就将斯巴达人击败了。

引自《雅典娜》 VIII. 336：

我吃过的和在我力比多作用下过度放纵的所有事情中还是留下了很多愉快的事情！

中文版后记

西塞罗的《图斯库兰论辩集》的翻译缘于一件小事。大约在2014年，我在引用西塞罗那句对苏格拉底评价的著名语句"苏格拉底第一次将哲学从天上带到了人间"时，我找不到出处，不知道这句话出自西塞罗的哪本著作。不过，可以肯定的是，当时西塞罗所有的中译本中都没有这句话。因为我阅读了他所有的中译本。后来在一篇文章上看到说这句话出自他的《图斯库兰论辩集》。为此，我便开始寻找西塞罗的这部著作。

这部著作当时既没有中译本，在内地多家大学图书馆里也没有英文本。恰逢我在2015年3—6月到香港中文大学哲学系做访问。我在那里的图书馆找到了该书的第一册、第二册和第三册。不过，遗憾的是那句话并没有在这三册之中。2016年2—7月，我应邀到台湾东海大学哲学系作一个学期的客座教授。当时东海大学的图书馆和哲学系的资料室也没有这本书。

生活中好像真的有一些"无心插柳"之事。东海大学的哲学系和历史系都属于人文学院，它们都在同一层楼办公。有一天，我听说历史系的资料室正在整理新进的图书。于是，我就去看了看。而在历史系资料室新进的这批图书刚好就是整套洛布丛书（Loeb Classical Library）。其中就有《西塞罗全集》。而在《西塞罗全集》中，我找到了《图斯库兰论辩集》这本书。于是，我便同历史系资料员商量，我帮助她整理这套书上架，她借给我这本书一个月。

当天晚上，我便在洛布丛书的《图斯库兰论辩集》（Tusculan Disputationgs）一书中找到了那句话的出处。它位于西塞罗《图斯库兰论辩集》中第五册第四节，洛布丛书的页码是第435页。原文的中译意思为："苏格拉底则曾经听过阿克劳斯（Archelaus）的课。而阿克劳斯又是阿拉克萨戈拉（Anaxagoras）的学生。这样，从古代时期一直到苏格拉底时代，一方面，哲学始终关心数和变化、万物的来源或毁灭等这样的问题，特别关心行星、其在空间大小及其变化过程等一切天文现象；另一方面，苏格拉底是第一位将哲学从天上带到人间的哲学家。他把哲学安置在了尘世之中，关心尘世人们的家庭生活，强迫哲学去回答关于生活和伦理以及事物的善恶问题。"

随后，我发现该书不仅涉及西塞罗对苏格拉底的评价，而且书中还涉及西塞罗对当时很多哲学家和哲学流派的介绍和评价，是一本不可多得的古代哲学史的著作。而这样的著作当时还没有中译本。为此，我决定翻译这一著作。

然而，由于该书不仅涉及很多哲学问题、有很多的注释说明，而且还要涉及希腊文和拉丁文等翻译的问题。同时，为了方便读者理解该书，我又将该书中涉及的希腊和罗马文献，包括诗歌，戏剧等，几乎所有的中译本都作为译者的注释添加在该书的中译本中。例如，荷马的两部史诗、埃斯库罗斯等人的悲剧、柏拉图和亚里士多德的著作、西塞罗其他著作等。如果涉及没有中文译作或英文资料的文献，我又请一些国外学者翻译为英语，然后再翻译为中文并添加在该书中译本的注释中去。因此，我花费了两年多的时间，到了2018年7月才将该书的翻译完成。

由于该书涉及的专业方面和语言众多等多种原因，翻译完成后我一直不敢出版，总是在不断修改，特别对其中希腊文和拉丁文的表述，总是在不断地向精通希腊文和拉丁文的专家和学者请教。承蒙他们热情的帮助和支持，时至今日，该书的中译本才能够算是基本成熟了，学院也决定资助我出版这本译著。在这样的条件下，我才敢决定出版该书。

为此，我要感谢在翻译过程中给予我帮助的很多人，特别要感谢现在布拉格科学院工作的古特斯密斯（Holger Gutschmidt）教授。他将该书附录中西塞罗使用过的希腊文的一些残篇翻译成了英文，特别是那些没有英文的残篇，这极大地帮助了本书的完成；我还要感谢四川大学哲学系曾怡博士和梁中和教授。他们在希腊文和拉丁文方面给予了我很多帮助；我更应该感谢学院新进教师窦安振博士。他帮助我完成了全书希腊文的校对工作；同时，我还要感谢中国社会科学出版社冯春凤编审的鼎力支持。因为正是她的支持，该书才能够顺利出版！

当然，我还要感谢我在该书中参考过的所有文献的专家学者。特别是四川大学哲学系的徐开来教授和熊林教授。他们翻译的《明哲言行录》对于我理解该书中古代那些著名哲学家的生平和思想帮助极大！

最后，我还要感谢西南民族大学和我们哲学学院的大力支持。因为正是学院的学科建设经费才能够使得我这部译著的出版从可能变为现实！

尽管该书拖延至今才出版，尽管我一直在小心翼翼地修改这本译著，但是，由于该译著涉及的方面众多，又牵涉到希腊文、拉丁文和英文等多种语种，自己的翻译能力和哲学水平都有限，因此，该译本中肯定会存在着一些问题。然而，考虑到该书还没有中译本，因此，我还斗胆将该书出版，以便推动对于西塞罗思想有更深入的研究。对于该译本中的问题，欢迎大家批评指正！

李蜀人

2020 年 12 月 30 日